Werner Draguhn, Peter Schier (Hrsg.)
Indochina: Der permanente Konflikt?

Werner Pragmann, Peter Schier (Hrsg.)

MITTEILUNGEN
DES INSTITUTS FÜR ASIENKUNDE
HAMBURG

Nummer 117

Werner Draguhn
Peter Schier (Hrsg.)

Indochina:
der permanente Konflikt?

Hamburg 1981

Redaktion der Mitteilungsreihe
des Instituts für Asienkunde:
Dr. Brunhild Staiger

Umschlaggestaltung: Marlies Meier
Gesamtherstellung: G.M.L. Wittenborn & Söhne

ISBN 3-921469-76-7

VERBUND STIFTUNG
DEUTSCHES ÜBERSEE-INSTITUT

Das Institut für Asienkunde bildet mit anderen, überwiegend regional ausgerichteten Forschungsinstituten den Verbund der Stiftung Deutsches Übersee- Institut.

Dem Institut für Asienkunde ist die Aufgabe gestellt, die gegenwartsbezogene Asienforschung zu fördern. Es ist dabei bemüht, in seinen Publikationen verschiedene Meinungen zu Wort kommen zu lassen, die jedoch grundsätzlich die Auffassung des jeweiligen Autors und nicht unbedingt des Instituts für Asienkunde darstellen.

INHALTSVERZEICHNIS

VERZEICHNIS DER KARTEN UND TABELLEN

V o r w o r t

Der Arbeitskreis für gegenwartsbezogene Forschung und Dokumentation über den süd- und ostasiatischen Raum (AGDA) - ein Zusammenschluß von etwa 30 Forschungsinstituten und Materialsammelstellen - und das Institut für Asienkunde, Hamburg, haben sich in den letzten zehn Jahren bemüht, der wachsenden Bedeutung des südostasiatischen Raumes durch Konferenzen und Publikationen Rechnung zu tragen. Einer ersten internationalen Tagung über "South East Asia in the Modern World" folgte 1974 die erste deutsche Tagung, die versuchte, die Mehrzahl der deutschen Südostasien-Wissenschaftler zu Vorträgen und Diskussionen über das Thema "Politik, Gesellschaft und Wirtschaft in den ASEAN-Ländern" zusammenzubringen. Bald nach dem Ende des Vietnam-Krieges folgte eine Veranstaltung über Politik und Wirtschaft in Südostasien, die erstmals ihr Schwergewicht auf Vietnam, Laos, Kambodscha und Birma legte.

Das Institut für Asienkunde hat u.a. durch Veröffentlichungen wie über Buddhismus, Staat und Gesellschaft in den Ländern des Theravada- Buddhismus (Heinz Bechert), einer neunteiligen, ausführlichen Serie über China und die Länder Südostasiens in der Monatszeitschrift CHINA aktuell (Oskar Weggel), einer Arbeit vom gleichen Autor über Kambodscha, einer Veröffentlichung über den Traditionsbezug in der vietnamesischen Revolution (Thomas Wildgruber), einer Studie über "The Disputed Islands in the South China Sea" (Dieter Heinzig), ausführliche Interviews mit Prinz Norodom Sihanouk über Kambodscha (Peter und Manola Schier) und schließlich durch die systematische Berichterstattung über die drei indochinesischen Staaten in der Monatszeitschrift CHINA aktuell durch Oskar Weggel seit Mai 1980 versucht, seinen eigenen Beitrag in diesem Rahmen zu leisten.

Die immer wieder Schlagzeilen verursachende politische Situation in Indochina ist der Hintergrund für das vorliegende Buch. Es ist das Ergebnis einer Konferenz von Südostasien-Wissenschaftlern, die der AGDA in Zusammenarbeit mit dem Institut für Asienkunde Ende November 1980 in Hamburg veranstaltet hat. Den überarbeiteten Tagungsbeiträgen ist ein zusätzlicher Artikel von Oskar Weggel hinzugefügt worden, der versucht, Lösungsmöglichkeiten des komplizierten Indochina-Konfliktes in Form verschiedener Szenarios durchzuspielen. Darüber hinaus hat Peter Schier einen chronologischen Überblick der Entwicklung Indochinas im 20. Jahrhundert und ein Abkürzungsverzeichnis/Glossar für diesen Band erstellt, die dem Leser Einordnung und Verständnis der angesprochenen Probleme erleichtern sollen. Im November 1980 erschien rechtzeitig zur Tagung eine zweibändige Auswahlbibliographie zum Thema Indochina (insges. 1.800 Titel), die von Klaus A.Pretzell und Jutta Bode (Dokumentationsleitstelle Asien des Instituts für Asienkunde) herausgebracht wurde.

Im Namen des AGDA und des Instituts für Asienkunde möchte ich allen Teilnehmern an dieser Tagung für ihre Kooperation meinen Dank aussprechen. Möge das Ziel dieser Publikation, über Hintergründe, Entwicklungen und Einwirkungen auf die Lage in Indochina zu informieren, dazu beitragen, zu einer besseren Beurteilung einer schwierigen Situation zu führen.

Hamburg, Februar 1981 Werner Draguhn

Von der "Union Indochinoise" zur "Indochinesischen Föderation" ? Ein historischer Überblick von der Mitte des 19. Jahrhunderts bis heute

von The-Quyen Vu

I. Vietnam, Laos, Kambodscha unter der französischen Kolonialherrschaft

Indochina oder die "Union Indochinoise" war ein juristisches Gebilde, das Ende des 19. Jahrhunderts von der Kolonialmacht Frankreich geschaffen worden war, um ihre fünf verschiedenen, zu unterschiedlichen Zeiten eroberten Kolonien und Protektorate in Südostasien Cochinchina, Kambodscha, Tongking, Annam und Laos unter einer gemeinsamen Autorität - dem Generalgouvernement - zusammenzufassen und zu koordinieren (1). Vorher hatte Frankreich seinen Einfluß in der Region nach innen und außen gefestigt, nach innen durch die "Pazifizierung" der Revolten gegen die Kolonialmacht, nach außen durch vertragliche Regelungen der Grenzstreitigkeiten mit den Nachbarn Siam und China. Daß es sich nun mit der Aufgabe befaßte, seinen kolonialen Besitz durch Straffung und Zentralisierung der Organisationsstrukturen zu vereinheitlichen und zu konsolidieren, erschien um so notwendiger, als zu diesem Zeitpunkt Frankreichs Hauptinteresse in erster Linie nicht diesen eroberten Territorien galt, sondern vielmehr dem dahinterliegenden südlichen Gebiet Chinas des "Reiches der Mitte", das seit Marco Polo im Westen den Mythos eines Landes mit unvorstellbaren Schätzen und Reichtümern genoß. Frankreich war überzeugt, daß das Hauptziel der französischen Politik in Asien, das Eindringen in den südchinesischen Markt, nur dann erreicht werden konnte, wenn vorher drei vordringliche Aufgaben in Indochina in Angriff genommen und gelöst wurden:

- eine durchgehende Verwaltungsreform mit dem Ziel, einen straff organisierten, zentral gelenkten Verwaltungsapparat aufzustellen;

- eine Neuordnung der Finanzen, verbunden mit einer rationalen und effizienten Finanzpolitik, um Indochina die notwendige wirtschaftliche Unabhängigkeit vom Mutterland zu verleihen und ihm eine dauerhafte Stabilität zu gewährleisten;
- der Ausbau eines ausgedehnten Eisenbahnnetzes mit verschiedenen Anschlußstellen an der südchinesischen Grenze, das als infrastruktureller Grundbestand für die wirtschaftliche Entwicklung der Union und darüber hinaus für den Ausbau langfristiger Handelsbeziehungen zu China dienen sollte (2).

Die Errichtung dieser Kolonialstrukturen ging allerdings zwangsläufig auf Kosten der traditionellen Strukturen: Um Vietnam, Laos und Kambodscha, die sich kulturell und gesellschaftlich in wichtigen Punkten wesentlich voneinander unterschieden, in einen einheitlichen Rahmen einzugliedern, mußten diese Länder grundlegend und ohne Rücksichtnahme auf ihre Heterogenität angepaßt werden. Aus der geplanten "indirekten Herrschaft" - lediglich Cochinchina war von Anfang an als Kolonie konzipiert - wurde eine direkte Herrschaft mit weitgehender Beschneidung der zuvor den jeweiligen traditionellen Herrschern noch zugestandenen Machtbefugnisse (3). Eine erfolgreiche Finanzpolitik sowie die Ausführung des anspruchsvollen Eisenbahn-Projektes verlangten zudem von der Bevölkerung erhebliche Opfer und Kraftanstrengungen, die tief in die sozialen Strukturen eingriffen und für viele die Vernichtung ihrer traditionellen Existenz bedeuteten (4).

Mit der Schaffung der "Union Indochinoise" hatte Frankreich für seine spätere Kolonialherrschaft eine solide Basis gelegt, die in ihrem wesentlichen Teil noch bis 1945 gültig blieb. Diese Institution mochte aufgrund ihrer Effizienz sehr eindrucksvoll gewesen sein, dennoch blieb sie bis zum Zeitpunkt ihrer Auflösung ein weitgehend künstliches Gebilde. Die Union vermochte nicht, die dort lebenden Völker zusammenzuführen. Im Gegenteil, vor allem durch die Parzellierung Vietnams in drei Verwaltungsgebiete - Annam, Tongking und Cochinchina - wurden dort künstliche Grenzen gezogen, wo früher eine einheitliche Nation existiert hatte. In dieser Phase des Aufbaus der "Union Indochinoise", die mit einer unterschiedlich starken französischen Durchdringung der einzelnen Gebiete verbunden war, ging ein Großteil der Eigenständigkeit und Eigenheit der betroffenen Länder verloren. Soweit überhaupt eine nicht nur formale und administrative Vereinheitlichung oder Gemeinsamkeit zustande kam, war dies eher im destruktiven Sinne zu verstehen: Die negativen Erfahrungen mit der Kolonialherrschaft - Zerstörung der traditionalen Strukturen, koloniale Ausbeutung, kulturelle Entfremdung usw. - , aus denen sich später die Idee des gemeinsamen Feindes kristallisierte, welche dann gemeinsames politisches Handeln gegen die Kolonialherrschaft initiierte.

II. Die nationale Emanzipation

1. Die vielfältigen Formen des Nationalismus

Bei allen drei Völkern Indochinas hatte es stets heftigen Widerstand gegen die Etablierung der französischen Kolonialherrschaft gegeben:

- In Vietnam, wo das nationale Bewußtsein besonders stark ausgeprägt war, manifestierte sich dies praktisch vom ersten Tag an, als Frankreich 1858 Cochinchina - das südliche Gebiet des Annam-Reiches - zu annektieren versuchte. Seit diesem Zeitpunkt wurde der Nationalismus in Vietnam in verschiedenen Wellen und Formen weitergetragen. Bis zu seiner Unabhängigkeit konnte dieses Land auf eine lange Tradition des Widerstandes zurückblicken (5).

- In Kambodscha kam die Auflehnung gegen die französische Kolonialherrschaft nicht wie in Vietnam unmittelbar nach Abschluß des Vertrages von 1863, sondern erst später auf, praktisch als sich herausstellte, daß die im Vertrag von Frankreich an Kambodscha gewährte "Protektion" (die kambodschanische Unabhängigkeit wurde damals von der siamesischen Expansion bedroht) in Wirklichkeit ein Protektoratsvertrag war, der die kambodschanische Unabhängigkeit nun selbst in Frage stellte (6).

- In Laos brachen von 1901 bis 1910 bei verschiedenen ethnischen Bevölkerungsgruppen zahlreiche Aufstände aus, die zwar primär religiösen Charakter trugen, dennoch eindeutig gegen die fremde Macht ausgerichtet waren (7).

Alle diese Aufstände der ersten Stunde und der ersten Jahre hatten ihre Schwäche darin, daß sie als Reaktion auf die Kolonialmacht keine andere Form des Widerstandes kannten als die der offenen gewaltsamen Auseinandersetzung. Angesichts der militärischen Überlegenheit des Gegners waren sie damit zwangsläufig von vornherein zum Scheitern verurteilt. Aus diesen kolonialen Erfahrungen hatten die späteren Bewegungen erheblich hinzugelernt. Sie verbesserten und verfeinerten ihre Kampfmethoden. Wenn auch viele von ihnen in den 20er und 30er Jahren das Endziel - die politische Unabhängigkeit - nie erreichten und auf der Strecke blieben, so gelang es ihnen zeitweilig doch, mit ihren Sabotage- und Störaktionen die Kolonisationsarbeit erheblich zu stören. Von den vielen Widerstandsbewegungen zeichnete sich vor allem die kommunistische Bewegung in Vietnam durch ihre gute Organisationsstruktur und ihre wirksamen Kampfmethoden aus. Vor allem dieser kommunistischen Bewegung unter Führung Ho Chi Minhs kam in dem Entkolonisierungsprozeß in Indochina eine besonders wichtige und entscheidende Rolle zu (8).

2. Japan und die Unabhängigkeit Indochinas

Die kolonialisierten Gesellschaften Indochinas hatten zwar stets aus sich heraus Kräfte hervorgebracht, die für die koloniale Emanzipation kämpften. Doch die Zukunft Indochinas, die während des Zweiten Weltkrieges (des "Pazifischen Krieges" in Asien) eine entscheidende Wende nahm, wurde eher von den internationalen Mächte- und Kräftekonstellationen bestimmt. Eine dieser Mächte - nämlich Japan - hatte besonders zum Zusammenbruch des kolonialen Systems in Indochina beigetragen.

Zwei Jahre nach dem Ausbruch des sinojapanischen Krieges (1937) wurde Indochina faktisch von den japanischen Streitkräften besetzt gehalten und beherrscht. Um den Preis der Aufrechterhaltung einer Scheinsouveränität über Indochina ging das französische Generalgouvernement dort während der Kriegsjahre in Asien auf eine Politik der Kollaboration mit Japan ein (9). Doch diese pro-japanische Politik zahlte sich letzten Endes für Frankreich nicht aus. Für Japan nämlich ging es letztlich nicht um Zusammenarbeit, sondern um Verdrängung. Frankreich fand sich plötzlich in Konkurrenz zu einer anderen imperialen Macht, die mit allen Mitteln versuchte, die französische Kolonie in ihre

"Great Asia Co-Prosperity Sphere" einzugliedern: Die Idee des Pan-Asiatismus sprach die Bevölkerung Indochinas deshalb an, weil sie an die Solidarität der Rasse appellierte und weil Japan es geschickt verstand, ihr zu suggerieren, daß nur die "weißen" Kolonialmächte die eigentlichen Feinde der asiatischen Völker seien, während die asiatische Macht Japan selbst ihr nur helfen wolle, sich von der weißen Herrschaft zu befreien (10).

- Vor diesem Hintergrund kam in Kambodscha ein militanter Nationalismus auf - die Bewegung der religiösen Erneuerung -, geführt von dem Mönch Hem Chieu, der zusammen mit einem in Cochinchina lebenden Khmer, Son Ngoc Thanh, die "Association des Amis du Bouddhisme" gründete. Diese Organisation wurde von japanischen Agenten gelenkt.

- In Vietnam gab es zahlreiche politische und religiös- politische Gruppen, u.a. die Sekten Hoa Hao und Cao Dai, die sich auf die Seite Japans stellten. Zwar waren nicht alle überzeugte Anhänger des Pan-Asiatismus, doch sie alle setzten auf die japanische Karte, um die Befreiung Vietnams von der französischen Herrschaft zu erreichen, wobei der gemeinsame Nenner bei ihnen ganz offenkundig der Antikolonialismus war.

Die entscheidende Wende für Indochina kam in dem Augenblick, als Japan den Krieg verlor. Japan hielt Wort gegenüber seinen Anhängern: Am 9.März 1945 wurde das französische Kolonialsystem in Indochina über Nacht beseitigt, und die Macht wurde den jeweiligen nationalen Kräften übertragen.

Mit jenem Coup de Force vom 9.März bekam Indochina gleichsam über Nacht und unerwartet seine Unabhängigkeit wieder. Doch anscheinend wenig auf die Unabhängigkeit vorbereitet und unerfahren in der Ausübung der Macht, waren die neuen Repräsentanten in den drei Ländern Indochinas nicht in der Lage, die Situation zu meistern. Sie konnten die Macht, die ihnen so plötzlich zugefallen war, nicht halten und praktisch ohne Herrscher versank das Land in ein wahrhaftiges Chaos. Diese verwirrende Situation bot vor allem der kommunistischen Bewegung Vietnams, der "Viet Minh", die bereits seit dem Ausbruch des Pazifischen Krieges in eigener Regie und aber auch mit der Unterstützung Chinas auf diesen Augenblick gewartet und sich auf die Machtübernahme vorbereitet hatte, die große Chance: Sogleich nach der japanischen Kapitulation rief die Viet Minh den Generalstreik in Vietnam aus, gründete in einem ad hoc zusammengerufenen "außerordentlichen Volkskongreß" ein "Nationalkomitee zur Befreiung Vietnams", das als provisorische Regierung deklariert und mit der Aufgabe betraut wurde, die Macht sofort zu übernehmen. Drei Wochen später, am 2.September 1945, wurde die Demokratische Republik Vietnam ausgerufen.

Hiermit wurde ein entscheidender Schritt auf dem Weg zur Unabhängigkeit getan. Doch der Kolonialismus in Indochina ging damit noch nicht zu Ende. Zwar hatte Japan im Spätsommer 1945 kapituliert, doch die besiegte japanische Armee befand sich noch auf indochinesischem Boden und mußte von den Alliierten entwaffnet werden. Frankreich kehrte zurück in seine Kolonien und mußte sich dort dem durch die kurze Zwischenphase zumindest formaler Unabhängigkeit gestärkten Nationalismus stellen.

3. Die französische Politik gegenüber Indochina nach dem Zweiten Weltkrieg

Frankreich, das aus dem Zweiten Weltkrieg als eine geschwächte und gedemütigte Macht herauskam und nun gerade deshalb mehr als je zuvor seine Kolonien benötigte, um seinen Anspruch als Großmacht wieder zur Geltung zu bringen, konnte und wollte sich mit der neuen Situation in Indochina nicht abfinden. Es war entschlossen, seine Herrschaft dort wieder zu etablieren. Die zwischen Frankreich und der Regierung Ho Chi Minh am 6.März 1946 geschlossene Konvention, nach der Vietnam zwar noch nicht die volle Unabhängigkeit zugestanden, doch ihm zumindest seine Eigenstaatlichkeit mit Anrecht auf eine eigene Regierung, Parlament, Armee sowie Finanzhoheit eingeräumt wurde, war für Frankreich lediglich ein vorübergehender Scheinkompromiß, um zunächst wieder leichter und sicherer Fuß in Indochina fassen zu können (11).

Außer in Tongking und Annam schien Frankreich dieses Ziel nach relativ kurzer Zeit erreicht zu haben. In Kambodscha wurde der von Japan an die Macht gebrachte Son Ngoc Thanh, der jegliche Verhandlungsbereitschaft Frankreich gegenüber von der vorherigen Anerkennung von Kambodschas Unabhängigkeit abhängig machte, verhaftet und exiliert. Frankreich erkannte für das kambodschanische Reich lediglich eine gewisse interne Autonomie an. In

Laos wurde die "Regierung des freien Laos" (Lao Issara), die sich vom September 1945 bis zum März 1946 an der Macht gehalten, alle Verträge mit Frankreich aufgekündigt und mit der Regierung Ho Chi Minh einen Freundschafts- und Verteidigungsvertrag geschlossen hatte, von Frankreich vertrieben. Mit dem wieder eingesetzten König Sisavang Vong wurde ein Modus vivendi vereinbart, nachdem für Laos ebenfalls eine lediglich interne Autonomie anerkannt wurde. In Cochinchina schließlich rief Frankreich am 1.Juni 1946 die - von Hanoi autonome - Republik Süd-Vietnam aus, die selbstverständlich auch weiterhin unter französischem Einfluß stehen sollte. Übrig blieben nur Tongking und Annam.

Mit dem Versprechen, Tongking eine verhältnismäßig größere Autonomie als den übrigen Kolonien im Rahmen der Union Francaise einzuräumen, versuchte Frankreich, die Regierung Ho Chi Minh zum Einlenken zu bewegen. Doch diese Seite war seit dem September 1945 auf dem Weg zur Unabhängigkeit so weit fortgeschritten, daß ein Zurückschrauben ihrer Forderungen, was faktisch ein Zurückfallen in koloniale Abhängigkeit bedeutet hätte, nicht mehr möglich war. Als sich die Verhandlungen über die Auslegung der Konvention vom 6.März 1946 monatelang ohne nennenswerte Fortschritte hingezogen hatten, entschied sich die Regierung Ho Chi Minh mit dem präventiven Coup de Force vom 19.Dezember, statt durch Verhandlungen nunmehr durch Gewalt die Unabhängigkeit für Vietnam zu erkämpfen. Vietnam löste damit den Entkolonisierungskrieg nicht nur für sich, sondern für ganz Indochina aus, der acht lange Jahre dauerte, um erst in Dien Bien Phu sein Ende zu finden.

III. Indochina nach der Genfer Regelung von 1954

Fand der Kampf gegen die Kolonialherrschaft Frankreichs in Indochina bis 1948 hauptsächlich noch auf vietnamesischem Boden statt, so dehnte er sich danach immer mehr auf ganz Indochina aus.

Während sich in Laos der gemäßigte Teil der Lao Issara - um Prinz Souvanna Phouma und Katay Don Sasorith - mit dem Unabhängigkeitsvertrag vom 19.7.1949 zufrieden gab und von seinem

Zufluchtsort in Thailand nach Vientiane zurückkehrte, führte die unnachgiebige Fraktion um Prinz Souphanouvong den bewaffneten Kampf weiter. Sie gründete eine "Front Uni du Peuple Laotien" (später als "Pathet Lao" bekannt), bildete eine provisorische Regierung und führte vom Plateau der Boloven und der Provinz Xieng-Khuang aus, wo es ihr gelang, Fuß zu fassen, einen Guerilla-Krieg gegen die Kolonialherrschaft.

In Kambodscha war nach der Verbannung Son Ngoc Thanhs zwar der König Sihanouk wieder an die Macht zurückgekehrt, doch die politische Situation verschlechterte sich zusehends. Die durch den Vertrag vom 8.November 1949 von Frankreich anerkannte Unabhängigkeit Kambodschas stellte nicht alle politischen Gruppen gleichermaßen zufrieden. Vor allem lehnte der radikale Teil der Demokratischen Partei, einer im Mai 1946 von einigen "Retour de France" gegründeten und in Opposition zu Sihanouk stehenden Partei, diese Scheinunabhängigkeit ab. Wie die Pathet Lao bildete diese später als "marxistische Khmers" bekannte Gruppe eine "Front d'Union Nationale" und eine provisorische Regierung. Wie sie führte auch sie im Untergrund den bewaffneten Kampf gegen die Kolonialherrschaft.

In den 50er Jahren nahm der nationale Krieg in Indochina dann eindeutig eine kommunistische Färbung an und entwickelte sich zusehends zu einem Element der globalen Ost-West- Auseinandersetzung. Den indochinesischen Revolutionären kam China zu Hilfe, während das französische Expeditionskorps zu diesem Zeitpunkt auch nicht mehr allein kämpfte, sondern schon Hilfeleistungen von den USA erhielt. Der Grund für die amerikanische Intervention war die Sorge vor einer zweiten kommunistischen Front in Asien neben dem Korea-Krieg und damit die Notwendigkeit, den internationalen Kommunismus frühzeitig einzudämmen und womöglich zurückzuwerfen.

Nach acht Jahren zäher Kampfhandlungen fiel schließlich in Dien Bien Phu die Entscheidung, die Frankreich die Einsicht brachte, daß dieser Krieg nicht zu gewinnen war. Auf der Genfer Konferenz im Juli 1954 wurde zwischen den führenden Mächten des Westens und denen der kommunistischen Welt eine Regelung zur Beendigung des Indochina-Konfliktes ausgehandelt. Doch der Krieg war hiermit noch nicht beendet, er wurde lediglich ausgesetzt. Nach einer kurzen Pause brach der Krieg in Vietnam, der unentwirrbar mit dem in Laos schwelenden Konflikt verquickt war, erneut aus. Auch Kambodscha war, trotz der dort scheinbar herrschenden Ruhe, stets den Übergriffen des unmittelbar an seinen Grenzen stattfindenden Krieges ausgesetzt, um dann schließlich 1970 nach dem Staatsstreich, der zum Sturz Sihanouks führte, voll miteinbezogen zu werden.

1. Das Scheitern der Neutralität in Laos

Um die verwirrende Situation in Laos ab 1955 zu verstehen, bedarf es einer näheren Betrachtung der Genfer Vereinbarungen sowie einer sorgfältigen Analyse der politischen Entwicklung dort. Die Genfer Vereinbarungen sehen für Laos u.a. folgende Regelungen vor (12):

- Um den Waffenstillstand zu gewährleisten, sollten die Kampfeinheiten der Pathet Lao zunächst in bestimmten Gebieten zusammengeführt werden, wobei diese nach vier Monaten zwischen zwei Optionen wählen durfte: Entweder sollte sie schlicht in die nationale Gemeinschaft integriert werden oder aber ihre Truppen sollten sich in die von ihnen früher besetzten Provinzen Phong Saly und Sam Neua zurückziehen, die - wie ganz Laos - der königlichen Administration unterstanden.
- Die Regierung von Vientiane verpflichtete sich, im Laufe des Jahres 1955 Gesamtwahlen zu organisieren. Bis zum Referendum genoß die Pathet Lao eine spezielle Vertretung bei der königlichen Administration.
- Um den Frieden zu sichern, verpflichete sich Laos zu einer Außenpolitik der Neutralität.

Die praktische Umsetzung dieser Regelungen erwies sich als sehr schwierig. Beide Parteien - die Regierung von Vientiane wie die Pathet Lao - konnten schwer miteinander zu einer Einigung kommen, da sich jede Seite auf eine andere, jeweils für sich günstige Auslegung dieser Regelungen berief. Die Wahlergebnisse vom Dezember 1955 wurden von der Pathet Lao nicht anerkannt, weil diese Wahlen ohne ihre Teilnahme stattgefunden hatten. Die im Mai 1958 gemäß dem zwischen Souvanna Phouma und Souphanouvong ausgehandelten Abkommen von 1957 durchgeführten Ergänzungswahlen, aus denen die Pathet Lao als deutlicher Sieger hervorging, wurden dagegen von den USA, denen das inzwischen gebildete Koalitionskabinett unter Beteiligung kommunistischer Minister als zu links orientiert nicht akzeptabel erschien, abgelehnt. Wahrscheinlich auf Veranlassung, sicherlich aber mit Hilfe der USA, wurde daraufhin im Juni 1958 der neutralistische Ministerpräsident Souvanna Phouma abgesetzt und durch eine rechts-orientierte Regierung unter Phoui Sananikone abgelöst. Sananikone, der alsbald auf den Kurs einer vollständigen Vernichtung der Pathet Lao einschwenkte, später jedoch wegen Unstimmigkeiten mit den USA auf eine Politik der Neutralität umschwenkte, wurde wiederum abgesetzt. An seiner Stelle wurde im Dezember 1959 der noch weiter rechts stehende pro-amerikanische General Phoumi Nosavan als Ministerpräsident an die Macht gebracht (13).

Mit diesen zunehmenden, wenn auch nur scheinbaren Erfolgen der Rechten verstärkte sich auf der anderen Seite aber auch die revolutionäre Strömung in Laos. Bereits Ende der 50er Jahre versank Laos in einen heillosen Bürgerkrieg - ein Zustand, der die Großmächte erneut auf den Plan rief und nach fast einem Jahr zäher Verhandlungen in Genf zu den Vereinbarungen vom 12.Juni 1962 führte.

Gemäß diesen Vereinbarungen wurde eine neue Koalitionsregierung gebildet: Ministerpräsident wurde der neutralistische Prinz Souvanna Phouma, sekundiert von zwei stellvertretenden Ministerpräsidenten, dem kommunistischen Prinz Souphanouvong und dem rechts-orientierten General Phoumi Nosavan. Die Koalitionsregierung verpflichtete sich, den inneren Frieden in Laos wiederherzustellen, und bekannte sich zu einer Politik der Neutralität, nach der Laos keinem Militärbündnis beitreten werde, das nicht mit der Neutralität von Laos vereinbar wäre. Um die Neutralität von Laos abzusichern, verpflichteten sich die den Vertrag unterzeichnenden Staaten, sich künftig jeder direkten oder indirekten Einmischung in die inneren Angelegenheiten von Laos zu enthalten, dort keine Militärstützpunkte zu errichten und auch keine fremden Truppen dorthin zu entsenden.

Das zweite Genfer Abkommen, das zu Anfang recht hoffnungsvolle Ergebnisse versprach, blieb allerdings genauso wirkungslos wie das erste. Um die Neutralität von Laos zu gewährleisten, bedurfte es zunächst einmal der unveränderten Aufrechterhaltung einer Koalitionsregierung zwischen den drei laotischen Tendenzen, was praktisch ein Einfrieren des allgemeinen Wahlrechts bedeutet hätte, da jede Volksbefragung das Gleichgewicht wieder zu brechen drohte. Notwendig war außerdem die strikte Einhaltung der Nichteinmischungsvereinbarungen seitens der Großmächte. Doch hierzu waren weder die Sowjetunion noch die USA wirklich und ernsthaft bereit: Die Sowjetunion unterstützte unverändert die kommunistischen Kräfte in Laos und bemühte sich zudem, für diese die Kontrolle über die Koalitionsregierung zu erlangen, während die USA einen militärischen Sieg der Kommunisten zu verhindern versuchten. Schließlich hätte es der Beendigung des Krieges in Vietnam bedurft, da die Neutralität von Laos eng mit der Befriedigung des Nachbarlandes verbunden war. Als jedoch die Kämpfe in Vietnam Anfang der 60er Jahre immer mehr an Intensität zunahmen, wurde es für Laos unmöglich, seine Neutralität zu bewahren. Die in Genf hierfür vorgesehenen Kontrollmechanismen erwiesen sich als unzureichend, um das Land vor einer Ansteckung durch den Krieg zu bewahren (14).

2. Das Scheitern der Politik des Non-Alignment in Kambodscha

Daß Kambodscha sich von 1954 bis 1969 der Welt als eine Insel der Ruhe und des Friedens inmitten eines vom Krieg erschütterten Umfeldes präsentieren konnte, hatte es einem Mann, Samdech Norodom Sihanouk, zu verdanken, der mit einer höchst delikaten und schwierigen Balance-Politik versuchte, sein Land aus dem Kriegsgeschehen herauszuhalten. Wenn diese Politik letzen Endes doch scheiterte, so lag das sowohl an den zunehmenden internen Schwierigkeiten als auch an den externen Pressionen der umgebenden Kriegsparteien.

a) Die innenpolitischen Pressionen

Kambodscha sah sich nach seiner Unabhängigkeit mit einem parlamentarischen politischen System nach französischem Modell versehen, das der Mentalität der Kambodschaner völlig fremd war. In der asiatischen Welt, wo gewöhnlich nicht für politische Ideen, sondern für politische Männer gestimmt wird, konnten Parteien wie die Demokratische Partei, die zwar zu dieser Zeit bei allen Wahlen in Kambodscha eine solide Mehrheit errang, keineswegs als Garant für die politische Stabilität und Effizienz des Systems angesehen werden. Diese Annahme erwies sich vielmehr als trügerischer Schein. Tatsächlich nämlich gab es keine Einheit der Demokratischen Partei. Es handelte sich eher um eine Sammlung von Kaufleuten, jungen Beamten und Intellektuellen unterschiedlicher sozialer Herkunft, die untereinander

Clans bildeten und miteinander rivalisierten. Neben der Demokratischen Partei bestand noch die links- orientierte Gruppe der Khmer Issarak, die allerdings damals noch ziemlich unbedeutend war. Auch sie war in sich sehr zerstritten und spaltete sich deshalb bald in einen gemäßigten Flügel und in den der Viet-Minh-Anhänger. Schließlich gab es noch einige Splitterparteien, um deren Führer sich eine Handvoll von Anhängern scharte.

Dieses Parteiensystem mit der Vielfalt der politischen Gruppierungen barg in sich die Gefahr einer Spaltung der kambodschanischen Nation, gerade in jenem historischen Augenblick, als Kambodscha der nationalen Einheit dringend bedurfte. Die einzige Institution, die dem Land Stabilität und Integrität sichern konnte, nämlich der König, der nach wie vor als Symbol der Nation galt, war in dem damaligen politischen System mit zu wenigen Machtbefugnissen ausgestattet, um wirklich gestaltend und bestimmend auf das politische Geschehen aktiv einwirken zu können.

Sihanouk schien die Lage seines Landes und die Gefahr einer permanenten politischen Krise bereits sehr früh erkannt zu haben. Nachdem er durch eine Reihe von politischen Schritten seine Machtposition gefestigt hatte, unternahm er nach 1955 einige wesentliche Korrekturen des bestehenden Systems:

- Die Gründung einer umfassenden politischen Bewegung, der Sangkum Reastr Niyum (der sozialistischen Volksgemeinschaft), die Sihanouk sogleich mit einer politischen Ideologie, dem "buddhistischen Sozialismus", einem Mittelweg zwischen Kapitalismus und Kommunismus, ausstattete. Sie war ein großer Erfolg für ihn: Bei den Wahlen vom März 1958 errang die Sangkum sämtliche Sitze in der Nationalversammlung. Die Sangkum erwies sich außerdem als ein effizientes Machtinstrument, das sogar auf die Oppositionellen große Anziehungskraft ausübte und später einen Teil von ihnen integrierte.

- Die Schaffung eines "Volkskongresses" war ebenfalls eine gelungene Aktion. Abgesehen davon, daß dieser die Macht Sihanouks stärkte, stellte er die Öffnung zur breiten Masse dar: Der Volkskongreß war eine Art von Volksversammlung, die zweimal im Jahr tagte und theoretisch jedem Staatsbürger zugänglich war. Während mehrerer Tage konnten die Bürger frei und offen mit den Verantwortlichen über die Probleme des Landes diskutieren. Die dort abgehaltenen Debatten waren stets sehr heftig. Die oppositionellen Demokraten, die zu Anfang der neuen Institution mißtrauisch gegenüberstanden, weil sie faktisch eine Parallele und Konkurrenz zur Nationalversammlung war, schlossen sich in ihrer Mehrheit ihr später doch an.

Der Erfolg, den Sihanouk mit diesen beiden Institutionen erzielte, war vor allem darin zu sehen, daß es ihm gelungen war, sich der Masse zu nähern und einen breiten Konsens für seine Politik der nationalen Einheit zu schaffen. Doch das von ihm geformte System hatte gleichwohl auch wesentliche Schwächen: Der "buddhistische Sozialismus" vermochte nicht die Grundprobleme der kambodschanischen Gesellschaft zu lösen. Hierfür hätte es wahrscheinlich einer grundlegenden Reformierung der bestehenden gesellschaftlichen Strukturen selbst bedurft. Da diese ausblieb, blieben die Hauptprobleme der Wirtschaft und Gesellschaft Kambodschas weiterhin bestehen. Der Hauptsektor, die Landwirtschaft, krankte nach wie vor an Spekulation und Wucherei. Auch die Modernisierung mißlang dort weitgehend und der Lebensstandard stagnierte. Der Privatsektor der Wirtschaft entwickelte sich nur zögernd. Es fehlte an Unternehmerinitiative und Kooperationsbereitschaft mit dem Staat, und das Investitionsniveau blieb gering. Die Wirtschaft wurde zudem weitgehend durch einen umfassenden Verwaltungsapparat lahmgelegt, und überall in der Verwaltung blühte die Korruption.

Die Kritik an diesem System wurde in Kambodscha immer lauter. Sie kam vorwiegend aus linken Gruppierungen, angeführt von jungen, fortschrittlichen Abgeordneten, die zwar die Führung durch Sihanouk akzeptierten, jedoch die Ineffizienz seiner Politik scharf anprangerten. Sihanouk glaubte, diese Kritik auffangen zu können, indem er eine Öffnung seiner Regierung nach links vornahm. Einige dieser Abgeordneten wie z.B. Hou Youn, Khieu Samphan und Chau Seng wurden in sein Kabinett aufgenommen, in dem aber auch sehr konservative Elemente wie z.B. Lon Nol mitwirkten. Doch dieser politische Zug erwies sich als unwirksam. Im Wahljahr 1966 entschied sich Sihanouk unter dem Druck der ausländischen Presse, die ihm Autoritarismus und Tyrannei vorwarf, für politische Zurückhaltung. Er verzichtete also auf das bisher von ihm angewandte Verfahren, die Kandidaten der Sangkum selbst zu bestimmen, und ließ die Wahlen völlig frei. Die Folge war ein Rutsch nach rechts ohnegleichen: Die Mehrheit der gewählten Abgeordneten kam aus dem konservativen Lager. Sihanouk überließ dem konservativen Lon Nol die Macht und ernannte ihn zum Premierminister. Um die fortschrittliche Tendenz innerhalb der Sangkum zu besänftigen und um sie wieder in das System zu integrieren, schaffte er eine "Gegenregierung", deren Aufgabe es war, Kritik und Vorschläge gegenüber der Regierung zu äußern. Doch auch mit diesem neuen Mechanismus vermochte Sihanouk nicht mehr die internen Spannungen zu mindern. Vom Mai 1967 bis August 1969 vermehrten sich die Zeichen der Unzufriedenheit. Es kam 1967 zu Bauernaufständen in der Provinz Battambang, 1968 zu Agitationen bei den Bergvölkern in den Grenzgebieten zu Vietnam und Laos, und 1969 waren 13 von 18 kambodschanischen Provinzen von Unruhen heimgesucht. Im März 1970 kam es zu der Absetzung Sihanouks durch die Nationalversammlung, der damit mit seiner "Politik der nationalen Einheit" gescheitert war (15).

b) <u>Die externen Pressionen</u>

Die von Sihanouk betriebene Außenpolitik des Non-Alignment war von einem Grundgedanken beherrscht: Kambodscha, ein kleines und armes Land mit sehr empfindlichen Grenzen und von ambitiösen und aggressiven Nachbarn bedroht, sollte sich mit allen Mitteln aus dem Streit der Großmächte in Asien heraushalten. Daraus ließ sich die Haltung der strikten Ablehnung der Integration in den einen oder anderen ideologischen Block ableiten.

Diese Politik des Non-Alignment war angesichts der verwirrenden Situation in Laos und in Vietnam ein äußerst schwieriger politischer Seiltanzakt, der einen ständigen Wechsel zwischen einem pro-westlichen und einem pro-kommunistischen Kurs verlangte, je nachdem, aus welcher Richtung gerade die Hauptgefahr drohte. Eine solche Politik war zudem ständig den Pressionen der einen oder anderen Seite ausgesetzt. Nicht zuletzt hierin dürfte ein wichtiger Grund für ihr Scheitern zu sehen sein.

1955 sah Sihanouk die Hauptgefahr für Kambodscha in der Dynamik der vietnamesischen Revolution. Deshalb erschien ihm die Unterstützung durch die USA wünschenswert, die er auch im Mai 1955 mit der Unterzeichnung einer Militärkonvention und im September 1955 mit dem Abschluß eines Wirtschaftshilfeabkommens fand.

Zugleich wurde - ganz im Sinne jener Balance-Politik - der anderen Seite, nämlich China und Vietnam, versichert, daß Kambodscha eine strikte Neutralitätspolitik verfolge, also den Beitritt in die SEATO ablehne.

Es lag auf der Hand, daß eine so verstandene und betriebene Neutralitätspolitik wenig ins Konzept der USA paßte, die gerade in der SEATO ein wichtiges Instrument sahen, um eine Ausbreitung des Kommunismus in Südostasien insgesamt zu verhindern. Mit mittelbaren Druckmitteln zunächst über Thailand und Süd-Vietnam - territoriale Annektion, Inselstreit, Grenzzwischenfälle - versuchten die USA, Sihanouk von seinem bisherigen Kurs abzubringen. Als dieser daraufhin mit einer deutlichen Annäherung an China antwortete - Anerkennung der Volksrepublik China am 17.Juli 1958 -, die Kambodscha versprach, ihm für den Fall eines Angriffes durch Thailand oder Süd-Vietnam Schutz zu gewähren, reagierten die USA mit direkten Mitteln, nämlich mit der inneren Subversion Kambodschas durch eine aktive Unterstützung der oppositionellen Gruppen um Son Ngoc Thanh und um die Khmer Serei. Die Folgen waren zunehmende Spannungen zwischen den beiden Ländern, die 1964 zum Abbruch der diplomatischen Beziehungen führten. Sihanouk verzichtete auf die Finanz- und Wirtschaftshilfe der USA.

Diesen Schritt, der außenpolitisch seine Neutralitätspolitik schwer belastete und innenpolitisch die Opposition der Konservativen stärkte sowie die nationale Einheit zu spalten drohte, versuchte Sihanouk mit einer Annäherung an Frankreich, deren Ausdruck der am 4.Juli 1964 zwischen den beiden Ländern abgeschlossene Kooperationsvertrag war, auszugleichen. Doch Frankreich war zwar ein wichtiges, jedoch kein ausreichendes Gegengewicht.

In den Jahren 1964/65, die sich durch eine Intensivierung der Kämpfe in Vietnam auszeichneten, mußte Sihanouk zusehen, wie die Grenzen Kambodschas von Kommunisten und Nichtkommunisten ständig verletzt wurden. Die amerikanischen und südvietnamesischen Streitkräfte überschritten häufig die Grenzen bei der Verfolgung der Viet Cong. Infolge der amerikanischen Bombenangriffe auf Nord-Vietnam und auf den Ho Chi Minh-Pfad bedienten sich nämlich die vietnamesischen Kommunisten in zunehmendem Maße des kambodschanischen Territoriums für ihren Nachschub nach Süd- Vietnam. Zudem war Kambodscha für sie eine wichtige

Zufluchtsstätte, weil es außerhalb des Aktionsradius südvietnamesischer und amerikanischer Geschütze lag.

Es ist sehr schwer zu sagen, ob all dies mit stillschweigender Unterstützung durch Sihanouk oder gegen seinen Willen geschah. Tatsache aber ist, daß gegen Ende 1968 eine starke Präsenz der vietnamesischen Kommunisten auf kambodschanischem Boden zu verzeichnen war. Dies hatte zwei unmittelbare politische Folgen für Kambodscha:

- Die örtliche kommunistische Bewegung in Kambodscha nahm im Jahr 1967 an Stärke zu, und es gibt Beweise, daß die Roten Khmer materielle sowie ideelle Unterstützung von vietnamesischer Seite erhielten.
- Der Krieg wurde auf Kambodscha erweitert, da die USA die neuen Zufluchtsgebiete der vietnamesischen Kommunisten dort bombardierten.

Obwohl Sihanouk nach außen nach wie vor an seinem außenpolitischen Kurs festhielt und sich weiterhin bemühte, seine guten Beziehungen zu seinen kommunistischen Nachbarn zu pflegen - am 9.Mai 1969 wurde die Vertretung der vietnamesischen nationalen Befreiungsfront in Pnom Penh in den Rang einer Botschaft angehoben und in der gleichen Woche war Kambodscha eines der drei nichtkommunistischen Länder, die die Provisorische Revolutionsregierung von Süd-Vietnam anerkannten -, so bahnte sich doch im Innern ein Kurswechsel - oder zumindest eine Kurskorrektur - an, als die vietnamesischen Kommunisten immer weniger daran dachten, die territoriale Integrität Kambodschas zu respektieren: Kambodscha nahm die diplomatischen Beziehungen zu den USA wieder auf.

Im Sommer 1969 befand sich Kambodscha nicht nur außenpolitisch in einer verfahrenen, sondern auch innenpolitisch in einer sehr schwierigen Situation: Unfähig, die Wirtschaftskrise mit eigenen Rezepten zu lösen, beauftragte Sihanouk Lon Nol - zusammen mit Sirik Matak, dem die Aufgabe der Sanierung der Wirtschaft zufiel - mit der Bildung einer neuen Regierung, der "Regierung der Rettung". Mit diesem Gespann Lon Nol/Sirik Matak war praktisch das Großbürgertum lautlos an die Macht gekommen - eine Gruppe, die die politischen Ideen Sihanouks überhaupt nicht teilte. Es ist schwierig zu beurteilen, ob Sihanouk diese Gefahr für seine Machtposition verkannte oder ob er vielmehr die Stärke seiner Position überschätzt hatte: Er hatte hiermit seinen Sturz selbst vorbereitet. Die Verschlechterung der innen- und außenpolitischen Situation tat das Letzte hinzu (16).

Mit dem Sturz von Sihanouk hatte sich in Kambodscha nicht nur eine auf den Austausch einzelner Persönlichkeiten beschränkte Palastrevolution vollzogen. Er brachte vielmehr große Umwälzungen in politischer sowie in gesellschaftspolitischer Hinsicht mit sich. Er bedeutete gleichzeitig das Ende der Monarchie und den Anfang des Krieges (17).

3. Der vietnamesisch-amerikanische Krieg

Die USA, die den Indochina-Krieg nie als einen lediglich lokalen Krieg sahen, bei dem es primär um das spezifische Anliegen der indochinesischen Völker ging - nämlich die politische Unabhängigkeit und im Fall von Vietnam die Einheit -, sondern von denen vielmehr dahinter stets die Gefahr der Eroberung Südostasiens durch den chinesischen Kommunismus gesehen wurde, mußten nach dem Verlust des nördlichen Teils von Vietnam an die kommunistische Welt befürchten, daß dieser wichtige Positionsgewinn von der anderen Seite ausgebaut und auf ganz Indochina ausgeweitet wurde. Sie waren deshalb entschlossen, dies mit allen Mitteln zu verhindern.

Das Ziel der USA in Indochina war seit 1956, der amerikanischen Containment-Politik entsprechend, klar definiert:

- Süd-Vietnam sollte unter der Führung von Ngo Dinh Diem zu einem starken und stabilen Staat ausgebaut werden, der - mit Militärmitteln ausreichend ausgestattet - fähig sein werde, sich selbst gegen Aggressions- und Subversionsversuche zu verteidigen.
- In Süd-Vietnam sollte darüber hinaus ein günstiges Kontrastbild zum kommunistischen Vietnam geschaffen werden, das in der Lage wäre, an der Schwächung des Kommunismus sowohl in Nord- als auch in Süd-Vietnam zu arbeiten, um das Land zu einem späteren Zeitpunkt auf eine friedliche Wiedervereinigung unter einem unabhängigen und nichtkommunistischen Regime vorzubereiten.

Abgesehen von der kurzen Periode bis etwa April 1959, während der einigermaßen Hoffnung bestand, diese Ziele nach kurzer Zeit erreichen zu können, hatte sich die Situation in Süd-Vietnam, vor allem ab 1961, eher verschlechtert als verbessert. Die Folgen davon waren ein verstärktes Engagement der USA in Vietnam. Um dieses Land besser als bisher für den Krieg auszurüsten, wurde an einer neuen Politik gearbeitet. Vorgesehen war zunächst ein noch stärkerer Ausbau der vietnamesischen Armee. Darüber hinaus sollte die Strategie der "Wehrdörfer" eingeführt werden, die darin besteht, durch Umgruppierung der Bevölkerung in bestimmte Gebiete die Kommunisten von ihr zu isolieren, um sie wirksamer bekämpfen zu können. Es wurde außerdem beschlossen, die Anzahl der amerikanischen Berater für Vietnam erheblich anzuheben. Nachdem sie im Jahr 1960 noch bei 2.000 gelegen hatte, betrug sie zwei Jahre später schon rund 10.000 (18).

Die USA erhofften sich mit dieser neuen Strategie des "special war" einen spürbaren Erfolg innerhalb von ein bis zwei Jahren. Doch entgegen den Erwartungen stellte sich der Erfolg nicht ein. Im Gegenteil: Die Situation verschlechterte sich zusehends für die südvietnamesische Seite im Laufe des Jahres 1964. Die Kommunisten intensivierten ihren Guerilla-Krieg und griffen sogar die amerikanischen Militäranlagen direkt an. Fest stand außerdem, daß die Viet Cong eindeutig Hilfeleistungen von Nord-Vietnam erhielten und daß darüber hinaus sogar reguläre Einheiten der nordvietnamesischen Armee im Süden kämpften.

Um endlich wirksamer gegen die Kommunisten vorgehen zu können, vor allem aber, um sie zu überzeugen, daß sie angesichts der militärischen Überlegenheit der USA niemals die Chance haben würden, den Krieg zu gewinnen, trafen die USA zwei wichtige Entscheidungen, die früher oder später unweigerlich zur Ausbreitung des Krieges auf ganz Indochina führen mußten: die Bombardierung Nord-Vietnams ab Februar 1965 und das direkte Engagement der US-Streitkräfte südlich des 17.Breitengrades. Dieses Engagement der Amerikaner im Vietnam-Krieg führte unmittelbar dazu, daß China und die Sowjetunion im Namen der kommunistischen Solidarität ihre Hilfeleistungen an Nord-Vietnam noch weiter verstärkten. Der Krieg gewann dadurch zusehends seine internationale Dimension.

1969 erfolgte auf Druck der öffentlichen Meinung in den USA wie in der Welt, die diesen immer unpopulärer gewordenen Krieg verurteilte, eine wichtige Wende in der amerikanischen Politik, die unter dem Namen "Nixon-Doktrin" bekannt wurde: Die USA bereiteten ihr Disengagement aus dem vietnamesischen Krieg vor.

Zugleich wurde Süd-Vietnam stärker als bisher auf sich selbst und auf seine eigene Verteidigung verpflichtet, wobei die USA bereit waren, Vietnam weiterhin Militär- und Wirtschaftshilfen zu gewähren. Bei dieser "Vietnamisierung" des Krieges wurde also keineswegs mit seinem baldigen Ende gerechnet. Im Gegenteil: Um ihren Alliierten in Saigon möglichst ein "gesäubertes Terrain" zu hinterlassen, intensivierten die USA ihre Kampfhandlungen. Laos und - ab April 1970 - auch Kambodscha wurden systematisch bombardiert. Doch statt damit den Widerstand der Kommunisten zu zerschlagen, wurden diese vielmehr in ihrem Willen gestärkt, bis zum Endsieg zu kämpfen.

4. Versuch einer friedlichen Lösung des Konfliktes - Gründe seines Scheiterns

Während der Krieg bis in die 70er Jahre hinein ein unvorstellbares Ausmaß annahm, wurde zur gleichen Zeit auf der anderen Seite ab Mai 1968 zwischen den am Krieg beteiligten Parteien der Versuch unternommen, eine friedliche Lösung des Indochina-Konfliktes herbeizuführen. Zwei Abkommen über "die Beendigung des Krieges und die Wiederherstellung des Friedens" kamen 1973 nach langjährigen und zähen Verhandlungen zustande, eines für Vietnam und das andere für Laos. Für Kambodscha kam es dagegen aufgrund der strikten Weigerung der kambodschanischen Kommunisten, sich auf Verhandlungen einzulassen, noch nicht einmal zu Friedensgesprächen (19).

a) Das Scheitern des Pariser Vietnam-Abkommens

Eine eingehende Analyse des Pariser Abkommens 1973 zeigt, daß beide Parteien von ihren ursprünglichen Extrempositionen wesentlich abgerückt waren und sich einer Kompromißlösung angenähert hatten. In zwei Punkten hatten die USA wesentliche Konzessionen gemacht: Zum einen wurde von ihnen die Forderung nach einem "beiderseitigen" Rückzug "fremder" Streitkräfte aus Süd-Vietnam aufgegeben. Praktisch wurde damit die de facto- Stationierung der nordvietnamesischen Truppen südlich des 17.Breitengrades akzeptiert. Zum anderen wurde die Nationale Befreiungsfront als "Provisorische Revolutionsregierung der Republik Süd-Vietnam" offiziell anerkannt. Dies stellte ein sehr wesentliches Zugeständnis seitens der USA und der Regierung in Saigon dar, da die amerikanische Intervention bis dahin stets mit dem Argument gerechtfertigt wurde, Süd-Vietnam gegen eine äußere Aggression aus dem Norden zu verteidigen. Dabei wurde also die Nationale Befreiungsfront nicht als eine aus Süd-Vietnam selbst stammende revolutionäre Bewegung anerkannt, sondern lediglich als reine Erfindung Nord-Vietnams dargestellt.

Auch die andere Seite ließ eine wichtige Forderung fallen: Der Rücktritt von Thieu und die Ersetzung der bisherigen Saigoner Administration durch Persönlichkeiten, die sich eindeutig für Frieden, Unabhängigkeit und Neutralität - selbstverständlich zu verstehen in der nordvietnamesischen Interpretation - aussprechen, wurden nicht mehr zur Bedingung von Verhandlungen gemacht.

Gemäß dem Abkommen von 1973 verpflichteten sich beide südvietnamesischen Parteien, d.h. die Regierung von Saigon und die "Provisorische Revolutionsregierung", sofort nach dem Waffenstillstand alle Vergeltungshandlungen einzustellen und miteinander Konsultationen zu führen, um innerhalb von 90 Tagen untereinander die "inneren Angelegenheiten" Süd-Vietnams zu regeln. Dies betraf vor allem die Bestimmung der praktischen Bedingungen für die Freilassung der politischen Gefangenen sowie die Errichtung eines "Nationalrates der Nationalen Versöhnung und Eintracht", der aus drei gleichberechtigten Komponenten bestehen sollte: der "Provisorischen Revolutionsregierung", der Regierung von Saigon und aus einer dritten Gruppe von Persönlichkeiten, die weder dem einen noch dem anderen Lager zuzurechnen waren. Der Nationalrat sollte die Aufgabe haben, die Durchführung jenes Abkommens, die Verwirklichung der nationalen Versöhnung und Eintracht und die Gewährleistung der demokratischen Freiheiten zu fördern. Er sollte freie und demokratische Wahlen organisieren sowie Verfahren und Modalitäten dieser allgemeinen Wahlen festlegen. Gemäß dem Abkommen sollte schließlich die Wiedervereinigung Vietnams Schritt für Schritt mit friedlichen Mitteln und ohne ausländische Einmischung erfolgen.

Das Abkommen von 1973 wurde nie ausgeführt. Wie es abgefaßt war, hatte es auch von vornherein keine Realisierungschancen. Die Regierung Thieu, die in Paris von den USA mehr oder weniger gezwungen wurde, die "Provisorische Revolutionsregierung" anzuerkennen, weigerte sich in Wirklichkeit nach wie vor, diese politischen Kräfte zu akzeptieren. Auch die USA lehnten weiterhin die reale Situation ab und versprachen Saigon weitere militärische Hilfen für den Fall, daß Hanoi erneut Süd-Vietnam angreifen würde. Aber auch die andere Seite, Hanoi und die Befreiungsfront, begnügte sich nicht mit dem Status quo, sondern versuchte, mit militärischen Anstrengungen ihre Ziele der Befreiung Süd-Vietnams zu erreichen.

Im Rückblick läßt sich sagen, daß das Abkommen von 1973 wahrscheinlich lediglich eine Zwischenstufe der "Vietnamisierung" war, um ein offizielles Disengagement der USA, wie die öffentliche Meinung es forderte, zu ermöglichen. Es war als zeitweiliger Waffenstillstand gedacht, um den Krieg mit anderen Mitteln, nämlich als einen Krieg der Vietnamesen unter sich, fortzuführen. Der Fall von Saigon im April 1975 kam lediglich insoweit unerwartet, weil er zu schnell, nicht aber, weil er überhaupt kam.

b) Die kurzlebige friedliche Koexistenz in Laos

Im Gegensatz zu Vietnam schien die politische Koexistenz in Laos, wie der Geist der Pariser Vereinbarungen vorsah, zu gelingen. Gemäß dem Abkommen vom 21.2.1973, das von der Regierung Souvanna Phouma und der Pathet Lao unterzeichnet worden war, wurden in der Tat eine "Provisorische Regierung der Nationalen Einheit" und ein "Nationaler Politischer Konsultativrat" gebildet, in denen beide Parteien zu gleichen Teilen vertreten waren. Souvanna Phouma behielt das Amt des Ministerpräsidenten, während der Kommunist Phoumi Vonvichit stellvertretender Ministerpräsident und Außenminister wurde. Der als pro-kommunistisch bekannte Prinz Souphanouvong übernahm den Vorsitz im neugeschaffenen politischen Konsultativrat.

Der Erfolg der Koalitionsvereinbarungen, der zweifellos auf die Persönlichkeit des Königs Savang Vatthana zurückzuführen ist, da die Monarchie in Laos auch von den Kommunisten stets als Symbol der nationalen Einheit anerkannt und respektiert wurde, währte jedoch nicht lang. Der Fall von Phnom Penh und Saigon im April 1975 hatten zwangsläufig einen unmittelbaren Einfluß auf Laos und zog dieses Land in den Sog des kommunistischen Sieges hinein. Am 2.Dezember 1975 kündigte die Pathet Lao die im Jahre 1974 mit der königlichen Regierung geschlossenen Koalitionsvereinbarungen, und Laos reihte sich endgültig in das kommunistische Lager ein.

IV. Indochina nach 1975

1. Die innenpolitische Entwicklung

1975 war - um eine Formulierung von H.Dohmen und O.Weggel (20) zu übernehmen - in den drei Staaten Indochinas die Stunde Null für einen Neubeginn des nationalen und gesellschaftlichen Aufbaus. Obwohl die vordergründigen Aufgaben für alle drei Staaten mehr oder weniger identisch waren und sind - wirtschaftlicher Wiederaufbau, nationale Versöhnung, Aufbau des Sozialismus etc. - unterschieden sich die drei Länder erheblich voneinander in den von ihnen angewandten Methoden: Während Vietnam und Laos den relativ behutsamen Weg zur Umstrukturierung ihrer Gesellschaft wählten, schlug Kambodscha dagegen einen Weg äußerster Radikalität ein.

a) Vietnam

Nach dem Fall von Saigon und dem totalen Sieg über Süd-Vietnam galt es zunächst für die neuen Machthaber, die Situation im Hinblick auf die Gefahr einer möglichen Konterrevolution endgültig und umfassend unter Kontrolle zu bringen. Bis auf die Nationale Befreiungsfront wurden alle in Süd-Vietnam früher tätigen politischen Parteien und Gruppen "aufgefordert", ihre Organisation aufzulösen bzw. sich in die Nationale Befreiungsfront zu integrieren. Angehörige der früheren Thieu- Administration und der südvietnamesischen Armee wurden in sog. "Umerziehungslager" geschickt, um dort im Sinne der kommunistischen Ideologie indoktriniert zu werden. Um die Bevölkerung besser unter Kontrolle zu halten, wurde der frühere Verwaltungsapparat auf sämtlichen Ebenen personalmäßig durch neue Führungskader, die überwiegend aus Nord-Vietnam stammen, ersetzt. Bei der wirtschaftlichen Umstrukturierung wurde dem landwirtschaftlichen Sektor zeitliche Priorität eingeräumt, wobei das akute Problem darin liegt, die Bevölkerung zunächst einmal überhaupt in ausreichendem Maße mit Nahrungsmitteln zu versorgen. Zugleich wurde im Fünfjahresplan von 1976-1980 ein Schwergewicht auf den industriellen Sektor gelegt, wobei innerhalb der Planfristen die Basis für die Schwerindustrie gelegt werden sollte. Die entscheidende Rolle des Staates bei der Gestaltung der Wirtschaft wurde festgeschrieben. Eine andere, für Vietnam sehr wesentliche Aufgabe, nämlich die Wiedervereinigung von Nord-

und Süd-Vietnam, wurde überraschend schnell in Angriff genommen. Die Wiedervereinigung vollzog sich bereits am 24.4.1976, d.h. kaum ein Jahr nach der "Befreiung" Süd-Vietnams. Ein wichtiger Grund für diese Eile dürfte in der Sorge zu sehen sein, daß sich die "Dritte Kraft" im Staatsapparat fest einrichten und somit einen Teil des zerstörten alten Regimes von Thieu zu sich hinüber ziehen könnte. Hier wird offenkundig eine Politik betrieben, die entgegen dem Geist des Pariser Vietnam-Abkommens von 1973 darauf abzielt, die Bildung von nicht-marxistischen Parteien zu verhindern und die Vorherrschaft der kommunistischen Partei für ganz Vietnam zu zementieren.

Will man eine Zwischenbilanz für Vietnam nach fünf Jahren kommunistischer Herrschaft ziehen, so läßt sich folgendes sagen: Dem - im Vergleich vor allem zu Kambodscha - relativ gemäßigten Kurs ist es sicherlich zu verdanken, daß nach dem Fall von Saigon dort kein "Blutbad" angerichtet wurde. Doch auch dieser behutsame Übergang zum kommunistischen System ist bereits für die Mehrheit der Bevölkerung eine harte Probe. Inzwischen scheint sich eine große Enttäuschung breit zu machen, und zwar aus mehreren Gründen: Die wirtschaftliche Lage, die sich seit 1975 erheblich verschlechtert hat, ist seit 1979 katastrophal. Es fehlt an den einfachsten Gütern des Grundbedarfs. Angesichts der begrenzten Aussichten auf eine Verbesserung ist zu befürchten, daß Vietnam sogar bis Mitte der 80er Jahre das Ziel der Selbstversorgung nicht erreichen wird. Bürokratismus und Autoritarismus erschweren zusätzlich das Alltagsleben und Inkompetenz lähmt weitgehend den Produktions- und Verwaltungsapparat. Hinzu kommen die Belastungen durch den Abnutzungskrieg in Kambodscha sowie die Furcht vor dem erneuten Ausbruch eines Krieges mit China. All dies treibt die Bevölkerung massenhaft zur Flucht. Kurz gesagt: Vietnam befindet sich innenpolitisch in einer sehr schwierigen Situation, und es ist nicht zu ersehen, wie die kommunistischen Herrscher ohne Preisgabe wesentlicher ideologischer Zielsetzungen und Positionen mit all jenen Problemen fertig werden könnten.

b) <u>Laos</u>

Ebenso wie in Vietnam stellten sich für Laos nach 1975 die Hauptaufgaben in zwei Bereichen: Einmal die Erfolge der Revolution in Staat, Wirtschaft und Gesellschaft zu konsolidieren, zum anderen die vielen dringenden Probleme der Nachkriegszeit

- Hunger, Krankheit, Arbeitslosigkeit, Produktionsrückgang u.ä. - zu bewältigen. Hier wie in Vietnam wird mit gemäßigten Methoden vorgegangen, doch auch hier bleiben viele Probleme infolge der Inkompetenz der Kader und des starren Bürokratismus ungelöst. Anstatt die Ungleichgewichte in der Wirtschaft zu beheben, werden die Disparitäten in manchen Sektoren sogar noch verstärkt. Die wachsende Anzahl von laotischen Flüchtlingen nach Thailand dokumentiert, daß trotz der Bemühungen der laotischen Führung, das Endziel "Sozialismus" nicht sofort und nicht durch unmittelbaren Zwang, sondern auf dem Weg der Überredung und Überzeugung zu erreichen, für die Bevölkerung der Wandel in Wirtschaft und Gesellschaft viel zu rasch vor sich geht. Er ist für sie in der kurzen Zeit nicht nachvollziehbar und die damit verbundenen Schwierigkeiten werden in hohem Maße als bedrückend empfunden.

c) Kambodscha

Im Gegensatz zu Vietnam und Laos nahm die Revolution in Kambodscha von Anfang an radikale Züge an. Die brutale Räumung der Städte ist nur der extreme Ausdruck dieser radikalen Politik. Zugleich mit der totalen Zerstörung der bestehenden Sozialstrukturen wurde eine systematische Liquidierung Angehöriger von als reaktionär bzw. der Revolution schädlich eingestuften sozialen Schichten und Gruppen betrieben. Die kambodschanische Revolution spielte sich in drei Phasen ab: Die erste Phase, die unmittelbar nach dem Sieg von 1975 eingeleitet wurde, hieß "Nationale Volksrevolution" und ordnete die Liquidierung aller unter Lon Nol Verantwortlichen der Administration und der Armee an. Ein Jahr später war es die "Demokratische Revolution", bei der die Beseitigung von "Kapitalisten" und reichen Bauern erfolgte. Anfang 1977 begann dann die dritte Phase, die "Sozialistische Revolution", die praktisch die Liquidierung all derjenigen vorsah, die in die sozialistische Gesellschaft nicht integrierbar erschienen. Die Revolution wurde zum Massenmord am eigenen Volk (21).

Der radikale innenpolitische Kurs ist von einer Außenpolitik begleitet, die ebenso unnachgiebig und absolut ist. Sogleich nach dem Fall von Phnom Penh verkündete die kambodschanische Führung der übrigen Welt ihren Willen, das Schicksal ihres Landes ganz allein zu bestimmen und sich mit Entschiedenheit gegen jede Einmischung von außen zu stellen. Diese Ankündigung galt offenkundig vorwiegend dem Nachbarn Vietnam, gegen dessen Übermacht Kambodscha sich zu wehren suchte. Die Grenzstreitigkeiten, die sogleich nach 1975 begannen und sich seitdem zu immer häufigeren gewaltsamen Auseinandersetzungen entwickelten, mündeten schließlich am 7.1.1979 in die Invasion vietnamesischer Truppen in Kambodscha, die damit dem Pol-Pot- Regime ein Ende setzte und zur Etablierung der vietnamabhängigen Regierung Heng Samrin führte.

2. Die außenpolitischen Beziehungen zwischen den indochinesischen Ländern

Seit Jahrzehnten führten die Kommunisten in Vietnam, Kambodscha und Laos den gemeinsamen Kampf gegen den Kolonialismus und Imperialismus. 1975 wurde eine wichtige Etappe erreicht: Phnom Penh und Saigon wurden "befreit" und kurz darauf übernahm auch in Laos ein kommunistisches Regime die Macht. Der kommunistische Sieg war - daran schien von vornherein niemand Zweifel zu haben - endgültig, die westliche Welt fand sich damit ab und auch die südostasiatischen Nachbarn arrangierten sich mit der neuen Situation. Zwar wurde allgemein spekuliert, daß die neuen Regime in Indochina nun erhebliche interne Schwierigkeiten haben würden, um die bisher weitgehend westlich orientierten Gesellschaften auf den sozialistischen Kurs zu bringen. Doch niemand rechnete damit, daß die sozialistischen Bruderstaaten Vietnam und Kambodscha kurz nach ihrem Sieg untereinander einen Konflikt anfangen würden, der immer mehr zu blutigen Auseinandersetzungen ausartete, bis es dann zum unverhüllten militärischen Einmarsch vietnamesischer Streitkräfte Anfang 1979 in Kambodscha kam.

Es würde den Rahmen dieses Überblicks sprengen, die Ursachen für den vietnamesisch-kambodschanischen Konflikt zu erforschen. Doch für das Verständnis und die Beurteilung der globalen, politischen Entwicklung in Indochina erscheint die Berücksichtigung zweier Grundtatbestände wichtig: Daß die Gründe für diesen Konflikt viel tiefer liegen als in den vordergründigen Auseinandersetzungen um die Grenz- und Inselfragen und daß die Streitigkeiten auch viel früher anfingen als 1975, als die ersten Divergenzen zwischen den beiden Ländern auch für die Außenwelt erkennbar wurden.

Es ist schwer zu sagen, ob für diesen Konflikt der säkulare Antagonismus zwischen Khmers und Vietnamesen, der schon seit Jahrhunderten vorhanden war und - bei den Khmers in Haß, bei den Vietnamesen in Geringschätzung verwandelt - tief in ihrem jeweiligen Kollektivbewußtsein verankert ist, wirklich eine primäre Rolle spielte oder ob vielmehr die Interessenunterschiede und -gegensätze zwischen den kommunistischen Bewegungen der beiden Länder, die bereits seit Mitte der 60er Jahre bestanden und schon damals gelegentlich zu Kämpfen geführt hatten, eher ausschlaggebend waren (22). Wahrscheinlich ging beides, eines das andere verstärkend, ineinander über. Auf jeden Fall sind, von der Vielschichtigkeit der Gründe dieses Konfliktes ausgehend, Zweifel angebracht, daß die Anfang 1979 von Vietnam für Kambodscha herbeigeführte Lösung - der Sturz des Pol-Pot-Regimes und seine Ersetzung durch die Administration von Heng Samrin - zur Stabilisierung der politischen Situation in Kambodscha führen wird. Auch wenn es Hanoi mit Unterstützung durch die Sowjetunion gelingen sollte, Kambodscha weitgehend unter seiner Kontrolle zu halten, so muß Hanoi doch weiterhin damit rechnen, daß ihm seine dort heute relativ fest etablierte Machtposition streitig gemacht wird. Voran dürfte dies für China gelten, das Südostasien seit eh und je als seine natürliche Einflußsphäre ansieht und sich daher kaum mit der jetzigen Situation in Kambodscha abfinden dürfte. Sollte es China in diesem Streit um Einflußzonen nicht gelingen, Kambodscha bald auf seinen eigenen oder zumindest auf einen weniger von Vietnam bzw. der Sowjetunion abhängigen politischen Kurs zu bringen, so dürfte hier mit einem permanenten Konfliktherd zu rechnen sein, bis Vietnam sich - am Ende seiner physischen Kräfte - auf eine Kompromißlösung einzulassen bereit sein wird.

In dieser vietnamesisch-chinesischen Konfrontation - und der vietnamesisch-kambodschanische Konflikt ist unter diesen Aspekt einzuordnen - dürfte das scheinbar stabile Laos auch nicht ganz unberührt bleiben. Zwar kann Hanoi sich hier auf die besonderen Freundschaftsbeziehungen mit diesem kleinen Nachbarn berufen, die seit Juli 1977 vertraglich abgesichert sind. Doch auf der anderen Seite wurde gerade durch diese starke Bindung an Hanoi, von der sich Laos Sicherheit erhoffte, der Keim für künftige Unruhen in Laos gelegt. Je eindeutiger Laos nämlich auf die Linie Vietnams einschwenkt, desto größer ist die Gefahr seiner Destabilisierung durch chinesische Pressionen. China verhüllt hier nicht einmal seine Absichten, alles zu tun, um bald in Laos einen politischen Wechsel zu seinen Gunsten herbeizuführen. Wesentliche Schritte in diese Richtung wurden bereits eingeleitet, angefangen von den anti-vietnamesischen Agitationen bis hin zu den Hilfeleistungen an die Rebellen gegen die Regierung von Vientiane sowie den Versuchen, durch das Schüren von internen Spannungen die Partei in eine pro-chinesische und eine pro-vietnamesische Fraktion zu spalten. Es kann hier dahingestellt bleiben, ob die von Vietnam gegenüber seinen Nachbarn Laos und Kambodscha verfolgte Politik der "Sonderbeziehungen" Ausdruck und Folge expansionistischer Bestrebungen ist, um den alten Traum Ho Chi Minhs von einer "indochinesischen Föderation" Wirklichkeit werden zu lassen, oder ob Vietnam vielmehr angesichts der Bedrohung durch China, dem die Absicht zugeschrieben wird, das von den USA in Indochina hinterlassene Machtvakuum mit eigenem Einfluß ausfüllen zu wollen, genötigt war, Kambodscha und Laos als strategisches Glacis für seine eigene Sicherheit zu benutzen: Der Indochina-Konflikt, der die Verlängerung und die Reproduktion des sino-sowjetischen Konfliktes ist und als solcher gesehen werden muß, bei dem es also um die ideologische und machtpolitische Hegemonie innerhalb der kommunistischen Welt geht, kann nur dann beendet werden, wenn eine Lösung gefunden wird, die beiden Seiten befriedigend erscheint. So, wie die politisch-ideologische Landkarte Indochinas heute aussieht, kann nur die Sowjetunion zufrieden sein. Für China muß dieses Bild unerträglich und Wandel zu schaffen vorrangiges Ziel sein.

In Vietnam oder Laos kann es realistischerweise in absehbarer Zeit hierfür keine Chancen sehen. Angesichts der eindeutigen und inzwischen etablierten Verankerung in der sowjetischen Einflußsphäre wären die Risiken unkalkulierbar und möglicherweise unermeßlich. Als Ziel und Ansatz für weitere Veränderungen bleibt nur das innerlich zerrissene, teils noch offen gegen Vietnam kämpfende Kambodscha. Die Tatsache, daß Kambodscha ohne eigene Grenzen zu China zur Hälfte gleichsam von Vietnam und Laos umschlossen ist, bedeutet hierbei zwar eine gewisse Erschwerung, die aber durch die Möglichkeit, Druck und Drohung an den nördlichen Grenzen beider Länder auszuüben, kompensiert wird. Auf der anderen Seite aber erhöht gerade diese Lage die Bedeutung Kambodschas für China: Mit einem unter seinem Einfluß stehenden Kambodscha hätte China gleichsam das Hinterland von

Vietnam und Laos unter seine Kontrolle gebracht.

Vor diesem Hintergrund spricht sehr viel dafür, daß China sich mit der derzeitigen Lösung in Kambodscha nicht abfinden wird. Ebensowenig aber erscheint es vorstellbar, daß sich Vietnam angesichts seiner militärischen Erfolge in Kambodscha freiwillig zu einer Kompromißlösung bereit finden wird. Der Konflikt in Indochina wird also weitergehen, und er wird sich auf und in Kambodscha konzentrieren. Wann und wie er enden wird, läßt sich heute nicht - auch nicht in Ansätzen - überschauen.

Anmerkungen

1) Girault, Arthur, Principes de colonisation et de législation coloniale, Teil II: Les Colonies françaises depuis 1815, Paris 1922, 276-296.
2) Eli, Barbara, Paul Doumer in Indochina (1897-1902) -Verwaltungsreformen, Eisenbahnen, Chinapolitik, Heidelberg 1967.
3) Brötel, Dieter, Französischer Imerialismus in Vietnam. Die koloniale Expansion und die Errichtung des Protektorates Annam - Tonking 1880-1885, Zürich/Freiburg 1971.
4) Eli, Barbara, a.a.O., 67-83, 114-147;
5) Chesneaux, Jean, "Entwicklungsstufen der nationalen Bewegungen Vietnams 1862-1940", in: R.Albertini (Hrsg.), Moderne Kolonialgeschichte, Köln/Berlin 1970, 389ff.
6) Dauphin-Meunier, Achille, Le Cambodge, Paris 1965, 67-87.
7) Levy, Paul, Histoire de Laos, Paris 1974, 83-88.
8) Vu, The-Quyen, Die vietnamesische Gesellschaft im Wandel - Kolonialismus und gesellschaftliche Entwicklung in Vietnam, Wiesbaden 1978, 283-335.
9) Haas, Gottfried, Französisch-Indochina zwischen den Mächten 1940-1945, Berlin 1970.
10) Vu, The-Quyen, a.a.O., 346-354.
11) Devillers, Philippe, Histoire du vietnam de 1940 à 1952, Paris 1952, 205ff.
12) Thee, Marek, " Background notes on the 1954 Geneva agreement on Laos and the Vientiane agreement of 1956-1957", in: Nina S.Adams and Alfred W.McCoy, Laos: War and Revolution, New York 1970, 121-138.
13) Isoart, Paul, Les états de l'asie du sud-est, Paris 1978, 74-83.
14) Burchett, Wilfried, La seconde guerre d'indochine - Cambodge et Laos 1970, Paris 1970.
15) Pomonti, Jean Claude/Thion, Serge, Des courtisans aux par-

tisans - essai sur la crise cambodgienne, Paris 1971, 50ff.

16) Pomonti,J.C., a.a.O..

17) Burchett,W., a.a.O., Shawcross, William, Sideshow, New York 1979.

18) Fall, Bernard, Les deux Viet-nam, Paris 1967.

19) Vernant, Jaques, "Das Räderwerk der Friedens in Vietnam", in: Europa Archiv, F.7, 1973; Institut des Sciences juridiques (Hrsg.), L'Accord de Paris sur le Vietnam, Hanoi 1973.

20) Dohmen, Holger u. Weggel, Oskar, "Indochina seit der Stunde Null", in: Europa Archiv, F.1., 1978.

21) Lacouture, Jean, Survive le peuple cambodgien!, Paris 1978; Boun Sokha, Cambodge, La massue de l'Angkar, Paris 1979.

22) Ponchaud, Francois, "Viet-nam - Cambodge: Une solidarité militante fragile", in: Les Temps Modernes, hrsg. von J.-P.Sartre, No.402: Indochine: Guerre des socialismes mort des peuples, Januar 1980, 1223ff.

Die kommunistischen Bewegungen in Vietnam, Laos und Kambodscha

Bernhard Dahm

1. Der Erfolg des Kommunismus in Vietnam

In seinen Thesen zur nationalen und kolonialen Frage hatte Lenin im August 1920 auf dem 2.Kongreß der kommunistischen Internationale (Komintern) die Notwendigkeit der Zusammenarbeit kommunistischer Organisationen mit den sich im Anschluß an den Ersten Weltkrieg in der kolonialen Welt regenden national- revolutionären Bewegungen betont. Und nur wenig später,Anfang September 1920, hatte Zinoview auf dem Kongreß der Völker des Ostens in Baku am Kaspischen Meer begeisterte Zustimmung gefunden, als er seine Rede gegen den Imperialismus mit den Worten schloß: "Die kommunistische Internationale wendet sich heute an die Völker des Ostens und ruft ihnen zu: Brüder, wir fordern euch auf zum Heiligen Krieg..." An die zweitausend Delegierte waren darauf aufgesprungen, zogen ihre Schwerter, fuchtelten mit Pistolen in der Luft und schrien durcheinander: Wir geloben es, wir schwören es ... Jihad, Jihad, Heiliger Krieg (1)!

Der Versuch der Verwirklichung des Aufrufs zur Zusammenarbeit mit nationalistischen ("nationalrevolutionären") Bewegungen brachte jedoch in den folgenden Jahren schon bald die größten Probleme. In Ländern, wo sich zunächst Aussicht auf Erfolg abzuzeichnen schien, kam es für die kommunistischen Parteien sogar zur Katastrophe: In Indonesien z.B. endete der Versuch der Kommunisten, die Massen auf ihre Seite zu ziehen, nach der Spaltung der Volksbewegung (Sarekat Islam) in einem Aufstandsversuch (November 1926, Januar 1927) und dem anschließenden Verbot der kommunistischen Partei durch die niederländische Kolonialmacht; in China führten etwa zur gleichen Zeit die wachsenden Spannungen innerhalb der Kuomintang zum Blutbad in der Kommune Shanghai (April 1927), das die Kommunisten bei ihren Bemühungen um die Konsolidierung ihrer Position zunächst einmal weit zurückwerfen sollte.

Erst im Jahre 1930 wurde eine Partei gegründet, der es gelang, die Leninschen Thesen so geschickt zur Anwendung zu bringen, daß sich schließlich der Erfolg einstellte. Lenins Musterschüler Ho Chi Minh, dem die Thesen Ende 1920 wie eine Offenbarung erschienen waren, erklärte bei der Neugründung der kommunistischen Partei Vietnams 1951 mit vollem Recht über die Entwicklungen in Vietnam:

> "Es war das erste Mal in der revolutionären Geschichte der kolonialen und halbkolonialen Völker, daß eine Partei in einem Zeitraum von nur 15 Jahren (gedacht war an die August-Revolution im Jahre 1945, d.Vf.) die Revolution zum Erfolg geführt hat und die Macht im ganzen Lande ergreifen konnte" (2).

Bei der Erwähnung der Gründe für diesen Erfolg erklärte Ho Chi Minh, es sei neben der "klarsichtigen und energischen Führung seitens der Partei" in erster Linie "der Solidarität und dem Enthusiasmus des gesamten Volkes innerhalb und außerhalb der Viet Minh" zu danken gewesen.

In der Tat ist die im Mai 1941 durch Initiative der kommunistischen Partei entstandene Vietminh-Liga oder Liga zur Erreichung der Unabhängigkeit Vietnams (VietNam Doc Lap Dong MinhHoi) das Muster einer schlagkräftigen nationalen Front unter kommunistischer Führung geworden (3). Obgleich von den Vietminh nie ein Versuch unternommen wurde, diese Führerrolle der Kommunisten zu vertuschen, gelang es ihnen rasch, sich im ganzen Lande zu verzweigen. Wie effektiv das zunächst heimlich und dann, nach dem Bruch des Abkommens zwischen Japan und dem Vichy-Regime (9.März 1945), allmählich immer offener aufgebaute Netz von Basen der Vietminh arbeitete, sollte sich zeigen, als die Partei bei Bekanntwerden der Kapitulation Japans Mitte August 1945 zum Aufstand rief:

> "According to plan (gemeint ist ein vom "Volkskongreß" in Tan Trao am 16.8.1945 gebilligter Aktionsplan, d.Vf.) uprisings were to take place simultaneously in all rural areas where revolutionary power was considered sufficiently strong, in all provinces of Tongking and in selected areas in the South and the Center with the aim of taking power at the provincial as well as at the local level. At the same time, armed propaganda detachments were to spark major demonstrations in the big cities, which would be supplemented by militia forces brought in from neighboring rural

districts. Takeover in the major cities of Saigon, Hanoi, Hue and Haiphong was considered essential for success. The uprisings began in the last two weeks of August, beginning in the urban areas ....Within less than two weeks the Vietminh had seized power throughout most of Vietnam. Only a few areas - mostly in the rural areas in the South where sympathy with the Communists was lacking - remained outside of revolutionary control" (4).

Natürlich kann man argumentieren, daß diese so perfekt inszenierte Volkserhebung, die schon am 2.September 1945 zur Erklärung der Unabhängigkeit der Demokratischen Republik Vietnam führen sollte, vorwiegend auf den Willen aller Gruppen zur Unabhängigkeit zurückzuführen ist; daß Bedenken gegen die kommunistische Führung in den verschiedenen nationalistischen Organisationen vorübergehend zurückgestellt wurden, um sich ihres Führungsapparates zunächst zu bedienen und sich dessen später zu entledigen. Solche Überlegungen hat es auch gegeben. Die Entwicklung seit 1945 aber sollte immer wieder deutlich machen, daß andere, mit den Kommunisten um den Führungsanspruch kämpfende Gruppen einen auch nicht nur annähernd vergleichbaren Rückhalt in der Bevölkerung hatten, soviel Unterstützung ihnen - zunächst von den Franzosen und später von den Amerikanern - auch zuteil werden sollte. Das, was sich im August 1945 in Vietnam abspielte, hat sich noch mehrmals bis zur endgültigen Verwirklichung der damals für das ganze Land proklamierten Unabhängigkeit im Mai 1975, wenn auch in ständig wechselnder Form, wiederholt. Auf die einzelnen Phasen dieses Kampfes kann hier nicht weiter eingegangen werden, aber es steht fest, daß diese Erfolge gegen die gewaltige materielle Überlegenheit der Gegner der Kommunisten in Vietnam ohne deren frühzeitig erfolgte Verwurzelung in der vietnamesischen Gesellschaft nicht denkbar gewesen wären.

Bedenkt man die großen Schwierigkeiten, denen sich die kommunistischen Parteien in anderen Ländern Südostasiens selbst in unmittelbarer Nähe Vietnams seit den 1930er Jahren ausgesetzt sahen, wie wenig es ihnen gelang, einen vergleichbaren Rückhalt in der Bevölkerung zu gewinnen, obgleich die Voraussetzungen, wie sie in Vietnam nach Ende des Ersten Weltkrieges vorzufinden waren, mit denen in anderen Kolonien oft durchaus vergleichbar waren, dann ist die Frage nach den Gründen für den erstaunlichen Erfolg des Kommunismus in Vietnam nicht nur erlaubt, sondern geboten.

2. Gründe für den Erfolg des Kommunismus in Vietnam

a) Nicht-spezifische Gründe

Häufig und wohl auch zu Recht wird im Zusammenhang mit dieser Frage auf Ho Chi Minh hingewiesen, weil es ihm in beispielhafter Weise gelungen sei, kommunistische Vorstellungen mit nationalistischem Gedankengut und nationalen Forderungen zu verbinden. Immerhin habe er, damals noch unter dem Namen Nguyen Ai Quoc ("Nguyen, der das Vaterland liebt"), 1920 schon an der Gründungsversammlung der kommunistischen Partei Frankreichs teilgenommen, sei er durch seine spätere Rolle in der Komintern besonders qualifiziert gewesen, deren Vorstellungen in Vietnam zu verwirklichen usw. Sicherlich hat die kommunistische Bewegung in Vietnam der Führung durch Ho Chi Minh viel zu verdanken (5), hat sein Patriotismus die Annäherung an andere antikoloniale Gruppierungen erleichtert, oder hat sein Gespür für den "richtigen Augenblick" vor allem in der Zeit von 1941 bis 1954 den Aktionen der Vietminh oft zusätzliche Durchschlagskraft verliehen (neben den Entwicklungen im Jahre 1945 sei nur an das Jahr 1954 erinnert, als die Eroberung der Dschungelfestung Dien Bien Phu Anfang Mai 1954 mit der Eröffnung der Genfer Indochina- Konferenz zusammenfiel). Aber Ho Chi Minhs Verdienste alleine können den Erfolg des Kommunismus in Vietnam nicht erklären.

Nach Ende des Ersten Weltkrieges weilten viele nationalistisch gesonnene Asiaten und Afrikaner in Europa, und es gab unter ihnen nicht wenige, die wie Ho Chi Minh in jener Zeit das Leninsche Rezept zur Befreiung ihres Vaterlandes kennenlernten. Es gab Nationalisten wie Nehru aus Indien oder Hatta aus Indonesien, die es mit Skepsis hinsichtlich der Relevanz für ihre Heimatländer zur Kenntnis nahmen. Aber es gab aus den gleichen Ländern auch Manabendra Nath Roy (Indien) oder Tan Malaka (Indonesien), die wie Ho Chi Minh von der Notwendigkeit der Führung des nationalen Befreiungskampfes durch die kommunistische Partei überzeugt waren; die in der Komintern eine wichtigere Rolle spielten als Ho Chi Minh und in der kommunistischen Theorie bewandter waren als dieser; ja, die es sogar wagten, Lenin zu widersprechen und Änderungen in der Komintern-Politik herbeizuführen wußten. Aber trotz aller Vaterlandsliebe und Kenntnis der kommunistischen Theorie blieb ihnen ein vergleichbarer Erfolg in ihren Ländern versagt (6).

Lag dieser Mißerfolg der Gesinnungsgenossen Ho Chi Minhs etwa daran, daß die Auswirkungen der Kolonialherrschaft in anderen Ländern zu weniger Ausbeutung, zu besser erträglichen Verhältnissen geführt haben als zu jenen, die Ho Chi Minh in seiner Schrift "Le procès de la colonisation francaise" 1924 an den Pranger stellte (7) ? Obgleich von Kolonie zu Kolonie aufgrund unterschiedlicher Voraussetzungen auch bei den Auswirkungen der Kolonialherrschaft Unterschiede festzustellen sind, so sind diese nach meiner Ansicht nicht so gravierend, daß sie als maßgeblich für Annahme oder Ablehnung des Kommunismus angesehen werden könnten. Grundlegende Maßnahmen und Folgen der Kolonialherrschaft waren vielmehr in den verschiedensten Ländern sehr ähnlich. Die Kolonialpolitik, unter welchem Namen auch immer, suchte aus den Kolonien ein Maximum an Profiten herauszuholen, sie richtete die Produktion der Kolonie auf den europäischen Markt aus, im Gefolge davon kam es zur Verwandlung von Agrarland in Plantagen, zur Rekrutierung bzw. Zwangsrekrutierung von Arbeitskräften zur Arbeit auf den Plantagen, in den Bergwerken, im öffentlichen Dienst; es kam zur Einführung aller erdenklichen Arten von Steuern, die zur Verarmung der Bauern und oft zu deren Abhängigkeit von Geldverleihern führte; im sozialen Bereich kam es zur Blockierung des sozialen Aufstiegs durch Bevorzugung ethnischer oder anderer Minoritäten, die in Verwaltung oder Wirtschaft zur Erleichterung der Kontrolle oder zur Verhinderung unliebsamer Konkurrenz durch eine neu heranwachsende einheimische Elite eingesetzt wurden, usw.

Daß dies nicht nur in Vietnam geschah, geht aus den Anklageschriften gegen koloniale Systeme anderer asiatischer Nationalisten beredt hervor, gerade auch aus Indonesien und Indien (8), wo der Kommunismus nicht zum Durchbruch kam, obgleich dort, wie erwähnt, äußerst fähige Interpreten der Beschlüsse der Komintern am Werke waren. - Waren es also nicht die objektiven Gegebenheiten wie Verelendung, das langsame Aufkommen neuer Klassen oder Blockierung des Emanzipationsstrebens, die die Annahme kommunistischer Ideen und Organisationsformen bewirkten, dann lag es vielleicht an der unterschiedlichen Politik einzelner Kolonialmächte? Die Briten, so könnte man argumentieren, boten z.B. den heranwachsenden neuen Eliten Entfaltungsmöglichkeiten und gewisse Mitspracherechte im politischen

Bereich. Die Niederländer waren äußerst geschickt im Einrichten eines Systems indirekter Herrschaft, so daß sich der Unmut zunächst gegen die von den Kolonialherren gestützten traditionellen Autoritäten richtete. Die Franzosen dagegen, so könnte man sagen, hätten den vietnamesischen Widerstand von Beginn an erbarmungslos bekämpft und dadurch die Vietnamesen geradezu gezwungen, andere Partner wie z.B. die Komintern zu suchen.

Auch dieser Erklärungsversuch führt zunächst nicht viel weiter. Engländer wie Niederländer haben in kritischen, die Kolonialherrschaft in Frage stellenden Augenblicken nicht minder hart reagiert wie die Franzosen in Vietnam. Man denke an die britische Reaktion in Amritsar (1919) oder an die niederländische Reaktion nach dem Aufstandsversuch der kommunistischen Partei 1926/27. Es gibt sogar Anzeichen dafür, daß erst die restriktive Politik der Niederländer den Aufstand herbeigeführt hat, weil die kommunistische Partei Indonesiens keinerlei Aktionsraum mehr fand (9). Das Verhalten der Kolonialmächte gegenüber Widerstandsbewegungen hing nicht von irgendwelchen Prinzipien ab, sondern kann eher mit dem Begriffspaar 'challenge and response' beschrieben werden. Dort, wo man auf ernsthaften Widerstand traf, versuchte man ihn mit allen Mitteln zu brechen; dort, wo man zu einem Arrangement mit den bestimmenden Kräften kommen konnte, bevorzugte man das System der indirekten Herrschaft.

b) <u>Spezifische Gründe</u>

Während letzteres in den meisten Ländern Südostasiens, auch in Laos und Kambodscha, wenigstens zeitweise möglich war, ist es dazu - und das ist jetzt allerdings sehr wesentlich - in Vietnam nie gekommen. Im Unterschied zu allen anderen kolonisierten Gebieten Asiens hat Vietnam seit der Annexion durch Frankreich in der zweiten Hälfte des 19.Jahrhunderts gegen die Kolonialmacht unentwegt gekämpft; hat nach dem Scheitern einer Methode sogleich nach effektiveren Mitteln gesucht, ob offen oder im Untergrund. Ho Chi Minh sieht sich mit vollem Recht ganz bewußt in direkter Tradition des vietnamesischen Widerstandes seit dessen Anfangstagen (10):

> "Fast 80 Jahre lang haben wir uns unter den eisernen Hacken der französischen Eindringlinge unentwegt aufgeopfert, haben wir unentwegt für die nationale Unabhängigkeit und die Freiheit gekämpft. Der loyale, der heroische Geist unserer

Vorgänger wie Phan Dinh Phung, Hoang Hoa Tham und Luong Ngoc Quyen lebt weiter; die unsterblichen Verdienste unserer Revolutionäre in den Provinzen Thai Nguyen, Yen Bai, Nghe Anh und Ha Tinh sind für immer in unser Gedächtnis eingegraben..."

Obgleich es auch in anderen Kolonien eine Zahl von Freiheitskämpfern gegeben hat, von dieser Kontinuität, von diesem nicht abbrechenden, sich ständig transformierenden, sich stets neuer Methoden bedienenden Freiheitskampf, wie er in Vietnam seit etwa 1860 zu beobachten ist (11), kann bei einem objektiven Vergleich des Widerstandes gegen die jeweilige Kolonialmacht - in Asien zumindest - nirgendwo sonst die Rede sein. Dies ist einer der vornehmlichen Gründe für den Erfolg des Kommunismus in Vietnam. Als Nguyen Ai Quoc alias Ho Chi Minh 1925 in Kanton seine revolutionäre Jugendorganisation Thanh Nien gründete, die in Vietnam zum erstenmal kommunistische Ideen verbreitete (12), traf diese auf eine Aufnahmebereitschaft, wie sie sonst in keinem anderen Lande in Asien gegeben war. Worauf gründet sich dieser Radikalismus, der die andersartigen Entwicklungen in Vietnam bestimmt?

Betrachtet man die Nachbarländer Vietnams, die zur gleichen Zeit wie Vietnam in koloniale Abhängigkeit gerieten - dabei sind in erster Linie die alten Königreiche Birma und Kambodscha zu nennen, da Laos über eine vergleichbare Tradition als "Staatsnation" nicht verfügt -, dann sieht man, daß sich auch dort die Kolonialherren bald nach ihren entscheidenden Eingriffen in den traditionellen Staatsorganismus einer landesweiten Widerstandsbewegung konfrontiert sahen, die nur mühsam zu unterwerfen war. Aber damit endet auch die Parallele mit Vietnam. Seit den 1890er Jahren sieht man keine Versuche der Anwendung neuer Methoden des Widerstandes, kein Aufgreifen westlicher Vorstellungen, wie es in Vietnam etwa von der Generation um Phan Boi Chau und Phan Chau Trinh versucht wurde, sondern nicht minder intensive Versuche, den drohenden Identitätsverlust durch eine Reaktivierung der eigenen Kulturtradition zu vermeiden. Kambodscha wie Birma wie andere nicht-vietnamesische Gebiete Südostasiens (und dazu zählen kulturgeschichtlich auch weite Gebiete Südvietnams), gehören zum indischen Kulturkreis, in dem Religionen, die Fragen nach der Erlösung des einzelnen, schon immer eine wichtige Rolle gespielt haben. Ob es sich um hinduistische, buddistische oder islamische Orientierungen oder um eine synkretistische Mischung verschiedener Traditionen handelt, allen ist soviel gemeinsam: daß sie - wenigstens als akzeptierte Wertnorm - die derzeitige Existenz als eine Übergangsphase in eine neue, wichtigere Existenz betrachten, sei es durch Wiedergeburt oder durch Aufnahme in ein Paradies.

Die Reaktivierung der eigenen Kultur, durchaus mit den derzeitigen Vorgängen in der islamischen Welt vergleichbar, führte zu religiös orientierten Reformbewegungen aller Art und zu einer Stärkung traditioneller Wertorientierungen und Institutionen, wie buddhistische Sangha, islamische Ulamas, Gurus aller Denominationen, kurz: zur Stärkung der Repräsentanten des alten Systems. Inwieweit bei diesem Revivalismus fremdenfeindliche Aspekte in den Vordergrund traten, war abhängig von dem Grad der Eingriffe in die traditionellen Systeme von außen: in Birma bekamen die Briten wegen ihrer kulturpolitischen Maßnahmen z.B. den Zorn der sonst eher pazifistisch orientierten buddhistischen Sangha zu spüren; in Malaysia, wo die selben Engländer traditionelle Institutionen und Autoritäten respektierten, kam es sogar zur Kooperation mit dem sonst eher militant reagierenden Islam. Welche Ausprägungen dieser 'Revivalismus' auch immer im einzelnen fand (13): Er erwies sich beim Buhlen um die Gunst der Massen von Indien bis Kambodscha, von Birma bis Indonesien als wirksamster Gegenspieler des Kommunismus. Aufstände und Protestbewegungen gegen die Kolonialherrschaft, die es in allen abhängigen Gebieten bis hinauf zu den Bergvölkern in Laos bis zum Ende der kolonialen Ära immer wieder gab, nahmen dann auch immer wieder einen religiösen und dazu einen durch spezifisches Lokalkolorit gefärbten Charakter an, wie es sogar im südlichen Vietnam beim Entstehen der Cao Dai- und Hoa Hao-Bewegungen in den 1930er Jahren zu beobachten ist.

Im mittleren und nördlichen Vietnam dagegen, dem von der säkularen chinesischen Kulturtraditon geprägten Gebiet, gab es diese Kulturbarrieren gegen die kommunistischen Lehren nicht (14). Es gab gewisse religiöse Traditionen, jene Mischung aus sinisiertem Buddhismus, aus Taoismus und aus Ahnenkult, wie man sie aus China kennt. Aber dabei ging es nicht um individuelle Heilssuche, sondern um die Erfüllung von konkreten Wünschen für die derzeitige Existenz, die schließlich auch der Kommunismus versprach. Diese säkulare Einstellung hatte frühzeitig den Geist des Kollektivismus - der in allen bäuerlichen Gemeinschaften zu finden ist - gestärkt, hatte Kriege und Siege gegen

China ermöglicht und zu der allmählichen, Stück für Stück erkämpften Eroberung des südlichen Vietnam geführt. Und das ist die zweite Erklärung für den Erfolg des Kommunismus in Vietnam: Voraussetzung für die erwähnte nur in Vietnam zu beobachtende kämpferische Tradition ist die säkular determinierte Wertorientierung, die einer Kollektivinteressen und Klassenkonflikte betonenden Ideologie nicht im Wege steht, sondern eher entgegenkommt.

Die dritte Erklärung, die für den Erfolg des Kommunismus in Vietnam angeführt wird, betrifft einen organisatorischen Aspekt. Wie in China sind auch in Vietnam bei der Abwesenheit von Erlösung versprechenden Heilsreligionen frühzeitig Surrogate für individuelle Nöte und Wünsche in Form der Geheimgesellschaften entstanden. Diese Tradition des Zusammenschlusses einzelner, um durch gemeinsame Aktion, durch magische Praktiken und Ritualien das zu verwirklichen, was dem einzelnen im alltäglichen Leben unmöglich war, ist nur zu gut bekannt. Nicht weniger bekannt ist die Tatsache, daß diese Geheimgesellschaften seit jeher auch ein ideales Instrument für politische Dissidenten und Nonkonformisten darstellen. In Ländern mit effizienter bürokratischer Kontrolle, effizienter jedenfalls als in den eher durch ein Netz von persönlichen Abhängigkeiten gekennzeichneten indisierten Königreichen, konnten auf diese Weise Massenbewegungen vorbereitet werden, deren weite Verzweigung schließlich die Autoritäten oft vor die größten Probleme stellte. Erinnert sei nur an die Anfänge der Taiping- und der Boxer-Bewegung in China im 19.Jahrhundert. Weniger bekannt ist, daß man sich auch in Vietnam dieser Geheimgesellschaften bediente: In der Zeit, in der offene politische Betätigung durch die französischen Kolonialbehörden zur Zeit des Ersten Weltkrieges in Vietnam nicht mehr gestattet wurde, multiplizierten sich diese Geheimgesellschaften, zeitweise hat es an die 200 gegeben, wie sich aus einschlägigen Prozeßunterlagen ergibt. Die Eide, die bei Eintritt in die Geheimgesellschaften zu leisten waren, bekräftigten u.a. den Willen zur Verteidigung des Vaterlandes, die Bereitschaft zur bedingungslosen Ausführung der Befehle der Oberen, die Anerkennung der Verpflichtung zur Rettung von in Not geratenen Kameraden und die Bereitschaft zur absoluten Geheimhaltung (15).

Als die Kommunisten bald darauf in Vietnam ihre Partei aufbauten, brauchten sie, was die organisatorische Form betrifft, somit nur daran anzuknüpfen, was seit Generationen in Vietnam weitverbreitete Praxis war.

3. Die Anfänge der kommunistischen Bewegung in Vietnam

Nach der Diskussion allgemeiner Voraussetzungen und spezifischer Gründe für den Erfolg des Kommunismus in Vietnam soll nunmehr, durch die Schilderung der Anfänge der kommunistischen Bewegung in Vietnam, konkret gezeigt werden, wie rasch und mühelos dort kommunistische Vorstellungen und Organisationsformen eingeführt werden konnten. Von der anhaltenden, sich stets neuer Methoden bedienenden Form des Widerstandes war bereits mehrfach die Rede. Schon bald nach Beginn der Verbreitung kommunistischer Lehren durch die 1925 gegründete revolutionäre Jugendbewegung Ho Chi Minhs begann man in Vietnam das Mittel des Streiks auszuprobieren. 1928 war es bereits ein erprobtes Kampfmittel. So gab es im Februar jenes Jahres einen Streik in der indochinesischen Brauerei und Eisfabrik in Saigon; im März folgte ein Streik in der Ölraffinerie in Haiphong; im April ein Streik auf den Kautschuk-Plantagen in Tay Ninh; im Mai in der Zementfabrik in Haiphong; im Oktober unter den Riksha-Fahrern in Hanoi; im Dezember in den Webereien in Nam Dinh, und zu Beginn des Jahres 1929 schlossen sich bald Streiks unter den Eisenbahnarbeitern in Vinh und unter den Arbeitern der Luftfahrtbetriebe von Hanoi an (16).

Diese Aufzählung der Betriebe vermittelt den Eindruck, als habe man es in Vietnam Ende der 1920er Jahre bereits mit einem halbindustrialisierten Staat und einem großen Industrieproletariat zu tun. Dieser Eindruck wäre falsch. Viel mehr an industriellen Unternehmungen, rechnet man noch die Bergwerke hinzu, gab es in Vietnam in jener Zeit nicht. Dennoch kann 1929 als der Höhepunkt in der Entwicklung der Arbeitsmarktausdehnung in Indochina angesehen werden, bevor mit der Weltwirtschaftskrise ein drastischer Rückgang erfolgte. Lag 1929 die Gesamtzahl der Lohnarbeiter bei etwa 221.000, so war sie ein paar Jahre später auf etwa 150.000 gesunken. Die 221.000 Arbeitnehmer des Jahres 1929 lassen sich in 86.000 Beschäftigte im Handel und in den wenigen Industrieunternehmungen, 81.000 Plantagenarbeiter und 53.000 Bergwerksarbeiter unterteilen. Nach der Rezession suchte ein Drittel von ihnen die Reintegration in ihre Dörfer und die Landwirtschaft, die in diesen Jahren noch immer mehr als 90 %

der Gesamtbevölkerung von 17,6 Millionen (1930) beschäftigte. Die Lohnabhängigen stellten somit nicht einmal 1,3 % der Bevölkerung.

Dennoch spiegeln die Zahlen die Mobilität der Vietnamesen jener Zeit wider, denn sie gelten für Gesamt-Indochina, und die Zahl der Kambodschaner und der Lao machen unter den Arbeitnehmern wiederum nur 2,4 % bzw. 2 % aus. Kambodscha hatte bei einer Gesamtbevölkerung von damals etwa 3 Millionen somit nur etwas mehr als 5.000 Arbeiter (weniger als 0,2 %); in Laos war es ähnlich (17). Die Gelegenheiten, die sich auf dem Arbeitsmarkt boten, wurden also von den Vietnamesen wahrgenommen und, wie oben dargestellt, sogleich kämpferisch genutzt, was auch in der Bereitschaft zur politischen Organisation zum Ausdruck kam.

Auf die Vielzahl nationalistischer Organisationen in Vietnam in jener Zeit kann hier nicht näher eingegangen werden (18), viele von ihnen standen der bald entstehenden kommunistischen Partei an Radikalismus nicht nach. Die Komintern (19) sah also den Boden in Vietnam Ende der 20er Jahre gut vorbereitet und forderte 1928 zur Gründung einer kommunistischen Partei auf. Sie war aber nicht wenig überrascht, als im Laufe des Jahres 1929 gleich drei Gesuche auf Anerkennung unterschiedlicher, miteinander konkurrierender Parteien von ehemaligen Mitgliedern der revolutionären Jugendorganisation Thanh Nien bei ihr eingingen: So war am 17.Juni 1928 in Tongking eine Indochinesische Kommunistische Partei gegründet worden, im Oktober folgte von der "südlichen Fraktion" der Thanh Nien die Gründung einer Kommunistischen Partei von Annam und bald darauf auch die Umwandlung der national-revolutionären Partei Tan Viet in eine Liga indochinesischer Kommunisten. Die Komintern reagierte verärgert und forderte die Parteien auf, sofort Schritte zu ihrer Vereinigung zu unternehmen. Außerdem wurde verlangt, den proletarischen Charakter der Partei durch die Rekrutierung von mehr Mitgliedern aus der Arbeitnehmerschaft zu stärken.

Als Vermittler bei dem Versuch der Einigung wurde Ho Chi Minh aus Thailand herbeigerufen, wo er sich in jener Zeit zur Organisation der dort lebenden Vietnamesen befand (20). Die Gründung der Partei (21) erfolgte Anfang des Jahres 1930 in Hongkong, wobei mal der 6.Januar und mal der 3.Februar als Gründungsdatum angegeben werden: Das erste Datum markiert den Beginn, das letzte den Abschluß der Einigungsgespräche und die

Verabschiedung eines Parteiprogramms. Der Name, den die neue Partei erhielt, lautete: Vietnam Cong Sang Dang, Kommunistische Partei Vietnams. Am 18.Februar 1930 wurde ein Manifest der Partei in zehn Punkten zusammengefaßt publiziert, die wegen ihrer unmittelbaren Auswirkungen, aber auch wegen ihrer zukünftigen Bedeutung hier aufgeführt seien. Die Ziele der Partei waren demnach (22):

1. Sturz des französischen Imperialismus, des Feudalismus und der reaktionären vietnamesischen Kapitalistenklasse;
2. Schaffung eines völlig unabhängigen Indochinas;
3. Gründung einer Arbeiter-, Bauern- und Soldatenregierung;
4. Konfiskation von Banken und anderen imperialistischen Großunternehmungen und Überführung in staatliche Kontrolle;
5. Konfiskation von Plantagen und weiterer Besitzungen der Imperialisten und der vietnamesischen Kapitalistenklasse und Verteilung an die armen Bauern;
6. Einführung des 8-Stunden-Arbeitstages;
7. Abschaffung öffentlicher Anleihen, der Kopfsteuer und anderer ungerechter Steuern, die vorwiegend die Armen treffen;
8. Freiheit für die Massen;
9. Bildung für alle;
10. Gleichberechtigung von Männern und Frauen.

Dieses Zehnpunkte-Programm wurde von Ho Chi Minh mit einem feurigen Aufruf an Arbeiter, Bauern, Soldaten, Jugend und Studenten eingeleitet, in dem erklärt wurde, daß die früher vereinzelt arbeitenden Kommunisten sich in einer einheitlichen Partei zusammengeschlossen hätten, um die Führung des Befreiungskampfes des Volkes zu übernehmen. Man sollte der Partei beitreten und ihr helfen, ihre Ziele zu verwirklichen (23).

Schon eine Woche vorher, am 10.Februar 1930, war durch die Rebellion der Garnison in Yen Bay, durch die radikal- nationalistische Partei Vietnam Quoc Dan Dang vorbereitet, bereits der Auftakt zu einer Serie von Ereignissen erfolgt, die im weiteren Verlauf des Jahres 1930 noch einmal nachdrücklich die leichte Mobilisierbarkeit aller Schichten des vietnamesischen Volkes demonstrieren sollte - zu einer Zeit, als Kambodscha und Laos noch in einer Art kolonialem Dornröschenschlaf lagen. Der Meuterei der Soldaten folgten bald Streikbewegungen im ganzen Lande, die alle vorherigen an Intensität übertrafen und um den 1.Mai praktisch alle Industriebetriebe Vietnams sowie Schulen und Märkte in vielen Teilen des Landes lahmlegten. Dazu kamen erst vereinzelt, dann in immer größeren Scharen Protestdemonstrationen der Bauern in den verschiedensten Provinzen. Sie führten rote Fahnen mit Hammer und Sichel mit sich und Forderungen, wie sie auf dem Manifest gestanden hatten: Das Land den Bauern! Aufhebung der Kopfsteuer! Hilfe für die Armen! usw. Obgleich die Kolonialmacht zu immer härteren Gegenmaßnahmen überging, wuchs die Bauernbewegung weiter an und kulminierte im September 1930 in der Einrichtung von bäuerlichen Sowjets in den Provinzen Nghe Anh und Hatinh in Zentralvietnam, die sich monatelang gegen die Kolonialarmee behaupten konnten. Erst durch den Einsatz der Luftwaffe und eine aufkommende Hungersnot wurde dieser Aufstand im Frühjahr 1931 schließlich gebrochen (24).

Worauf es bei der Erklärung dieser Entwicklung in Vietnam ankommt, ist zu zeigen, daß hier von der kommunistischen Partei nicht erst durch lange Agitation eine Bewegung in Gang gebracht werden mußte, sondern daß diese Bewegung bereits existierte, als die Partei gegründet wurde, und daß sich diese Partei, ohne auf ideologische oder organisatorische Schwierigkeiten zu stoßen, an die Spitze der revolutionären Bewegung stellen konnte. Die Partei entwickelte selbst zunächst nur wenig schöpferische Eigeninitiative wie etwa die Schwesterpartei in China im Rahmen ihrer Auseinandersetzungen mit der Kuomintang. In Vietnam folgte man bis zum Ausbruch des Zweiten Weltkrieges statt dessen getreu den Direktiven aus Moskau, auch wenn diese wie etwa 1935 oder 1939 den eigenen Interessen entgegenliefen. Das kann hier im einzelnen nicht verfolgt werden (25). Aufmerksamkeit verdient wegen der jüngsten Entwicklungen im vietnamesisch- kambodschanischen Konflikt jedoch noch der Umstand, daß im Oktober 1930 der Name der Partei in "Kommunistische Partei Indochina" abgeändert wurde.

Diese Abänderung des Namens wird gelegentlich damit erklärt, daß die Kommunisten Vietnams schon bald nach Gründung der Partei dazu übergingen, Ansprüche auch auf nicht-vietnamesisches Gebiet geltend zu machen (26). Wesentlicher aber scheint gewesen zu sein, daß Französisch-Indochina, ähnlich wie Niederländisch- Indien, in Kreisen der Komintern von Anfang an als Einheit gesehen wurde. Denn die Forderung nach Namensänderung, die die Kommunistische Partei Vietnams mitten in den revolutionären Unruhen im Oktober 1930 erreichte, kam von der Komintern. Man könnte sogar argumentieren, daß in Moskau der virulente Nationalismus Vietnams mit Skepsis beurteilt wurde und daß man glaubte, diesen Nationalismus durch die Einbeziehung von Laos und Kambodscha in einen, wenn auch regional begrenzten, "proletarischen Internationalismus" umwandeln zu können. Jedenfalls kam dieser Gedanke bei der Begründung der Umwandlung des Namens durch den kurz zuvor aus Moskau zurückgekehrten Generalsekretär der Partei Tran Phu ebenso zum Ausdruck (27) wie in der Forderung der Komintern nach einem Zusammenschluß mit den embryonalen kommunistischen Zellen in Laos und Kambodscha (28). Für diese Argumentation spricht ferner, daß im neuen Zehnpunkte-Programm der Partei die Forderung nach Verwirklichung der Unabhängigkeit, noch prominent in Ho Chi Minhs Punkten an zweiter Stelle stehend, ersatzlos gestrichen war; statt dessen findet man dort als neuen Punkt 10 ein Bekenntnis zur Solidarität mit dem internationalen Proletariat und den revolutionären Bewegungen der kolonialen und abhängigen Völker (29). Schließlich fand die Forderung der Komintern nach Änderung des Namens auch Kritik im nationalistischen Flügel der Partei. Es wurde nämlich erklärt, daß sich die "embryonalen Zellen" in Laos und Kambodscha fast ausschließlich aus emigrierten Vietnamesen zusammensetzten und daß es weder in Laos noch in Kambodscha irgendwelche revolutionären Aktivitäten gebe (30).

Danach hat es also den Anschein, als ob der Kommunistischen Partei der Indochina-Rahmen eher zur Zügelung ihres Nationalismus aufgezwungen worden sei, als daß man von einer frühzeitigen Anmeldung späterer Expansionsgelüste durch die Vietnamesen sprechen könnte. Erst im Laufe der Zeit wird der Indochina-Rahmen auch von den "Nationalisten" akzeptiert. Ganz besonders lernte man dessen Wert kennen, als die Vietminh nach Ende des Zweiten Weltkrieges zum Guerillakrieg gegen die Franzosen übergingen. Die in jenen Tagen verfügte Selbstauflösung der Indochinesischen Kommunistischen Partei (11.November 1945) war deshalb nicht nur eine taktische Maßnahme, um den Argwohn nationalistischer Kreise in Vietnam abzubauen (31), sondern auch, um eventuelle Vorbehalte in den Nachbarvölkern bei einer sich zu jener Zeit schon abzeichnenden Notwendigkeit einer engeren Zusammenarbeit gegen die französische Kolonialmacht zu vermeiden.

4. Anfänge des Kommunismus in Laos und Kambodscha

a) Vietnams Suche nach Partnern

Im Laufe des Zweiten Weltkrieges waren auch Kambodscha (32) und Laos (33) aus ihrem kolonialen Dornröschenschlaf erwacht. Ausgerechnet die Japaner hatten sie nach der Aufkündigung der Zusammenarbeit mit dem Vichy-Regime am 9.März 1945 "wachgeküßt", als sie die alten Monarchien zur Erklärung ihrer Unabhängigkeit von Frankreich nötigten. Kambodschas junger König Sihanouk tat dies bereits am 12.März 1945, König Sisavang Vong von Laos folgte etwas zögernder erst am 8.April. Sicherlich, es hatte in beiden Königreichen schon vorher nationalistische Regungen gegeben, zu erwähnen sind vor allem die Aktivitäten von Son Ngoc Thanh in Kambodscha, der u.a. 1941 die Protestbewegung buddhistischer Mönche gegen die französische Kolonialmacht organisiert hatte und daraufhin das Land verlassen mußte. Dennoch kann man von einem in weiteren Kreisen der Bevölkerung Rückhalt findenden Wunsch nach Unabhängigkeit wohl erst seit diesen Tagen sprechen. Viele früher zur Zusammenarbeit mit der Kolonialregierung bereite Gruppen wollten sich jedenfalls im Herbst 1945 mit der Neueinrichtung des Protektorats in beiden Ländern nicht abfinden. Sie zogen es vor, ins Exil - zumeist nach Thailand - zu gehen und gründeten oder verstärkten dort die Khmer Issarak- oder Lao Issara-(= "Freiheits")Bewegungen.

Den Vietminh war nach Ausbruch des Kampfes mit der französischen Kolonialmacht zunehmend daran gelegen, in diese nationalistischen Gruppen einzudringen und sie zur Zusammenarbeit im Kampf gegen die gemeinsamen Kolonialherren zu gewinnen. Sie stießen aber dabei auf eine Fülle von Schwierigkeiten. Einmal ist in Kambodscha wie in Laos auf das Fehlen sämtlicher Voraussetzungen hinzuweisen, die oben (Kap.2.b) für den Erfolg des Kommunismus in Vietnam herausgearbeitet worden sind; es gab in der kulturellen Tradition eher Barrieren gegen die Annahme kommunistischer Lehren und Organisationen als zur Anpassung bereite Strukturen. Zweitens bestanden in beiden Völkern antivietnamesische Ressentiments mit langer historischer Tradition, die während der kolonialen Zeit durch das z.T. arrogante Auftreten der in der Verwaltung, in der Wirtschaft und im Bildungsbereich von der Kolonialmacht in Kambodscha und Laos eingesetzten Vietnamesen neu belebt wurden. Dies war in Kambodscha, wo gegen

Ende der 1940er Jahre etwa 300.000 Vietnamesen unter insgesamt nur 4 Millionen Kambodschanern lebten (34), stärker ausgeprägt; aber Ressentiments bestanden auch in Laos, wo die Zahl der Vietnamesen (um die 30.000) bei einer Gesamtbevölkerung von etwa 2 Millionen allerdings erheblich geringer war (35).

Beide Faktoren hatten dazu beigetragen, daß bei Ende des Zweiten Weltkrieges weder in Laos noch in Kambodscha die kommunistische Bewegung, die immerhin seit 15 Jahren die politische Szene im benachbarten Vietnam beherrschte, Fuß gefaßt hatte.

Wenn im Jahre 1930 von "embryonalen kommunistischen Zellen" in Kambodscha und Laos die Rede war, so war in der Folgezeit nichts geschehen, um diese auszubauen. Weder ein Kambodschaner noch ein Lao trat bis zur Auflösung der indochinesischen Kommunistischen Partei im November 1945 prominent in ihr in Erscheinung, sie wurde sowohl in ihrer "marxistischen Phase" bis zum Ausbruch des Zweiten Weltkrieges als auch in ihrer "nationalistischen Phase" seit Gründung der Vietminh (1941) vollkommen von Vietnamesen beherrscht. Wurde auch in der Partei weiterhin von der Befreiung ganz Indochinas, ja sogar von dem Ziel der Einsetzung einer verfassunggebenden Versammlung für Indochina gesprochen (36), so waren weder Laos noch Kambodscha konkret in die sich seit 1941 entwickelnden Aktivitäten eingeschlossen. Bezeichnenderweise war die von der Kommunistischen Partei Indochinas in dieser Zeit herausgegebene Literatur nur in Vietnamesisch, Französisch und Chinesisch abgefaßt (37).

So stießen die Versuche der Vietminh, Einfluß in den Befreiungsbewegungen zu finden, zunächst auf wenig Widerhall. Die ersten Erfolge zeichneten sich erst im Jahre 1950 ab, als sich in Laos ein Teil der Lao Issara unter der Führung von vietnamfreundlichen Lao zu einer Widerstandsregierung gegen die königlich-laotische Regierung formierte. Allerdings war die Pathet Lao (=Staat Lao) Bewegung bei allen Kontakten zu den Vietnamesen eine genuin laotische Bewegung, die im Laufe der Zeit wirklichen Rückhalt unter der Bevölkerung fand (s.u.) (38). Komplizierter waren die Verhältnisse in Kambodscha, wo unter zersplitterten Khmer-Issarak-Gruppen von den Vietminh schließlich Interessenten für ein gleichfalls im Jahre 1950 gegründetes "Zentralkomitee zur Befreiung Kambodschas" gewonnen werden konnten, über dessen Zustandekommen, Zusammensetzung und Rückhalt in der Bevölkerung jedoch nach wie vor unterschiedliche

Auffassungen bestehen (39).

Immerhin hatten die Vietnamesen nach Ausbruch des Koreakrieges und der Verschärfung des Konfliktes mit den Franzosen jetzt Kontaktorganisationen, deren Vertreter sie zur Demonstration des Willens zur Zusammenarbeit nach Vietnam einladen konnte. Der Anlaß dazu bot sich im Zusammenhang mit der Neugründung der nun Vietnamesische Arbeiterpartei (Lao Dong) genannten Kommunistischen Partei im Februar und März 1951. Auf diesem Neugründungskongreß wurde ein Aktionsprogramm verabschiedet, auf dem die Vorstellungen der zukünftigen Zusammenarbeit erstmals genauer formuliert wurden (40):

> "The people of Vietnam must unite closely with the peoples of Laos and Cambodia and give them every assistance in the common struggle against imperialist aggression for the complete liberation of Indochina and the defence of world peace. In the common interest of the three peoples, the people of Vietnam are willing to enter into long-term cooperation with the peoples of Laos and Cambodia with a view of bringing about an independent, free, strong and prosperous federation of the states of Vietnam, Laos and Cambodia if the three peoples so desire."

Daß die Nachbarvölker dies so wünschten, wurde durch die Anwesenheit von Vertretern der im Jahr zuvor geschaffenen Organisationen in Laos und Kambodscha auf dem Parteikongreß demonstriert. Im unmittelbaren Anschluß an den Parteikongreß wurde am 11.März 1951 eine gemeinsame Konferenz der Repräsentanten von Laos und Kambodscha mit Vertretern der neuen nationalen Einheitsfront der Vietnamesen, der Lieu Viet, veranstaltet. Als deren Ergebnis wurde ein 'Comité de l'Alliance des peuples du Viet-Nam, Khmer et Pathet-Lao' eingerichtet mit der Hauptaufgabe, die französischen Kolonialisten und die amerikanischen "Interventionisten" aus Indochina zu vertreiben (41). Ho Chi Minh zeigte sich über das erste Ergebnis seiner Bemühungen in diesen Tagen hocherfreut. Als sich auch die Lieu Viet und die Vietminh verschmolzen, erklärte er, er freue sich sehr über die Einheit in Vietnam. Aber, so fuhr er fort (42):

> "was mich noch freudiger stimmt, ist, daß nicht nur das vietnamesische Volk vereinigt ist, das kambodschanische Volk und das Volk von Laos sind auch vereinigt. Die Nachricht von der Einigung dieser beiden Brudervölker haben die Delegierten von Kambodscha und Laos persönlich überbracht. Also: das vietnamesische Volk ist vereint, das kambodschanische Volk ist vereint, und das Volk von Laos ist vereint. Laßt uns jetzt nach der vietnamesisch-kambodschanisch-laotischen Einigung streben."

Was immer man aus diesen Worten Ho Chi Minhs für langfristige vietnamesische Pläne herauslesen will, diese angebliche Einheit innerhalb der einzelnen Völker war eine schiere Fiktion. Angefangen bei Vietnam selber, wo man die antikommunistischen Kräfte, die sich im Süden formiert hatten, sicherlich nicht pauschal als Kreationen der imperialistischen Mächte bezeichnen kann; ganz zu schweigen von Kambodscha und Laos, wo die eben erst geschaffenen Organisationen, wenn überhaupt einen Teil der Bevölkerung, dann eine winzige Minderheit repräsentierten. Und wenn sich jemand dessen bewußt war, dann war dies Ho Chi Minh selbst. Was in Kambodscha wie in Laos nötig war, um für die Zusammenarbeit mit den Vietminh eine solide Basis zu schaffen, war die Gründung einer revolutionären, einer kommunistischen Partei. Daß diese Sondergründungen jedoch nicht die einheitliche revolutionäre Bewegung in Indochina unter Führung Vietnams gefährden dürfe, geht aus einem Zirkular vom 1.November 1951 hervor. In ihm heißt es u.a.: "Die vietnamesische Partei behält sich das Recht vor, die Arbeit ihrer Bruderparteien in Kambodscha und Laos zu überwachen (43)."

b) Der Mißerfolg in Kambodscha

Ob man der Gründung des "Zentralkomitees zur Befreiung Kambodschas" unter Anleitung der Vietminh im April 1950 größere Bedeutung beimessen will oder nicht (vgl.Anm.39), auch die kambodschanische Regierung zeigte sich im Jahre 1950 darüber alarmiert, daß sich Teile der Bevölkerung dem Kommunismus zuzuwenden begannen. Dies geschehe sicherlich nicht aus Überzeugung, so der damalige Ministerpräsident Yem Sambaur, der Kommunismus sei für Kambodscha völlig ungeeignet, weil es weder Industrie noch ein städtisches Proletariat noch eine größere Zahl von Großgrundbesitzern gäbe. Der Grund liege vielmehr in den kriegerischen Aktionen der Kolonialmacht: der Bombardierung von

Dörfern und Massakern unter der ländlichen Bevölkerung auf den bloßen Verdacht hin, daß sich dort Verbände der Khmer Issarak versteckten, dies habe die Bevölkerung dazu getrieben, Hilfe bei den Kommunisten zu suchen, weil sie ihnen einen Ausweg aus der Misere versprächen. Es habe außerdem dazu geführt, daß einige Führer der Khmer Issarak begonnen hätten, sich mit vietnamesischen Kommunisten zu verständigen, "with the hitherto detested Vietnamese - a totally unprecedented state of affairs (44)."

Möglicherweise handelt es sich bei der Ausmalung der kommunistischen Bedrohung um eine gewollte Überzeichnung, denn in der gleichen Zeit erklärte der Ministerpräsident zu der Zusammenarbeit einiger Khmer Issarak-Verbände mit den Vietminh: "We hope this is a matter on which we can get American help (45)"; auf jeden Fall aber war es ein Plädoyer für ein größeres Entgegenkommen aus Paris, denn die oben zitierte Rede begann mit der Feststellung: Hätte Kambodscha seine Unabhängigkeit, dann gäbe es keine Khmer Issarak-Bewegung...

Aber wenn es im Jahre 1950 auch eine revolutionäre Situation in Kambodscha gegeben haben mochte, die Hoffnungen der Vietminh, diese durch Gründung der 1951 beschlossenen revolutionären Partei und weiterer organisatorischer Aktivitäten zu intensivieren, sollten sich nicht erfüllen. In den von ihnen kontrollierten Gebieten, vor allem in den an Südvietnam grenzenden Provinzen, aber auch in anderen Regionen, dort vor allem, wo eine größere Anzahl von Vietnamesen auf Kautschuk- Plantagen arbeiteten, richteten die Vietminh Kurse zur militärischen und politischen Schulung auch der kambodschanischen Bevölkerung ein, um dem Mangel an Führungskräften abzuhelfen und die antivietnamesischen Ressentiments der Bevölkerung abzubauen (46). Nennenswerte Erfolge stellten sich jedoch nicht ein, und von einem Anwachsen der revolutionären Bewegung seit Gründung der Kommunistischen Partei im Jahre 1951 ist mit Ausnahme der vornehmlich von Vietnamesen bewohnten Gebiete nichts bekannt (47).

Einer der Gründe - abgesehen vom Desinteresse am Kommunismus in der kambodschanischen Bevölkerung überhaupt - ist der weiterhin sichtbar bleibende vietnamesische Einfluß. So hatte die Partei zunächst einen vietnamesischen Namen (Dang Nhan Dan Cach Mang Cao Mien), ihre Statuten waren in vietnamesischer Sprache abgefaßt, einmal abgesehen davon, daß es sich dabei nur um eine simplifizierte Wiedergabe der Statuten der vietnamesischen Mutterpartei, der Lao Dong, handelte; auch die Erklärungen und Instruktionen waren in vietnamesischer Sprache abgefaßt. All dies mußte zunächst einmal ins Kambodschanische übersetzt werden, was dem Stigma des "Made in Vietnam" sicherlich keinen Abbruch tat (48). Der Name, den die Partei schließlich erhielt, lautete auf Kambodschanisch: Khanak Pak Pracheachon Pakdevoath Khmer = Revolutionäre Partei des Kambodschanischen Volkes, oder abgekürzt: Pracheachon (Volkspartei). Offensichtlich gab es 50 kambodschanische Gründungsmitglieder, als die Partei, wie es scheint, am 30.September 1951 schließlich gegründet wurde, die große Mehrheit aber waren Vietnamesen. Ein Jahr nach der Gründung soll die Partei insgesamt 1934 Mitglieder gehabt haben, nur 150 davon waren Kambodschaner (49).

Schließlich fehlten den von den Vietminh ins Leben gerufenen Organisationen geeignete kambodschanische Führerpersönlichkeiten, um nach außen den eigenständigen Charakter der Bewegung überzeugend vertreten zu können. In der Frühzeit der Versuche, die Khmer Issarak zur Mitarbeit mit den Vietminh zu gewinnen, tauchte seit etwa 1947 immer wieder der Name eines gewissen Son Ngoc Minh auf, über dessen Herkunft wenig bekannt war (und ist). Während er von Caldwell als "high ranking bonze with a long record of patriotic revolutionary activity" dargestellt wird, scheint mehr für die Annahme zu sprechen, daß sein Name ein alias ist, gewählt, um Assoziationen an den entfernt mit ihm verwandten, aus Südvietnam stammenden kambodschanischen Freiheitshelden Song Ngoc Thanh hervorzurufen. Sein erster Mitkämpfer aus dieser Zeit, Nguyen Thanh Son war Südvietnamese und Mitglied des Exekutivkomitees Süd der Vietminh. Auch Sieu Heng, der dritte der Khmer-Vietminh, wie diese Gruppe von Sihanouk genannt wurde, der im Raume Battambang Khmer Issarak-Gruppen für die Zusammenarbeit mit den Vietminh zu gewinnen suchte, stammte aus Südvietnam, wenn auch Mitglied der dort lebenden Khmer Krom von gemischt vietnamesisch- kambodschanischer Herkunft.

Son Ngoc Minh und Sieu Heng teilten sich in die in jener Zeit zu vergebenden Ämter. Der letztere war Vorsitzender des Zentralkomitees zur Befreiung Kambodschas, in dieser Eigenschaft Vertreter der Befreiungsfront Kambodschas auf der Indochina-Konferenz (März 1951), und er wurde schließlich auch der Generalsekretär der dort beschlossenen revolutionären Partei, der späteren Pracheachon. Son Ngoc Minh wurde 1952 der Chef einer sogenannten Regierung des nationalen Widerstandes, deren Hauptaufgabe darin bestanden zu haben scheint, den Vorwurf der Vietnamhörigkeit zurückzuweisen (50). Denn zu "regieren" gab es in dem nach wie vor königstreuen Kambodscha für Personen, deren Identität nicht einmal bekannt war, nichts, besonders nachdem Sihanouk in seinem "königlichen Kreuzzug" der Jahre 1952/53 die Leitung des Unabhängigkeitskampfes in die eigenen Hände genommen hatte. Damit waren auch die früheren Vorwürfe der Imperialismushörigkeit oder des Verrats der Interessen des Vaterlandes gegenstandslos geworden. Der ohnedies beschränkte Einfluß der Vietminh ging daraufhin noch weiter zurück.

So konnte sich Sihanouk bei den Genfer Verhandlungen im Jahre 1954 mit Erfolg weigern, mit Vertretern einer "Phantomregierung" an einem Tisch zu sitzen. Als der kommunistische Block seine diesbezüglichen Forderungen aufgab, brach innerhalb kürzester Zeit die gesamte von den Vietminh aufgebaute künstliche Verwaltungsstruktur wie ein Kartenhaus in sich zusammen. Bald darauf zog sich Son Ngoc Minh mit etwa 4.000 Vietminh nach Nordvietnam ins Exil zurück. Sihanouks spätere Äußerung: "Die habe ich verjagt, ohne einen Schuß abzufeuern. Ich habe mich damit begnügt, ihnen zu sagen: Was zum Teufel macht ihr hier? Raus!" (51) enthält bei aller Überheblichkeit einen wahren Kern: Sein Nimbus hatte sich als stärker erwiesen als alle verschwörerischen Aktivitäten der Vietminh.

Als Sihanouk als Repräsentant des alten Systems begann, sich aktiv in die Politik einzuschalten, um das Kambodscha der alten Zeit auf evolutionärem Wege in die neue Zeit hinüberzuführen, folgte ihm das kambodschanische Volk, von einigen Dissidenten abgesehen, geschlossen. Nach seinem Verzicht auf die Königswürde und Gründung der "sozialistischen Volksgemeinschaft" (Sangkum Reastr Niyum) sollte dies eindrucksvoll bestätigt werden. Bei den allgemeinen Wahlen im Jahre 1955 gewann die Sangkum nicht nur sämtliche 91 Sitze der Nationalversammlung, sondern auch 83% aller Stimmen, während die Pracheachon nur 4% erhielt. Noch größer aber wurde das Disaster für die Kommunisten bei den Wahlen im März 1958, als die Pracheachon als einzige Oppositionspartei gegen die Sangkum und damit gegen Sihanouk kandidierte: Die Sangkum erhielt 1.646.488 der 1.646.897 abgegebenen Stimmen (52). Selbst wenn die Pracheachon - möglicherweise unter Hinzuzählung der Stimmen der nichtkambodschanischen Minderheit - bei diesen Wahlen, wie gelegentlich erwähnt, 1% der Stimmen erreicht haben sollte, zeigt das Ergebnis dennoch das totale Scheitern der Bemühungen der vorhergegangenen zehn Jahre, dem Kommunismus in Kambodscha Eingang zu verschaffen.

c) Erste Erfolge der Pathet Lao in Laos

Im gleichen Jahr, in dem die Pracheachon in Kambodscha ihre demütigende Niederlage hinnehmen mußte, erzielten die Schützlinge der Vietnamesen im benachbarten Laos einen aufsehenerregenden Erfolg. Bei Nachwahlen für eine Koalitionsregierung mit der königlich-laotischen Regierung errangen die Kandidaten der Pathet Lao 1958 neun von zehn möglichen Sitzen und stellten mit den Sitzen einer ihr verbundenen Partei für Frieden und Freiheit die Mehrheit in der Regierung, was bald darauf zum Putsch von rechtsgerichteten Kreisen und zum Ausbruch des Bürgerkrieges führen sollte (53).

Beim Versuch der Erklärung des Unterschieds zu den Entwicklungen in Kambodscha ist zunächst darauf hinzuweisen, daß Laos eher ein Begriff für einen geographischen Raum als für eine politische Einheit ist, wie sie Kambodscha seit Jahrhunderten darstellte. Laos setzt sich ethnisch aus einer Vielzahl von Völkern und Stämmen zusammen, deren Beziehungen untereinander oft gespannt waren oder die sich, wie einige Bergvölker, von dem Staatsgebilde völlig abseits hielten. Die eigentlichen Lao (Lao Loum), die zu den Thai-Völkern gehören, waren die Bewohner der fruchtbaren Ebenen am Mekong-Fluß, der von Nord nach Süd seit Errichtung des Protektorats Ende des 19.Jahrhunderts in etwa die Grenze zu Thailand bildet. In den südlichen Provinzen, an Kambodscha und Vietnam grenzend, dominierten die zur indonesischen Rasse gehörenden Kha-Völker, die Lao Theung; im Norden und Nordosten schließlich lebten die wieder vielfach untergliederten Meo-, Yao- und Ho-Völker, die zur chinesischen Rasse oder den Lao Soung gerechnet werden (54). Diese Aufsplitterung wurde schon immer von rivalisierenden Mächten des Raumes für ihre Interessen genutzt, in den Jahren seit 1945 von den Vietminh ebenso wie von ihren Gegenspielern. Die Mehrheit der Führerpersönlichkeiten von nationalem Rang stammt bei den Pathet Lao zwar aus der Gruppe der Lao Loum, aber es ist den Kommunisten besser gelungen als den Royalisten, ethnische Splittergruppen für ihre Ziele zu gewinnen und Verwaltungsstrukturen und Basen auch in den unwegsameren Gebieten des zerklüfteten Landes einzurichten.

Ein zweiter Unterschied zu Kambodscha betrifft die Einstellung der Lao zu den Vietnamesen. Wie erwähnt, gab es auch hier Vorbehalte, aber sie beschränkten sich weitgehend auf die selbstbewußten Lao Loum, die sich, wie die Kambodschaner, in der Kolonialzeit von in Verwaltung, Wirtschaft und im Bildungsbereich eingesetzten Vietnamesen bevormundet fühlten. Bei den nicht zu den Lao Loum zählenden Völkern, etwa 40% der Gesamtbevölkerung von rd. 2 Millionen in den 50er Jahren (55), bestanden diese Vorbehalte weniger. Zum Teil gab es mit den Vietnamesen sogar bessere Zusammenarbeit als mit der Herrenschicht des eigenen Landes.

Der wesentliche Unterschied zu den Entwicklungen in Kambodscha aber besteht darin, daß es den Vietminh frühzeitig gelungen ist, Führerpersönlichkeiten für den Aufbau laotischer revolutionärer Organisationen zu finden, die bald im ganzen Lande selbst unter ihren Gegenspielern respektiert und als Gesprächs- und Koalitionspartner akzeptiert wurden. Der bedeutendste unter ihnen, jedenfalls nach außen, war und ist vielleicht noch heute der "rote Prinz" Souvannuvong, Halbbruder nicht nur seines langjährigen "Widerparts", des Neutralisten Souvanna Phouma, sondern auch des langjährigen Ministerpräsidenten von Laos vor Anfang der revolutionären Phase und späteren Mitbegründer der Lao Issara, Prinz Phetsarath - so daß man die neuere Geschichte von Laos fast in Form einer Familienchronik darstellen könnte (56). Prinz Souvannuvong (geboren 1909) hatte gegenüber seinen älteren Brüdern den Nachteil, daß seine Mutter eine Nebenfrau, nach einer Darstellung sogar die Dienstmagd (57) seines Vaters, des in Lubang Prabang residierenden Vizekönigs, war. Das ist natürlich bei der Entwicklung von Souvannuvong zum radikalen Gegner des "feudalen Laos" als wesentlicher Grund mitangeführt worden (58). Wesentlicher aber war, daß er seine Schulzeit im radikalisierten Hanoi Ende der 20er Jahre verbrachte und daß er nach einem Ingenieurstudium in Paris seit 1937 wieder in Vietnam in einem Wasserbauprojekt in Thanh Hoa eingesetzt wurde und dort auch eine Vietnamesin heiratete, die später bei den Vietminh mitarbeitete. In Vietnam erlebte Souvannuvong auch die Augustrevolution und traf bald darauf Ho Chi Minh, der Souvannuvong bei seiner Rückkehr nach Laos Ende 1945 zur Entfaltung revolutionärer Aktivitäten die Unterstützung der Vietminh versprach (59).

Ähnlich lesen sich die Lebensläufe anderer späterer Pathet Lao-Führer: Der im Laufe der 60er Jahre immer stärker in den Vordergrund tretende Kaysone Phomvihan hatte in Hanoi studiert, sein Vater war als Vietnamese hoher Verwaltungsbeamter in Mittel- Laos geworden; Kaysone hatte bei seinem Studium Freundschaft mit Vo Nguyen Giap geschlossen und war als einer der ersten Lao noch der Kommunistischen Partei Indochinas beigetreten, bevor sie 1945 aufgelöst wurde (60). Andere hatten regelmäßig Handelsgeschäfte in Vietnam betrieben wie der Sohn eines einfachen Bauern Nouhak Phongsavan, der später den Nachschub der Vietminh zu organisieren begann (61); andere wiederum wie Faydang, waren Stammesführer bei Bergvölkern, die sich den Vietminh zunächst nicht aus ideologischen Gründen anschlossen, sondern sich eher eine Chance ausrechneten, mit deren Hilfe ihre Führungspositionen in ihrem Stamm ausbauen zu können (62): Alle waren jedenfalls Lao, die nicht der ständigen Verdächtigung ausgesetzt waren, nur Werkzeuge der Vietminh zu sein. Sie zeigten sich vielmehr stets um die Interessen und Eigenheiten der Lao-Völker besorgt, wie z.B. der aus der Adelsschicht der Lao Loum stammende Phoumi Vongchivit, der zunächst Mitglied der nationalistischen Lao Issara-Bewegung war, bis er sich nach deren Spaltung (1949) der Pathet Lao-Bewegung anschloß, die sich 1950 konstituierte, weil sie sich nicht wie der restliche Teil der Lao Issara mit dem Status der Autonomie in der französischen Union zufrieden gab (63).

So wurde Laos bei der Indochina-Konferenz der Vietminh im März 1951 von Souvannuvong vertreten, der im Unterschied zu dem umstrittenen Sieu Heng aus Kambodscha durchaus als Repräsentant seines Volkes angesehen werden konnte, auch wenn die Pathet Lao zu jener Zeit noch über keinen großen Anhang verfügte. Die geographischen und ethnischen Voraussetzungen aber waren hier in ganz anderem Maße als in Kambodscha geeignet, um Basen aufzubauen, die noch vor der Genfer Indochina-Konferenz zur Beherrschung ganzer Provinzen im Nordosten des Landes (Phong Saly und Sam Neua) führten, so daß diesem Umstand auf der Genfer Konferenz Rechnung getragen und die Verwaltung der Pathet Lao in diesen Gebieten anerkannt wurde. Daß die meisten der oben vorgestellten Führerpersönlichkeiten bald darauf in freien Wahlen gewählt worden sind, ist ein zuverlässiges Indiz dafür, daß ihre Arbeit in der Bevölkerung Anerkennung gefunden hatte. Aus dem Lande gejagt werden wie die Khmer Vietminh konnten die Pathet Lao nicht mehr. Trotz der massiven amerikanischen Bombeneinsätze konnten sie vielmehr im Laufe der 60er Jahre ihren Einfluß in Laos beständig vergrößern. Daß es in dieser Zeit aus den von den Pathet Lao kontrollierten Gebieten zu größeren Flüchtlingsbewegungen kam, ist nicht zuletzt auf dieses anhaltende Bombardement zurückzuführen. Von der Anwendung brutaler Gewaltmaßnahmen oder gar von Massakern seitens der Pathet Lao ist dagegen weder aus der Kampfzeit noch nach Gründung der Demokratischen Volksrepublik Laos im Dezember 1975 etwas bekannt geworden. Die vorliegenden Berichte vermitteln eher den Eindruck, daß die Pathet Lao bei ihren Maßnahmen zur Verwirklichung sozialistischer Vorstellungen im krassen Gegensatz zu den Khmer Rouge im benachbarten Kambodscha eher schrittweise und umsichtig vorgegangen sind.

5. Der Weg zur Gewaltherrschaft der Roten Khmer

Die Nachrichten über das Schreckensregiment der Khmer Rouge in Kambodscha, vor allem nach, aber auch zum Teil schon vor ihrem Sieg am 17. April 1975, reißen nicht ab. Auch wenn die genaue Zahl der Opfer ihrer Gewaltherrschaft bisher nicht bekannt ist und vielleicht nie bekannt werden wird, so steht doch fest, daß ihr Radikalismus bei der Durchsetzung der sozialistischen Revolution - trotz der auch in China und Vietnam (vor allem in Südvietnam) zu beobachtenden Gewaltmaßnahmen - in Asien zumindest keine Parallele hat. Zum Abschluß dieser Arbeit soll daher den Gründen für diesen Radikalismus nachgespürt werden.

Als die jungen kambodschanischen Linksradikalen, denen Sihanouk später den Namen Khmer Rouge gab, im Laufe der 50er Jahre nach längeren Studienaufenthalten in Paris nach Kambodscha zurückkehrten, fanden sie die linksradikale Bewegung in ihrer Heimat in einem desolaten Zustand vor. Da sie in Europa aktiv in kommunistischen Organisationen mitgearbeitet hatten, wie Saloth Sar alias Pol Pot (1928 geboren), Ieng Sary (1930 geb.) und Son Sen (1930 geb.), oder sich in ihren Studien stark mit marxistischen Theorien beschäftigt hatten, wie Khieu Samphan (1931 geb.), Hou Youn (1926 geb.) und Hu Nim (1932 geb.) (64), versuchten sie nach ihrer Rückkehr die kommunistische Bewegung in Kambodscha neu aufzubauen. Mit diesem halben Dutzend Namen sind die vornehmlichsten Führerpersönlichkeiten der Roten Khmer bereits genannt, einflußreich waren neben ihnen vor allem noch die Frauen der drei Erstgenannten (65).

Pol Pot kehrte als erster dieser Gruppe 1953 nach Kambodscha zurück, schloß sich der Pracheachon an und half, die Wahlen von 1955 und 1958 für diese Partei vorzubereiten, die, wie erwähnt, mit einem Fiasko endeten. Es kennzeichnet die Unverfrorenheit von Pol Pot, wenn er 1977 behauptet, die Wahlen von 1958 (wobei die Pracheachon nur 409 Stimmen erhielt, s.o., Kap.4.b) hätten "noch deutlicher als zuvor die Gegnerschaft des Volkes zur Reaktion, sein Festhalten an der Revolution und seinen Willen, den Fortschrittlichen die Macht anzuvertrauen, bestätigt." Nur durch die Unterdrückungsmittel des Staates sei das Volk gehindert worden, für die Revolutionäre zu stimmen (66).So verzerrt werden heute die damaligen Verhältnisse dargestellt! Die damals von den Revolutionären vorgenommene Analyse muß ein ganz anderes Ergebnis zutage gebracht haben, sonst hätte ja kein Grund bestanden, im September 1960 die Partei neu zu gründen und ein neues Kampfprogramm zu verabschieden. Danach sollten die Bauern, mehr als 85 % der Bevölkerung, mit allen erdenklichen Mitteln mobilisiert werden, damit sie endlich begriffen, daß sie in einem unversöhnlichen, antagonistischen Widerspruch mit ihren Ausbeutern, den reichen Bauern und Großgrundbesitzern lebten. Das geeignetste Mittel dazu schien, sie zur "Anwendung von nackter Gewalt" zu gewinnen, weil dies am besten zu einem revolutionären Klassenbewußtsein führe (67).

Sieben Jahre sollte es nach dieser Formulierung der Zielsetzung der Partei noch dauern, bis der erste Volksaufstand schließlich - und dazu noch, wie Pol Pot selbst zugibt, für die Partei überraschend - zustande kam: "Als die revolutionäre Situation herangereift war, brach 1967 ein bewaffneter Aufstand in Samlaut in der Provinz Battambang aus, ausgelöst durch die eigene Bewegung des Volkes. Das Zentralkomitee der Partei hatte damals noch nicht zum allgemeinen bewaffneten Aufstand im ganzen Land aufgerufen (68)". Mit solchen Ausführungen soll der Eindruck geweckt werden, die revolutionäre Gesinnung des ganzen Landes sei inzwischen nicht mehr zu zügeln gewesen. Das einzige revolutionäre Ereignis freilich, das Pol Pot aus der Zwischenzeit vermelden kann, ist eine Autobusfahrt einer Anzahl Frauen aus dem Dorf Kravar (Kampong Cham) nach Phnom Penh, um dort ihre wegen eines Land-Disputs verhafteten Ehemänner freizubekommen (69). Denkt man an die Gründung der kommunistischen Partei in Vietnam zurück und daran, daß nur wenige Wochen später das ganze Land in Aufruhr stand (s.o. Kap. 3), dann wird nur allzu deutlich, welche Frustrationen sich im Kreise der Roten Khmer im Laufe dieser sieben mageren Jahre herangebildet haben mußten. Und der Aufstand in Samlaut war bei nüchterner Analyse nicht dazu geeignet, diese Frustrationen abzubauen. Die ländliche Bevölkerung, die hier gegen die Wegnahme von bislang katastermäßig nicht erfaßtem Land rebellierte, waren keine neu radikalisierten kambodschanischen Bauern, sie waren zu einem guten Teil vietnamesischer Herkunft, es handelte sich bei diesem Gebiet um eine alte Rebellen-Bastion der Vietminh aus den frühen 50er Jahren (70).

Den Roten Khmer, von denen Pol Pot, Ieng Sary und Son Sen im Jahre 1963 in den Untergrund gegangen waren, war es bis zu diesem Zeitpunkt jedenfalls noch nicht gelungen, in größeren Teilen der Bevölkerung - insbesondere unter der Bauernschaft - das traditionell loyale Verhältnis zum Königshaus und zum Buddhismus zu brechen, trotz aller Versuche, gerade diese Institutionen als Träger des alten Systems zu diskreditieren. Dies geschah nicht nur durch Agitation im Untergrund. Die Gebildeteren der Roten Khmer wie Kieu Samphan, Hou Youn und Hu Nim hatten sich in ihren Doktorarbeiten kritisch mit dem traditionellen System Kambodschas und seiner Gesellschaft auseinandergesetzt; die Relevanz vieler ihrer Thesen, die weitgehend das Aktionsprogramm der Roten Khmer bestimmten, ist umstritten (71). Dennoch legte Sihanouk Wert darauf, diese jungen Kritiker in seine Regierung einzubeziehen. Erst im Zusammenhang mit der blutigen Niederschlagung des Aufstandes von Samlaut durch die damals von Lon Nol geführte Regierung zogen auch sie sich im Laufe des Jahres 1967 in den Untergrund zurück.

Seit Anfang des Jahres 1968 ist dann eine Intensivierung der Aktivitäten der Roten Khmer in verschiedenen Teilen des Landes zu beobachten. Die Meldungen über konspirative Aktionen häuften sich, wobei es sich jedoch fast ausschließlich um Überfälle auf örtliche Polizei- und Militärposten zum Zwecke des Waffenraubs handelte. Nur im Grenzgebiet zu Laos kam es in der Provinz Stung Treng im Jahre 1968 zu einer größeren Rebellion, und zwar unter den Bergvölkern der Khmer Loeu, die früher zu Laos gehörten. Wegen ihrer Unterstützung der Vietcong, der Pathet Lao und der Nordvietnamesen sollten sie in "strategischen hamlets" neu angesiedelt werden, als nach der Tet-Offensive Anfang 1968 der Druck der USA auf die kambodschanische Regierung stärker wurde, die provietnamesischen Aktivitäten in ihren Grenzprovinzen zu unterbinden (72). Wieder waren es nicht die Roten Khmer, die für diesen Aufstand verantwortlich zeichnen konnten, Pol Pot gibt in seinem ausführlichen Bericht über diese Zeit selbst zu, daß man erst im Jahre 1969 in die Provinz Stung Treng vorgedrungen sei (73).

Somit beschränkte sich der tatsächliche Erfolg der "Periode des Bürgerkrieges" (1968-1970) auf die Beschaffung von Waffen, die stückweise aufgezählt werden. Die Aktionen verliefen zudem völlig unkoordiniert: "Jede Kontaktaufnahme (mit anderen Stützpunktgebieten, d.Vf.) erforderte einen ganzen Monat Reise zu Fuß oder auf dem Rücken eines Elefanten ... einen Monat später war aber die Lage schon sehr verändert. Der monatliche Lagebericht war bereits überholt, ehe er zum Sitz des Zentralkomitees in Ratanakiri kam (74)". Hier war unter der Leitung von Pol Pot der Widerstand gegen die Regierung am stärksten. Und wie groß war seine "Armee"? "Unsere Armee im Nordosten zählte 150 Kämpfer: 150 Kämpfer, die mangels Waffen nicht die Möglichkeit hatten, alle gleichzeitig zu kämpfen (75)". Das war der reale Hintergrund der Behauptung der Roten Khmer, sie hätten zur Zeit des Sturzes von Sihanouk (18.März 1970) bereits über mehr als 1 Million Menschen verfügt: 700 000 davon lebten in "Guerillazonen" (= Gebiete, "die dem Feind ebenso wie uns gehören"), 300 000 lebten im Bereich der "Guerillabasen" (=Gebiete, in die der Feind von Zeit zu Zeit noch eindringen kann") und 90 000 lebten in sogenannten Stützpunktgebieten ("uneinnehmbar für den Feind"), wie etwa in der Nordostregion mit ihren 150 Kämpfern (76). In diesem Hauptstützpunktgebiet lebten etwa 30 000 Einwohner, ein großer Teil von ihnen waren die Khmer Loeu, die wie die Bergvölker in Laos (zu denen sie ja zählten) zu der herrschenden Schicht des Landes schon immer ein kritisches Verhältnis hatten.

Selbst angenommen, daß die 90 000 Einwohner aller Stützpunktgebiete, den alten Rebellenbastionen aus der Kolonialzeit und der Zeit der Vietminh, sich bei freien Wahlen geschlossen für die Roten Khmer ausgesprochen hätten, es wären nur 1,3 % der inzwischen auf 7 Millionen Menschen gestiegenen Gesamtbevölkerung Kambodschas gewesen, eine Zahl, die an das Wahlergebnis der Pracheachon im Jahre 1958 erinnert. Sicherlich wären die Roten Khmer ein Unruheherd im Lande geblieben, aber ohne die von Vietnam ins Land getragenen Kriegswirren (die schon vor 1970 gelegentlich zur Bombardierung kambodschanischer Gebiete führten) und vor allem ohne den Sturz Sihanouks wären sie auch in absehbarer Zeit nicht in der Lage gewesen, das alte System mit den tief verankerten Loyalitätsstrukturen zu erschüttern oder gar aus den Angeln zu heben und ihre sozialistischen Vorstellungen zu verwirklichen.

Die große Wende im Verhalten der ländlichen Bevölkerung Kambodschas zu den Roten Khmer kam erst nach dem 18.März 1970 mit der Einrichtung der Exilregierung Sihanouks in Peking und der Gründung der nationalen Einheitsfront FUNK, um gemeinsam mit den Roten Khmer das Regime von Lon Nol und Sirik Matak in Pnom Penh zu stürzen. Das politische Programm der FUNK zum Aufbau eines friedlichen, neutralen, demokratischen und blühenden Kambodscha war in vielerlei Hinsicht die Verkehrung der radikalen, auf fragwürdigen Gesellschaftsanalysen basierenden Klassenkampfparolen der Roten Khmer in ihr Gegenteil: Zwar sollte die Macht in Zukunft in den Händen der "fortschrittlichen Arbeiter" liegen, aber das Programm garantierte Respektierung der Freiheitsrechte des Individuums, die Beibehaltung des Buddhismus (der in der Roten Khmer-Agitation längst als die Ideologie des Ausbeuter-Staates gebrandmarkt wurde) (77) als Staatsreligion mit dem Recht auf Ausübung auch anderer Religionen; ferner wurden u.a. Schutz des Eigentums, Landzuteilung für landlose Bauern, Entfaltungsfreiheit für die Unternehmerschaft und die studierende Jugend versprochen (78).

Dieses Programm erst und der Wille, dem entmachteten Prinzen die Macht zurückzuerobern, brachte den Zulauf zu den Kämpfern im Untergrund, brachte die Bewegung zustande, die die Roten Khmer in ihren zehn Jahre währenden Bemühungen nicht erreicht hatten; die von ihnen so verzweifelt versuchte "Mobilisierung des Volkes" war praktisch über Nacht erfolgt. Jetzt sahen die Roten Khmer plötzlich eine Chance gekommen, ihre Revolution zu einem siegreichen Ende zu führen, freilich auch die Notwendigkeit, das "falsche Bewußtsein" der großen Scharen der Sihanouk-Anhänger in ein klassenkämpferisch-proletarisches Bewußtsein zu verwandeln, denn für die Roten Khmer war das FUNK-Programm bestenfalls ein erster Schritt in Richtung der gewünschten sozialistischen Gesellschaft.

Zunächst aber mußte die Ernte eingefahren werden mit Sihanouk als Symbol des Freiheitskampfes. Die Tausende von Vietnamesen, die von Hanoi zur Unterstützung des Kampfes gegen die Machthaber in Pnom Penh mit Artillerie und Panzern nach Kambodscha gesandt worden waren, überboten die Roten Khmer noch dabei, das Prestige des gestürzten Prinzen in der Bevölkerung zu nutzen. Möglicherweise hat dies zur Verschärfung der Spannungen beigetragen, die das Verhältnis zwischen Vietnamesen und Roten Khmer von Anfang an belasteten, weil letztere fürchteten, die Vietnamesen wollten ihnen ihre Revolution "stehlen". Als sich diese Spannungen schließlich in regelrechten kriegerischen Auseinandersetzungen zu entladen begannen, wurden die Vietnamesen im Herbst 1972 aus Hanoi zurückbeordert (79).

Jetzt konnte die "Entsihanoukisierung" in den befreiten Regionen beginnen. Allmählich verschwanden die Bilder des gestürzten Staatschefs und begannen Schulungskurse und intensives Kadertraining, die die "Entfeudalisierung" einleiten sollten. Von Augenzeugen dieser Entwicklungen ist bekannt, daß damit das Interesse vieler Sympathisanten an der Bewegung der Roten Khmer wieder erlosch (80). Als außer in den Randgruppen der alten Gesellschaft (verarmte Bauern, Minoritäten wie die Khmer Loeu) die revolutionären Vorstellungen der Roten Khmer auch jetzt - nachdem alle Bindungen mit dem früheren System abgeschnitten waren - noch immer kein positives Echo in der Bevölkerung fanden, konzentrierten sich die Bemühungen der Roten Khmer seit 1973 auf eine neue Zielgruppe: die Jugendlichen, selbst die Kinder. Bei ihnen gab es die Barrieren gegen die säkulare Heilslehre noch nicht. Je jünger sie waren, um so leichter waren sie zu radikalisieren, konnten sie dazu gewonnen werden, zerstörerisch gegen die von den Eltern verehrten Traditionen vorzugehen, als Spitzel zu fungieren und das radikale Programm der Roten Khmer durchzuführen - den Beginn bereits zur Zeit des Befreiungskampfes (81) und landesweit gegen eine Welt von Feinden nach dem Einmarsch in Phnom Penh.

Die Gründe für den Radikalismus der Roten Khmer sind somit vornehmlich in dem Ausbleiben positiver Reaktionen in der von ihnen zunächst als Zielgruppe angesehenen bäuerlichen Bevölkerung Kambodschas zu suchen. Da der Versuch der Verwirklichung von in europäischen marxistischen Kreisen gewonnenen Erkenntnissen im Laufe der 60er Jahre an den traditionellen Wertorientierungen der kambodschanischen Bevölkerung ebenso abprallte wie in den 50er Jahren der Versuch der Anpassung vietnamesischer Methoden durch die Vietminh, wandten sich die Roten Khmer im Laufe der 70er Jahre zur Durchsetzung ihrer revolutionären Vorstellungen der Anwendung von Terror zu. Ihre Henkersknechte zur Liquidierung des alten Systems mußten sie sich aus Gruppen holen, die außerhalb der traditionellen Gesellschaft Kambodschas standen wie die Khmer Loeu, oder aus Gruppen wie Kinder und Jugendliche, die noch nicht in sie hineingewachsen waren.

Anmerkungen

1) Vgl. z.B. Louis Fischer, The Life of Lenin, New York 1965, S.526.
2) S. Bernard Fall (ed.), Ho Chi Minh on Revolution, New York 1967, S.194.
3) Zur Entstehung und Entwicklung der Vietminh vgl. z.B. Ellen Hammer, The Struggle for Indochina, Stanford 1954, 1966, S.94 ff. und John T. McAlister Jr., Vietnam. The Origins of Revolution, Princeton 1969, Anchor Books Edition 1971, S.126ff.
4) So William J. Duiker, "Building the United Front: The Rise of Communism in Vietnam, 1925-1945" in: Joseph J. Zasloff und Mac Alister Brown (eds.), Communism in Indochina. New Perspectives, Lexington/Mass. 1975, S.17f.
5) Zur Entwicklung Ho Chi Minhs s. z.B. Jean Lacouture, Ho Chi Minh. A political Biography, New York 1968.
6) Zu M.N. Roy s. J.P.Haithcox, Communism and Nationalism in India. M.N. Roy and Comintern Policy 1920-1939, Princeton 1971; zu Tan Malaka wird verwiesen auf Harry A. Poeze, Tan Malaka. Levensloop van 1897 tot 1945, s'Gravenhage 1976.
7) Abgedruckt in Fall (ed.), Ho Chi Minh, S.73ff.
8) Vgl. z.B. Mohammed Hatta's Verteidigungsrede aus dem Jahre 1928 "Indonesie Vrij", abgedruckt in: Portrait of a Patriot, Selected Writings of Mohammed Hatta, Den Haag and Paris 1972; oder Sukarnos Verteidigungsrede aus dem Jahre 1930 "Indonesie klaagt aan", Amsterdam 1931; und M.N. Roy, My Defense, Pondicherry 1932, sowie die einschlägigen Schriften und Reden von Tilak, Nehru, Gandhi etc. aus der Kolonialzeit.
9) Dazu ausführlicher s. Ruth McVey, The Rise of Indonesian Communism, Ithaca N.Y. 1964, S.257ff.
10) So in seinem "Letter from Abroad", den er zur Gründungsveranstaltung der Viet Minh Liga (1941) aus China sandte, abgedruckt bei Fall , loc.cit., S.133; vgl. auch ähnliche Aussagen aus dem Jahre 1951, ibidem, S.204.
11) Eine Schilderung der Entwicklungen bis etwa 1925 s. bei David Marr, Vietnamese Anticolonialism, Berkeley 1971.

12) Der volle Name der Thanh Nien lautete: Viet-Nam Thanh Nien Cach Menh Dong Chi Hoi oder Revolutionäre Vietnamesische Jugendliga. Zu deren Anfängen und Entwicklung vgl. William J. Duiker, "The Revolutionary Youth League: Cradle of Communism in Vietnam", in: The China Quarterly, 1972, S.475ff.

13) S. dazu ausführlich des Verfassers "Religion and Resistance in Colonial Southeast Asia. Comments on Varieties", in: S. Udin (ed.), Spectrum. Essays presented to Sutan Takdir Alisjahbana on his 70th Birthday, Jakarta 1978, S.139-152.

14) Dies und das Folgende wird diskutiert in des Verfassers "Leadership and Mass- Response in Java, Birma and Vietnam", in: J.D. Legge (ed.), Traditional Attitudes and Modern Styles in Political Leadership, Sydney 1973, S.57-82.

15) Beispiele s. bei Georges Coulet, Les sociétés secrètes en terre d'Annam, Saigon 1926, S.104ff.

16) Vgl. Jean Lacouture, Ho Chi Minh, S.53f.; Lacouture bezieht sich auf eine mir nicht erreichbare Publikation aus Hanoi (1962).

17) Zur Sozialstruktur Vietnams in jener Zeit vgl. ausführlicher John T. McAlister, Vietnam (Anm.3), S.61ff.; dem Kapitel "The Transformation of Vietnamese Society" wurden die obigen Angaben entnommen. Die Bevölkerungszahl von Laos lag um 1930 etwa bei 1 Million (1921: 820.000); bei etwa 4.000 Beschäftigten würden sie dort somit 0,4% der Bevölkerung darstellen.

18) Vgl. dazu z.B. The Quyen Vu, Die vietnamesische Gesellschaft im Wandel, Wiesbaden 1978, S.283ff.

19) Ausführlicher zum folgenden William J. Duiker, The Comintern and Vietnamese Communism, Papers in International Studies, Southeast Asia Series No.37, Ohio University, 1975, S.15ff.

20) S. Jean Lacouture, Ho Chi Minh, S.51ff.

21) Zuletzt dazu Douglas Pike, History of Vietnamese Communism, Washington 1977, S.10ff.

22) Abgedruckt bei Fall, Ho Chi Minh, S.129ff.

23) Ibidem.

24) Die Sowjets in Nghe Anh und Ha Tinh (=Nghe- Tinh) haben in den letzten Jahren zunehmende Beachtung in der Wissenschaft gefunden. Ging man früher allgemein von der These aus, sie seien von der neugegründeten Partei ins Leben gerufen worden (wie etwa noch Tran Huy Lieu, Les Soviets du NgheTinh,

Hanoi 1960), so erscheint in neueren Arbeiten die Rolle der Partei zunehmend peripher. Vgl. z.B. William J. Duiker, "The Red Soviets of Nghe-Tinh: An Early Communist Rebellion in Vietnam", in: Journal of Southeast Asian Studies, 1973, S.186ff.; Milton Osborne, "Continuity and Motivation in the Vietnamese Revolution: New Light from the 1930s", in: Pacific Affairs, 1974; den Zusammenhang der Bewegung mit der Weltwirtschaftskrise untersucht James C. Scott, The Moral Economy of the Peasant. Rebellion and Subsistence in Southeast Asia, New Haven/Conn. 1976, S.127ff.

25) Was die Komintern-Richtlinien betrifft, vgl. Duiker, Comintern, loc.cit. (Anm.19); die Entwicklungen in Vietnam, z.B. die Auseinandersetzungen mit den trotzkistischen Gruppen oder die Entstehung der Volksfront, vgl. bei I. Milton Sacks , "Marxism in Vietnam", in: Frank N. Trager (ed.), Marxism in Southeast Asia, Stanford 1959, S.127ff. oder zuletzt bei D. Pike (Anm.21), S.15ff.

26) Ellen Hammer schreibt z.B. loc.cit. (Anm.3), S.81f.: "In October 1930, at a Communist congress in Hongkong, they changed their name to the Indochinese Communist Party, to substantiate their claim to embrace the entire Indochinese Union and so qualify as a national section of the Third International." Eine Quelle für diese Begründung wird nicht angegeben.

27) Eine Zusammenfassung von dessen Rede s. in An Outline of the Viet Nam Workers Party 1930-1970, Communist Party Publication, Hanoi March 1970, S.7; zur Diskussion der Forderung der Komintern s. Anm.28.

28) William J. Duiker, Comintern, S.19 und Pike, History, S.12f.

29) Vgl. die im Text angeführten 10 Punkte Ho Chi Minhs mit den 10 Punkten, die von Tran Hieu Lieu, Les Soviets (Anm.24), S.13f. als verbindlich für die Partei angegeben werden.

30) S. Duiker, Comintern, S.19f.

31) So etwa Pike, History, S.77.

32) Zu den Entwicklungen in Kambodscha vgl. ausführlicher David J. Steinberg (ed.), Cambodia, New Haven/Conn. HRAF 1959, S.95ff.;Michael Leifer, Cambodia: The Search for Security, New York 1967, S.24ff.; oder auch Malcolm Caldwell and Lek Tan, Cambodia in the Southeast Asian War, New York 1973, S.32ff.; es wird jedoch besonders auf S.34 hingewiesen, wo Caldwell seine Absicht zum Ausdruck bringt, gewisse "Mystifizierungen" aus dem Wege räumen zu wollen, die auf Dar-

stellungen einer "orthodox scholarship" oder durch "outright agents of the CIA" zurückzuführen seien. So glaubt er u.a. Fehleinschätzungen im Ausmaß der Unterstützung des Volkes beim "antiimperialistischen Kampf" in der späten französischen Periode sehen zu können sowie in der Darstellung der Zusammenarbeit zwischen Vietnamesen und Kambodschanern, in der bislang die dominierende Rolle der Vietnamesen betont worden wäre. Der Verfasser ist der Ansicht, daß der Korrekturversuch Caldwells nicht überzeugt und eher zu neuen Mystifizierungen führt.

33) Zu Laos vgl. ausführlicher Frank Le Bar und Adrienne Studdard (eds.), Laos, New Haven/Conn. HRAF 1960, S.18ff.; Arthur Dommen, Conflict in Laos, New York 1964, S.18ff., und Nina Adams und Al McCoy (eds.), Laos: War and Revolution, New York 1970, S.92ff.

34) S. dazu Steinberg, loc.cit. S.40ff.

35) Vgl. z.B. Le Bar und Studdard, loc.cit., S.33f.

36) Vgl. Pike, History, S.48 für das Parteiprogramm des Jahres 1943.

37) S. Milton Sachs, loc.cit. (Anm.25), S.144.

38) Zur Entstehung der Pathet Lao-Bewegung vgl. Joseph J. Zasloff, The Pathet Lao, Lexington/Mass. 1973, S.12ff. und S.45.

39) Vgl. Caldwell, loc.cit. (Anm.32), S.44; dort wird das Zentralkomitee als Ergebnis einer Konferenz der Volksvertreter ganz Kambodschas dargestellt, an der 200 Delegierte aller Gruppen der Bevölkerung teilgenommen haben sollen. Als Quelle für diese Konferenz gibt Caldwell den Reisebericht von Wilfred Burchett, Mekong Upstream, Hanoi 1969 an, in dem Burchett sich auf Informationen in Interviews beruft. Weder Ellen Hammer noch Steinberg noch Bernard Fall, Le Viet Minh 1945-1960, Paris 1960, erwähnen in ihren diesbezüglichen Kapiteln diese Konferenz; lediglich Fall (S.127) teilt die Gründung des Kommitees mit (19.4.1950), um fortzufahren: "qui devait devenir un veritable satellite de la RDV." Steinberg, loc.cit., S.108, glaubt, daß das Komitee erst 1951 entstanden sei; Ellen Hammer spricht ohne Angabe eines Datums von der Rolle der Vietminh bei Gründung des Komitees (S.257).

40) Zitiert bei Dommen, Conflict, S.71.

41) Vgl. Fall, Le Vietminh, S.128.

42) Nach Fall, Ho Chi Minh, S.211; Rede Ho Chi Minhs am 3.3.1951 nach Eintreffen der Delegierten von Laos und Kam-

bodscha.

43) Wortlaut und Quellenangabe bei Dommen, Conflict, S.72.

44) Zitiert bei Ellen Hammer, Struggle, S.260.

45) Ibidem, S.258f.

46) Vgl. Steinberg (ed.), Cambodia, S.106ff.

47) Bei Caldwell, Cambodia (vgl. Anm.39), erfährt man nach der ausführlichen Schilderung der Situation im Jahre 1950 überhaupt nichts mehr über revolutionäre Aktivitäten in den Folgejahren. Die nach 1970 im Widerstand gegen die Lon Nol- Regierung genannte Fabelzahl, daß die Partei in der Zeit von 1951-1954 2 Millionen Menschen in Kambodscha kontrollierte (vgl. den Report von Ith Sarin aus von den Jahren 1972/73, abgedruckt bei Timothy Michael Carney (ed.), Communist Party Power in Kampuchea. Documents and Discussion, Data Paper No.106, Southeast Asia Program, Cornell University , Ithaca N.Y. 1977, S.37) hat Pol Pot in seiner Rede über die Entstehung der Partei am 27.9.1977 (abgedruckt im Wortlaut in der Kommunistischen Volkszeitung vom 22.1.1979) - hinfort zitiert als Pol Pot, "Die großartigen Siege" - auch gar nicht mehr erwähnt. Dort heißt es über diese Zeit jetzt nur noch:"Das Volk baute Stück für Stück seine Armee auf und errichtete zunehmend neue Stützpunkte."(S.3).

48) Fall, Le Vietminh, S.128f und Steinberg (ed.), Cambodia, S.108ff.

49) Diese Angaben beruhen auf der Chronik der Roten Khmer-Bewegung, die im Anhang zum "Spiegelbuch" von Ariane Barth und Tiziano Terzani, Holocaust in Kambodscha, Hamburg 1980, S.163f. abgedruckt ist; leider werden dort keine Quellen angegeben, nicht alle der mir überprüfbaren Angaben erwiesen sich als korrekt.

50) Angaben nach Carney (ed.), Communist Party, S.2; Steinberg, S.108ff; Caldwell, S.42; A.Barth/T.Terzani, Holocaust, S.166ff; B.Fall, Le Vietminh, S.127; Norodom Sihanouk Indochina von Peking aus gesehen, Stuttgart 1972, S.47ff; Sihanouk, Kambodscha. Chronik des Krieges und der Hoffnung, Frankfurt/M. 1979, S.13.

51) Sihanouk, Kambodscha, S.17.

52) Vgl. George Mc. T. Kahin (ed.), Governments and Politics of Southeast Asia, Ithaca N.Y. 1964, S.621-624.

53) Vgl. J.J. Zasloff, Pathet Lao, S. 46f; Dommen, Conflict, S.108ff; N.Adams/A.McCoy (eds.), Laos, S.145ff.

54) Nach Phoumi Vongchivit, Le Laos et la lutte victorieuse du

peuple Lao contre le néo-colonialisme americain, o.O., 1968, S.18ff.

55) Ethnische Zusammensetzung, nach Provinzen aufgeschlüsselt, s.z.B. bei Le Bar/Studdard, Laos, S.240, Tab.4.

56) Zum Verhältnis der Prinzen Souvanna Phouma und Souvannuvong s. das Buch des Sohnes von Souvanna Phouma, Prinz Mangkra S.Ph., L'Agonie du Laos, Plon 1976; eine Würdigung des weniger bekannten Prinzen Phetsarath s. bei John B.Murdochs Einleitung zu dessen auch von Murdoch herausgegebenen Autobiographie: Iron Man of Laos. Prince Phetsarath Ratanavongsa, Data Paper No.110, Southeast Asia Program, Cornell University, Ithaca N.Y. 1978.

57) Prinz Mangkra, L'Agonie, S. 58ff: Le Prince Rouge.

58) Vgl. P.F.Langer und J.J.Zasloff, Revolution in Laos: The Northvietnamese and the Pathet Lao, Santa Monoca/Cal. 1969, S.35ff.

59) Ibidem, S.43.

60) Nach J.J.Zasloff, Pathet Lao, S.109ff.

61) Vgl. ibidem, S.111ff.

62) Ibidem, S.103ff.

63) Einen guten Eindruck von seinen Bemühungen, den Eigenheiten der Lao-Völker gerecht zu werden, vermittelt das Buch des langjährigen Generalsekretärs der Neo Lao Hak Sat (Patriotische Einheitsfront von Laos) und Inhaber anderer wichtiger Parteiämter, Phoumi Vongchivit, Le Laos (Anm. 54), auch wenn es ansonsten strikt der Parteilinie folgt.

64) Kurzbiographien der vornehmlichen Führer der Roten Khmer s.z.B. bei A.Barth/T.Terzani, Holocaust, S.215ff und bei T.M.Carney, Communist Party Power, S.62ff.

65) Die Ehefrauen von Pol Pot (Khieu Ponnary) und von Ieng Sary (Khieu Tirith) waren Schwestern; die Faru Son Sens war Yun Yat; alle hatten wichtige Funktionen in der Partei. Khieu Tirith war übrigens mit Ieng Sary zusammen in Paris und dort mit ihm auch Mitglied der CPF geworden.

66) Pol Pot, "Die großartigen Siege", (Anm.47), S.4.

67) Ibidem, S.6.

68) Ibidem, S.8.

69) Ibidem, S.6.

70) Vgl. dazu Caldwell, Cambodia, S.156ff.

71) Die Arbeiten von Khieu Samphan ("Die Wirtschaft Kambodschas und die Probleme seiner Industrialisierung", Paris 1959) und von Hu Nim ("Die Wirtschaftsangelegenheiten betreffende Öffentliche Dienste in Kambodscha", Pnom Penh 1965) werden

bei T.M.Carney, Communist Party Power, S.11f. ausführlich diskutiert, wobei im Vergleich mit Ergebnissen anderer Arbeiten zu ähnlichen Themen die Relevanz der Thesen der Roten Khmer sehr fragwürdig wird. Hou Youn hatte sich speziell mit der Lage der Bauern beschäftigt. Seine Arbeit ("Die Bauernschaft Kambodschas und dessen Modernisierungsprojekte", Paris 1955), die schon damals die Notwendigkeit des Klassenkampfes auf dem Lande betont, scheint eine wesentliche Grundlage der diesbezüglichen Parteitagsbeschlüsse im September 1960 gewesen zu sein. Im Unterschied zu ihm kam Jean Delvert, Le Paysan Cambodgien, Paris 1961, noch sechs Jahre später auf Grund empirischer Untersuchungen zu einer eher positiven Einschätzung der Lage der Bauern in Kambodscha, jedenfalls sieht er in den Großgrundbesitzern kein sie bedrängendes Problem. Auch andere Studien über kambodschanische Dörfer aus dieser Zeit zeigen, daß die Thesen der Roten Khmer eher ideologische Verzeichnungen der tatsächlichen Situation darstellen, vgl. T.M.Carney, op.cit., S.16.

72) Vgl. Caldwell, Cambodia, S.188ff.
73) Vgl. Pol Pot, "Die großartigen Siege", S.9.
74) Ibidem, S.8.
75) Ibidem, S.9.
76) Ibidem.
77) Ibidem, S.5.
78) Im Wortlaut abgedruckt in The Indochinese People Will Win, Hanoi 1970, S.135ff.
79) Sihanouk, Kambodscha, S.25ff bringt interessante Einzelheiten zum wachsenden Konflikt zwischen den Roten Khmer und den Vietnamesen in der Zeit nach 1970.
80) Vgl. den Bericht von Ith Sarin, der in der Zeit von 1972-1973 bei den Roten Khmer im Untergrund war, abgedruckt bei T.M.Carney, Communist Party Power, S.34ff.
81) S.Sihanouk, Kambodscha, S.51ff. und T.M.Carney, loc.cit., S.10; bei Carney sind auch (S.27f.) ausführliche Auszüge einer erstmals im August 1973 speziell für die kommunistische Jugend herausgegebenen Zeitung über ihre Aufgaben im revolutionären Kampf abgedruckt.

Der Konflikt zwischen der Sozialistischen Republik Vietnam und dem Demokratischen Kampuchea und seine Ursachen

Peter Schier

"You can have confidence in us. We will never behave like our ancestors. Today's Vietnamese people are not the Vietnamese people of the past."

-Pham Van Dong zu Norodom Sihanouk am 29.September 1964 (1)

1. Ein hausgemachter Stellvertreter-Krieg

Der Konflikt zwischen der Sozialistischen Republik Vietnam (SRV) und dem Demokratischen Kampuchea (DK) ist - im Gegensatz zu einer bisweilen vertretenen Ansicht (2) - ursächlich in erster Linie kein Stellvertreter-Krieg zwischen der Sowjetunion und China oder zwischen China und Vietnam. Die Wurzeln dieses Konfliktes liegen vielmehr in der mehr als tausendjährigen Expansion Vietnams nach Süden, von der Kambodscha seit Ende des 17.Jahrhunderts betroffen ist.

Die beiden sozialistischen Großmächte konnten sich in dem kambodschanisch-vietnamesischen Konflikt nur deshalb engagieren, weil sowohl Kambodscha als auch Vietnam für die Durchsetzung ihrer Ziele massiver Unterstützung von außen bedurften. Die Sozialistische Republik Vietnam war und ist nur mit Hilfe umfangreicher sowjetischer Unterstützung in der Lage, Kambodscha zu besetzen und seine Führungsrolle in Indochina gegen den verdeckten Vier-Fronten-Krieg, den die Volksrepublik China gegenwärtig gegen Vietnam führt (3), zu verteidigen. Das Demokratische Kampuchea wiederum konnte letztlich nur mit massiver chinesischer Hilfe versuchen, der Dominierung durch Vietnam zu entgehen. Auf der anderen Seite wollten sich die Sowjetunion und China in dem kambodschanisch-vietnamesischen Konflikt engagieren, weil bei beiden ein starkes politisches Einflußinteresse im indochinesischen Raum bestand und besteht. Die Sowjetunion erhoffte sich hierdurch, im südostasiatischen Raum politisch und militärisch Fuß zu fassen und einem chinesischen Einfluß auf die indochinesische Halbinsel Einhalt zu gebieten. Die Okkupation Kambodschas durch Vietnam Ende 1978/Anfang 1979 wurde von der Sowjetunion voll unterstützt, insbesondere auch deshalb, weil dadurch das hinsichtlich seiner Unabhängigkeit äußerst sensible Vietnam noch stärker in die Abhängigkeit von sowjetischer Hilfe geraten mußte. Die Volksrepublik China wiederum unterstützte das Demokratische Kampuchea, um zumindest eine vollständige Vietnamisierung des alten Indochina und damit eine Führungsrolle Vietnams mit der Sowjetunion im Hintergrund auf der indochinesischen Halbinsel zu verhindern (3a).

Diese Koinzidenz der Interessen der lokalen Konfliktparteien mit denen der Sowjetunion und Chinas führten dazu, daß der kambodschanisch-vietnamesische Konflikt spätestens ab Ende 1977 in das Spannungsfeld des sino-vietnamesischen Konfliktes um die Vorherrschaft in Indochina und - bei zunehmender Abhängigkeit Vietnams von der UdSSR - auch in das Spannungsfeld des sino-sowjetischen Konfliktes geriet und damit eine neue, weltpolitische Dimension annahm. Darüber hinaus konnte der ursprünglich lokale und "hausgemachte" (4) kambodschanisch-vietnamesische Konflikt nur durch das Engagement der beiden sozialistischen Großmächte UdSSR und Volksrepublik China jenes große militärische Ausmaß der Jahre 1977 bis 1979 annehmen. Ende 1977 entschloß sich die Volksrepublik China, dem Demokratischen Kampuchea für seine Auseinandersetzung mit Vietnam umfangreichste Militärhilfe zu gewähren (5), während die Sowjetunion ab Mitte 1978 ihre Waffenlieferungen an Vietnam verstärkte und am 3. November 1978, zwei Monate vor der Besetzung Kambodschas durch vietnamesische Truppen, mit der Sozialistischen Republik Vietnam einen Freundschafts- und Beistandsvertrag abschloß (6). Die Okkupation Kambodschas durch Vietnam Ende 1978/Anfang 1979 führte zur Eskalation des chinesisch-vietnamesischen Verhältnisses: Im Frühjahr 1979 marschierten chinesische Truppen in einer zeitlich und räumlich begrenzten Aktion in Vietnam ein. Der chinesische "Straffeldzug" gegen Vietnam bewirkte jedoch nicht den Rückzug der vietnamesischen Truppen aus Kambodscha und resultierte in einer weiteren Verschlechterung sowohl des sino-vietnamesischen als auch des sino-sowjetischen Verhältnisses.

Eine für alle Konfliktparteien akzeptable Lösung des kambodschanisch-vietnamesischen Konfliktes wäre - wenn überhaupt möglich - daher von zentraler Bedeutung nicht nur für die Entspannung der politischen Lage im südostasiatischen Raum, sondern auch für eine Verbesserung sowohl des sino-vietnamesischen und sino-sowjetischen als auch des Ost-West-Verhältnisses. Zur Erarbeitung und Bewertung von Vorschlägen zur Lösung des kambodschanisch-vietnamesischen Konfliktes ist es notwendig, im folgenden die grundlegenden Ursachen dieser Auseinandersetzung zu bestimmen.

2. Die Ursprünge des kambodschanisch-vietnamesischen Konfliktes: Die Suche nach Reis und Lebensraum und die Annexion von Kampuchea Krom durch Vietnam

Die Annexion von Kampuchea Krom, der späteren französischen Kolonie Cochinchina, durch Vietnam bzw. Annam im 17. und 18.Jh. bildete den Ausgangspunkt des kambodschanisch-vietnamesischen Konflikts (7). Noch im Juli 1954 forderte die kambodschanische Regierung auf der Genfer Indochina-Konferenz Kampuchea Krom von Vietnam zurück, und Hu Nim, Mitglied der Kommunistischen Partei Kampucheas (KPK) und später Informationsminister des Demokratischen Kampuchea, vertrat noch 1963 diese Position, ebenso wie der spätere GRUNK-Außenminister Sarin Chhak im Jahre 1966 (8). Prinz Norodom Sihanouk zufolge haben Teile der Armee des Demokratischen Kampuchea in den Jahren 1975 bis 1978 von der politischen Führung verlangt, Kampuchea Krom zurückzuerobern (9).

Den Hauptgrund für die vietnamesische Expansion in den Südzipfel der indochinesischen Halbinsel bildeten vor dem Hintergrund einer rasch wachsenden annamitischen Bevölkerung bei begrenzt vorhandenen landwirtschaftlichen Anbauflächen die großen potentiellen Reisanbaugebiete im überaus fruchtbaren kambodschanischen Mekong-Delta, die in etwa ebenso groß wie die Reisanbauflächen von Annam und Tongking zusammen waren. Die Suche nach Reis bzw. Reisanbauflächen muß auch für die vietnamesische Expansion gegenüber Kambodscha im 19. und 20.Jh. als eine der Hauptursachen betrachtet werden:

- Das alte Kambodscha in seinen Grenzen zu Anfang des 17.Jahrhunderts war die Reiskammer der indochinesischen Halbinsel. Selbst nach Verlust von Kampuchea Krom, das einen territorialen Verlust um 25% bedeutete, die potentielle Reisanbaufläche Kambodschas jedoch um ca.35% verminderte, wies das restliche Kambodscha immer noch potentielle Reisanbaugebiete in einer Größe auf, die in etwa den Reisanbaugebieten von Vietnam entsprachen, während die kambodschanische Bevölkerung nur etwa ein Siebtel der vietnamesischen Bevölkerung ausmachte. Kambodscha verfügte also selbst nach Abtrennung von Kampuchea Krom pro Kopf seiner Bevölkerung über wesentlich mehr an potentieller und realer Reisanbaufläche als Vietnam. Während in Vietnam 1978 ca.155 Menschen pro qkm lebten, waren es in Kambodscha nur ca. 37. Kambodscha verfügte 1978 pro Kopf seiner Bevölkerung über etwa 2,5mal soviel an realer Reisanbaufläche wie Vietnam und könnte - im Gegensatz zu Vietnam - bei Bebauung aller potentiellen Reisanbaugebiete seine reale Reisanbaufläche auf 30.000 qkm vergrößern und damit im Vergleich zu 1978 verdoppeln (10).

- Nach der Wiedervereinigung Vietnams im Jahre 1976 gelang es den Vietnamesen nicht, das Versorgungsproblem grundlegend zu lösen. Im Gegenteil, nach einer anfänglichen Besserung der Versorgungslage in den Jahren 1976 und 1977 folgte 1978 der große Einbruch aufgrund des Beginns der Sozialisierung der Landwirtschaft im Süden, der Vernachlässigung des Wasserbausystems und großer Überschwemmungen: Die vietnamesische Landwirtschaft produzierte 4 Mio.t Reis weniger, als für die Versorgung der Bevölkerung notwendig gewesen wäre (11).

Vor dem Hintergrund der geographischen Konzentration der Reisanbaugebiete auf der indochinesischen Halbinsel in

Kambodscha und Kampuchea Krom sowie der schwierigen Versorgungslage (12) und Übervölkerung Vietnams muß der im Januar 1978 öffentlich erhobene Anspruch Vietnams begriffen werden, demzufolge "die Völker von Vietnam, Laos und Kambodscha seit unvordenklichen Zeiten historisch und geographisch miteinander verbunden sind" (13). Daß die kambodschanischen Reiskulturen einen der Beweggründe Vietnams darstellen, Kambodscha zu annektieren und einen indochinesischen Staatenbund unter vietnamesischer Vorherrschaft zu etablieren, sprach Che Viet Tan, einer der führenden vietnamesischen Wirtschaftsplaner, im August 1979 in einem Artikel für die theoretische Monatszeitschrift der KPV, Tap Chi Cong San, indirekt an: "Gemäß der sicheren strategischen Stellung, die Vietnam, Laos und Kampuchea miteinander verbindet, soll die Umorganisierung der Kampfzonen mit der Planung neuer Wirtschaftszonen, mit der Umverteilung der Arbeitskräfte und mit dem Aufbau der Lebensmittelproduktionszonen, der Industriegebiete und der Infrastruktur kombiniert werden. Die Umsiedlung von etwa 10 Millionen Menschen vom Delta des Roten Flusses und vom Tiefland von Zentralvietnam in die Grenzgebiete, auf verschiedene Inseln, in das zentralvietnamesische Hochland, in die westlich von den annamitischen Kordillereprovinzen liegenden Gebiete dient der Vergrößerung der Anbaufläche und dem Aufbau neuer Kampfzonen." (14)

Die kambodschanische Bevölkerung reagierte gegen die in Kampuchea Krom im 17. und 18. Jahrhundert etablierte vietnamesische Fremdherrschaft mit zahlreichen Erhebungen. Auf die Khmer-Aufstände antworteten die vietnamesischen Besatzer von Kampuchea Krom, insbesondere ab Beginn des 19.Jahrhunderts mit brutalen Unterdrückungsmaßnahmen und forcierter Vietnamisierung. Nach einem Aufstand der Khmer zu Beginn der dreißiger Jahre marschierten Truppen des 1802 wiedervereinigten Vietnams in Kambodscha ein, besetzten den größten Teil des Landes und rangen in der Folge mit Thailand bzw. Siam um die Oberherrschaft über Kambodscha (15). Die Vietnamesen betrachteten die Kambodschaner als unzivilisierte "Barbaren" (tho) und zwangen sie in den von ihnen kontrollierten Gebieten u.a., vietnamesische Kleidung zu tragen und die Haare zu einem Knoten zu wickeln. Sie verfolgten die kambodschanischen Theravada-Buddhisten, holzten die geheiligten Bäume ab und zerstörten die kambodschanischen Buddhastatuen und andere religiöse Gegenstände. Die vietnamesischen Besatzer führten Vietnamesisch als Verwaltungssprache ein und stellten den Khmer-Gouverneuren einen vietnamesischen Aufpasser zur Seite, der de facto die Administration in den Händen hatte. Schließlich änderten die Vietnamesen - wie schon zuvor in Kampuchea Krom (z.B. Prey Nokor in "Saigon") - kambodschanische Ortsnamen in vietnamesische um: Phnom Penh wurde zu "Nam Vang" (16). Die Tatsache, daß die Vietnamesen, insbesondere im 19. Jahrhundert, in Kambodscha und Kampuchea Krom "alles unternahmen, um die Khmer ihrer administrativen Traditionen, ihrer Gebräuche, ihrer Sprache und ihres Glaubens zu berauben" (17), erzeugte einen kollektiven Haß der Khmer gegen alles Vietnamesische, der teilweise bis in die heutigen Tage andauert. Auch vor diesem Hintergrund müssen die brutale Verfolgung und Vertreibung der vietnamesischen Minderheit in Kambodscha während der Ära Lon Nol von 1970 bis 1975 und der Herrschaft der Roten Khmer von 1975 bis 1978 (18) gesehen werden.

3. Die Verschärfung des kambodschanisch-vietnamesischen Konfliktpotentials durch die französische Kolonialpolitik und ihre Auswirkungen auf zwischenstaatlicher Ebene

Mit dem Eindringen des französischen Kolonialismus in die indochinesische Halbinsel in der Mitte des 19.Jahrhunderts wurde der vietnamesischen Expansion und der siamesisch-vietnamesischen Dominierung Kambodschas (19) ein vorläufiges Ende gesetzt. Kambodscha wurde 1863 französisches Protektorat und 1887 zusammen mit den französischen Protektoraten Tongking, Annam und Laos sowie der französischen Kolonie Cochinchina in der "Union Indochinoise", einem künstlich geschaffenen Kolonienverbund, zusammengeschlossen. Obwohl die französischen Kolonialherren damit Kambodscha vor dem Zugriff durch Vietnam und Siam retteten, führten mindestens zwei ihrer Maßnahmen dazu, daß sich das im Verlauf der Annexion von Kampuchea Krom entstandene Konfliktpotential zwischen Vietnam und Kambodscha noch erheblich verschärfte:

3.1. Die französischen Kolonialherren unterstützten die Ansiedlung von vietnamesischen Bauern, Fischern, Handwerkern und Arbeitern in Kambodscha, da sie u.a. der Ansicht waren, daß die Kambodschaner unfähig seien, die Wirtschaft ihres Landes optimal zu entwickeln. Aus diesem Grund stellten auch die französischen Handelshäuser in Kambodscha fast ausschließlich Vietnamesen ein. Schließlich besetzte die französische Kolonialverwaltung die unteren Ränge der kambodschanischen Administration mit einer großen Anzahl von vietnamesischen Beamten. Alle diese Maßnahmen waren zumindest objektiv dazu angetan, die Antagonismen zwischen Kambodschanern und Vietnamesen zu verstärken, indem dadurch das Superioritätsgefühl der Vietnamesen gegenüber den Kambodschanern verstärkt und der Inferioritätskomplex der Khmer und ihr Haß auf die Vietnamesen vergrößert wurden (20).

3.2. Zwischen 1869 und 1942 trennten die Franzosen große Gebiete von erheblicher wirtschaftlicher Bedeutung (Gummiplantagen) von Kambodscha ab und übereigneten sie ihrer Kolonie Cochinchina bzw. dem französischen Protektorat Annam (21). Hierbei handelte es sich durchgehend um Regionen, die mehrheitlich von Khmer bewohnt und bewirtschaftet wurden (22), darunter die drei Provinzen Rach Gia, Soc Trang und Tra Vinh (23), die nach Statistiken des Jahres 1888 folgende Bevölkerungszahlen aufwiesen (24):

Provinz	Kambodschaner	Vietnamesen
Rach Gia	18.080(66%)	9.200(34%)
Soc Trang	37.317(58%)	26.640(42%)
Tra Vinh	51.055(52%)	46.942(48%)

Nach dem Ende der französischen Kolonialherrschaft wurden diese Gebiete nicht wieder an Kambodscha zurückgegeben, sondern gingen in vietnamesisches Territorium über. Die Entkolonisierung Indochinas hatte Kambodscha zwar die Unabhängigkeit gebracht, die koloniale Grenzziehung jedoch nicht aufgehoben (25). Die kolonialen Grenzen waren zudem kartographisch schlecht definiert und an der Grenze ungenügend markiert worden, so daß allein darin künftige Grenzzwischenfälle angelegt waren (26).

Bewaffnete Grenzauseinandersetzungen zwischen Südvietnam und Kambodscha ereigneten sich - provoziert von beiden Seiten - seit 1954 regelmäßig und eskalierten im Jahre 1964. Teilweise waren die Grenzüberschreitungen der einen oder anderen Seite von Massakern gegenüber der im Grenzgebiet lebenden Bevölkerung begleitet - ein Szenario, das sich in den Jahren 1975 bis 1978 wiederholte (27). Schwere Auseinandersetzungen gab es auch mit den kommunistischen Vietminh-Truppen, die 1953/54 in die kambodschanischen Provinzen Battambang, Kompong Speu, Kampot, Kratie, Prey Veng, Svay Rieng, Stung Treng und Takeo einmarschiert waren, um die Forderung der sehr schwachen, von Vietnam abhängigen kambodschanischen Kommunisten nach Teilnahme an der Genfer Indochina-Konferenz 1954 und nach Anerkennung eines von Kommunisten verwalteten Gebiets in Kambodscha zu untermauern (28).

Bis Juni 1964 weigerte sich die kambodschanische Regierung, die koloniale Grenzziehung zwischen Vietnam und Kambodscha anzuerkennen, die Vietnam kambodschanisches Territorium zugewiesen hatte, das nie von Vietnam erobert worden war. Auch nachdem sich Prinz Norodom Sihanouk am 20.Juni 1964 bereit erklärt hatte, bei Anerkennung der bestehenden Grenzen durch Vietnam auf alle Gebietsansprüche zu verzichten, scheiterten Grenzverhandlungen zwischen Kambodscha und Nordvietnam sowohl im Oktober und Dezember 1964 als auch im August 1966, weil die kambodschanische Seite zwar die bestehende Landgrenze anerkannte, jedoch nicht die Breviė-Linie als Seegrenze akzeptieren wollte, auf die sich die nordvietnamesische Seite damals als maritime Staatsgrenze berief. Die kambodschanische Seite vertrat offensichtlich die Ansicht, daß die Inseln im Golf von Siam geographisch, ethnisch und historisch zu Kambodscha gehörten (29). Für die Berechtigung dieser Territorialansprüche spricht einiges:

- In der Tat stellt die am 31.Januar 1939 vom Generalgouverneur von Indochina, Breviė, festgelegte sog. Breviė-Linie de jure nicht die Seegrenze zwischen Kambodscha und Vietnam dar. Breviė hatte in seinem Erlaß über die Verwaltung und Polizeihoheit über die Inseln im Golf von Siam ausdrücklich auf diesen Sachverhalt verwiesen: "Il est bien entendu qu'il ne s'agit que de l'administration et de la police, et que la question de la dépendence territoriale de ces iles reste entièrement réservée."(30)
- In dem von Georges Maspero 1930 herausgegebenen II.Band seines Werkes Un Empire Colonial Français: L'Indochine ist eine politische Karte Indochinas abgedruckt, die die Inseln Phu Quoc, Poulo Panjang (Tho Chu), Poulo Way (Hon Troc) und sogar die Pirateninseln (Hon Doc) eindeutig als kambodschanische Territorien ausweist, obwohl damals diese Inseln von der französischen Kolonie Cochinchina verwaltet wurden. Darüber hinaus hat Norodom Ranariddh in einem bemerkenswerten Aufsatz beweiskräftig dargelegt, daß diese und weitere Inseln eindeutig zum kambodschanischen Festlandsockel gehö-

ren und daß französische Kolonialbeamte sie mehrfach als kambodschanische Territorien bezeichnet haben (31).

Am 31.Mai bzw. 8.Juni 1967 anerkannten die südvietnamesische Nationale Befreiungsfront (Vietcong) und die Regierung der Demokratischen Republik Vietnam in Beantwortung eines Aufrufs des kambodschanischen Staatschefs, Prinz Norodom Sihanouk, die "gegenwärtigen Grenzen" zwischen Kambodscha und Vietnam (32) und damit auch die Breviē-Linie als Seegrenze (33). Nichtsdestotrotz verletzten die vietnamesischen Kommunisten, die seit Beginn der sechziger Jahre mit stillschweigender Duldung Sihanouks ihr militärisches Oberkommando für Südvietnam COSVN (Central Office of South Vietnam), ihre Nachschublinien und ihre Rückzugsgebiete auf kambodschanisches Territorium verlegt hatten, die Souveränität Kambodschas, indem sie grenznahe Gebiete unter vietnamesische Verwaltung stellten. Zu militärischen Auseinandersetzungen kam es 1968 und 1969, als die kambodschanische Armee unter schweren Verlusten vergeblich versuchte, die von den vietnamesischen Kommunisten verwalteten kambodschanischen Gebiete zurückzugewinnen (34).

Angesichts der immer massiveren Verletzung kambodschanischer Territorien durch die vietnamesischen Kommunisten, die im Mai 1969 in der Provinz Svay Rieng, im Gebiet des sog. Papageienschnabels, zu schweren Kämpfen zwischen vietnamesischen und kambodschanischen Truppen geführt hatten, und angesichts der Tatsache, daß bis zum Zweiten Weltkrieg insgesamt 65.000 qkm kambodschanischen Territoriums an Vietnam gefallen waren (35), verzichtete Norodom Sihanouk in einem Leitartikel für die Zeitschrift "Kambuja" am 15.Juni 1969 erneut auf alle "verlorenen" Gebiete unter der Voraussetzung, daß Thailand und Vietnam Kambodscha in den Grenzen, die in der auf der kolonialen Grenzziehung beruhenden und vor der Genfer Indochina-Konferenz 1954 verwandten Karte (1:100.000) angegeben waren, als unantastbares Territorium anerkannten und diesen Grenzverlauf nie wieder zum Gegenstand von Verhandlungen machen würden: "Die Thai und Vietnamesen haben immer ihren guten Willen gegenüber Kambodscha beteuert und ihre Absicht zum Ausdruck gebracht, dieses Grenzproblem auf freundschaftliche Weise ein für alle Male zu bereinigen... Aber aus Erfahrungen wissen wir, daß es immer so begann und unvermeidbar zur Annexion von Gebieten und dann ganzer Provinzen führte... Die augenblickliche Grenze ist die letzte Widerstandslinie der Khmer. Vorschläge zu Verhandlungen hierüber zu akzeptieren... würde bedeuten, daß wir stillschweigend eine endgültige Unterwerfung anerkennen." (36)

Nach dem Sturz Sihanouks im März 1970 setzten die vietnamesischen Kommunisten - nun mit Unterstützung Sihanouks! - die Verletzung der Souveränität Kambodschas fort und errangen von 1970 bis 1972 die entscheidenden militärischen Siege für die Truppen der FUNK bzw. der Roten Khmer (37). Nachdem die kommunistischen vietnamesischen Truppen Ende 1971 die Operation Chenla II der Lon-Nol-Streitkräfte zum vollständigen Scheitern gebracht und damit ihre Rückzugsgebiete und Nachschublinien auf kambodschanischem Territorium endgültig gesichert sowie dem Krieg eine eindeutige Wendung zugunsten der Roten Khmer gegeben hatten (38), forderten antivietnamesische Kräfte unter den kambodschanischen Kommunisten den Rückzug der vietnamesischen Truppen aus Kambodscha (39). Da sich die vietnamesischen Kommunisten jedoch zunächst weigerten, aus Kambodscha abzuziehen, kam es in der Folge zu mehreren bewaffneten Auseinandersetzungen zwischen Einheiten der Roten Khmer und den Vietcong bzw. nordvietnamesischen Truppen: Ende 1972 beispielsweise gerieten Einheiten der Roten Khmer in der Provinz Siem Reap mit nordvietnamesischen Truppen aneinander, weil letztere sich geweigert hatten, den von ihnen besetzten Tempelbezirk von Angkor zu verlassen und ihre lokalen Kader abzuziehen (40). Nach der Unterzeichnung des "Abkommens über die Beendigung des Krieges und die Wiederherstellung des Friedens in Vietnam" zwischen den USA und Nordvietnam am 27.Januar 1973 zogen sich die meisten der etwa 60.000 kommunistischen vietnamesischen Soldaten aus Kambodscha zurück. Kleinere vietnamesische Einheiten blieben jedoch auf der ganzen Linie der kambodschanisch-vietnamesischen Grenze im Grenzgebiet zurück und setzten - sofern noch nicht vorhanden - in den kambodschanischen Dörfern vietnamesische Verwaltungskomitees ein. An größeren vietnamesischen Einheiten verblieb in Kambodscha lediglich die 9.nordvietnamesische Infanterie-Division, und zwar im sog. Papageienschnabel auf der Höhe von Bavet. Im Juli 1973 erließ deshalb die KPK-Führung geheime Anordnungen, nach denen die vietnamesischen Truppen auf kambodschanischem Territorium angegriffen und entwaffnet werden sollten. In der zweiten Hälfte des Jahres 1973 und während des gesamten Jahres 1974 kam es entlang der gesamten kambodschanisch-vietnamesischen Grenze zu teils heftigen Kämpfen zwischen kambodschanischen und vietnamesischen kommunistischen Einheiten (41). Auf der anderen Seite beorderte Vietnam für den Kampf um

Pnom Penh im Frühjahr 1975 zwei Divisionen ins Kampfgebiet. Diese Truppen sollten wahrscheinlich die provietnamesischen Teile der Armee der Roten Khmer unterstützen (41a). In der Tat wurde Pnom Penh am 17.April 1975 von zwei verschiedenen kambodschanischen Armeegruppen eingenommen.

Nach dem Sieg der Roten Khmer am 17.April 1975 und der Ausrufung des Demokratischen Kampuchea setzten sich die Grenzzwischenfälle zwischen Kambodscha und Vietnam in verstärktem Maße fort. Hierfür waren im wesentlichen zwei Gründe maßgeblich:

- Erstens hatte sich Vietnam geweigert, entsprechend einer erneuten Aufforderung der KPK Anfang Mai 1975, seine Truppen vollständig aus Kambodscha zurückzuziehen (42). Dies könnte die Ursache für die von den DK-Truppen am 8.Mai 1975 vorgetragenen Angriffe im kambodschanisch-vietnamesischen Grenzgebiet zwischen Ha Tien und Tay Ninh gewesen sein (43).

- Zweitens erkannten offenbar beide Seiten die Brevié-Linie - im Falle Vietnams im Gegensatz zu den Erklärungen vom 31.Mai bzw. 8.Juni 1967 (44) - nicht mehr als Seegrenze zwischen Kambodscha und Vietnam an und versuchten wahrscheinlich, die noch instabile nachrevolutionäre Lage in Südvietnam bzw. Kambodscha für schnelle Geländegewinne im maritimen Raum zu nutzen: Am 4.Mai 1975 griffen DK-Truppen die Insel Phu Quoc an, die der Brevié- Linie zufolge unter vietnamesische Verwaltungshoheit fällt. Am 10.Mai 1975 folgte die Besetzung der - nach der Brevié-Linie - vietnamesischen Inselgruppe Tho Chu (Poulo Panjang) durch kambodschanische Marineeinheiten. Am 25.Mai 1975 eroberten vietnamesische Truppen Tho Chu zurück und besetzten am 6.Juni 1975 die kambodschanische Inselgruppe Poulo Way (45).

Anfang Juni 1975 fanden erste Verhandlungen zwischen der neuen kambodschanischen Führung und Vietnam in Hanoi statt, in deren Verlauf Pol Pot am 2.Juni die Übergriffe kambodschanischer Truppen auf vietnamesisches Territorium bedauerte und mit ungenügenden topographischen Kenntnissen seiner Truppen zu entschuldigen versuchte: "Aufgrund ihrer topographischen Unkenntnis haben die kambodschanischen Streitkräfte schmerzhafte blutige Auseinandersetzungen mit den Vietnamesen provoziert" (46). Pol Pot schlug eine Lösung der Grenzfrage auf der Basis der vietnamesischen Erklärungen vom 31.Mai bzw. 8.Juni 1967, d.h. die Anerkennung der bestehenden Grenzen, und den Abschluß eines Freundschafts- und Nichtangriffspaktes vor. Die Verhandlungen verliefen jedoch ergebnislos (47).

Während des Besuches des Generalsekretärs der Partei der Werktätigen Vietnams, Le Duan, Anfang August 1975 in Phnom Penh wurde eine Übereinkunft über die Grenzzwischenfälle im Mai und Juni erzielt: Die Vietnamesen zogen ihre Marineeinheiten von der kambodschanischen Inselgruppe Poulo Way zurück und übergaben die ca.600 von ihnen gefangengenommenen kambodschanischen Soldaten. Die 515 von der Tho-Chu-Inselgruppe verschleppten vietnamesischen Einwohner wurden von der kambodschanischen Seite jedoch nicht herausgegeben (48). Darüber hinaus scheint im Verlauf der Verhandlungen auch eine Übereinkunft über den endgültigen Abzug der vietnamesischen Truppen aus Kambodscha erzielt worden zu sein, da sich - internen chinesischen Angaben zufolge - im September und Oktober 1975 die letzten vietnamesischen Einheiten aus kambodschanischem Territorium zurückzogen (49). Schließlich vereinbarten beide Seiten wahrscheinlich die Repatriierung von nach Vietnam geflüchteten Kambodschanern (die nach ihrer Rückkehr nach Kambodscha als potentiell vietnamfreundliche Elemente hingerichtet wurden) und die Aufnahme von etwa 200.000 in Kambodscha unerwünschten Vietnamesen durch Vietnam (50).

Bereits im Dezember 1975 brachen erneut Grenzzwischenfälle aus, die sich Anfang 1976 fortsetzten (51). Anfang April 1976 vereinbarten beide Seiten für Juni ein Treffen auf höchster Ebene, um zu einer Regelung des Grenzstreits zu kommen. Auf einem Vorbereitungstreffen vom 4. bis 18.Mai 1976 in Phnom Penh konnten sich die kambodschanischen und vietnamesischen Vertreter nur über die vom "Service Géographique de l'Indochine" herausgegebene und vor 1954 benutzte Karte (1:100.000) als Grundlage für die Grenzziehung zu Lande einigen. Über die Seegrenzen kam es jedoch zu keiner Übereinkunft, da die Vietnamesen die Brevié-Linie nicht als Seegrenze anerkannten und damit offenbar eine Revision der Brevié-Linie zugunsten Vietnams verlangten, während die kambodschanische Seite dies ablehnte und auf der Brevié-Linie als Seegrenze zwischen Kambodscha und Vietnam bestand. Offensichtlich waren die Standpunkte über die territoriale Zugehörigkeit der strategisch und ökonomisch (Erdölvorkommen) bedeutsamen Inseln im Golf von Siam derart unterschiedlich, daß es nicht mehr zu den im Juni vorgesehenen Verhandlungen auf höchster Ebene kam (52). Bereits im Frühjahr 1976 hatten das PWV-Organ Nhan Dan und das Organ der vietnamesischen Armee, Quan Doi Nhan Dan, eine Karte der vietnamesischen Provinz Kien Giang veröffentlicht, in der eine eindeutig von der Brevié-Linie abweichende und zugunsten Vietnams gezogene Seegrenze eingezeichnet worden war (52a).

Eine Einigung konnte auf dem Mai-Treffen jedoch hinsichtlich dreier konkreter Maßnahmen zur Einschränkung der Grenzzwischenfälle erzielt werden:
1. Beide Seiten sollten auf ihre Funktionäre, Soldaten und auf ihre Bevölkerung im Grenzgebiet dahingehend einwirken, daß es nicht mehr zu Zusammenstößen kommen werde.
2. Sollte es gleichwohl zu Grenzkonflikten kommen, so sollte der Streit im Geiste der Solidarität, der Freundschaft und der gegenseitigen Achtung gelöst werden.
3. Die von beiden Seiten gebildeten Gemeinsamen Kommissionen sollten die Zwischenfälle untersuchen und ihre Lösung diskutieren (53).

Den Verhandlungen im Mai 1976, die die letzten zwischen dem Demokratischen Kampuchea und der späteren Sozialistischen Republik Vietnam auf höherer Ebene sein sollten, folgte bis Ende des Jahres eine mehrmonatige Kampfpause.

Nachdem der IV.Parteitag der Partei der Werktätigen Vietnams (PWV) im Dezember 1976 nach der Wiedervereinigung Vietnams (2.Juli 1976) nun die "Wahrung und Entwicklung der besonderen Beziehungen zwischen dem vietnamesischen Volk und den Völkern von Laos und Kampuchea" auf die politische Tagesordnung der auf dem Parteitag in "Kommunistische Partei Vietnams" (KPV) umbenannten PWV gesetzt hatte (54), entbrannte der Grenzkonflikt zwischen Kambodscha und Vietnam von neuem, und zwar in einem bisher nie dagewesenen Ausmaß. Während des gesamten Jahres 1977 tobten die Auseinandersetzungen entlang der Grenze, wobei die Roten Khmer mit jener Brutalität vorgingen, die sie auch im Landesinneren gegen wirkliche oder vermeintliche Regimegegner angewendet hatten und weiterhin anwendeten (55).

Im März und April 1977 zogen die Vietnamesen im Süden immer mehr reguläre Truppen zusammen, die im September die lokalen Milizen an der Grenze ersetzt hatten (56). Im Mai 1977 gaben sowohl die Sozialistische Republik Vietnam als auch das Demokratische Kampuchea Erklärungen über ihre Territorialgewässer ab und legten jeweils eine 200-Meilen-Wirtschaftszone vor ihren Küsten fest. Dabei erhob Vietnam Anspruch auf den größten Teil der von Kambodscha beanspruchten Territorialgewässer (57). Am 7.Juni 1977 forderte Vietnam die kambodschanische Staats- und Parteiführung zu Verhandlungen über die strittige Grenzfrage auf höchster Ebene auf (58). In ihrer Antwort vom 18.Juni erklärte sich die Führung des Demokratischen Kampuchea zwar grundsätzlich zu Verhandlungen über die Lösung der Grenzproblematik bereit, forderte jedoch zunächst die Einstellung der vietnamesischen "Aggression" und schlug deshalb vor, bis zum Verhandlungstermin "zunächst eine gewisse Zeit verstreichen zu lassen, damit sich die Situation normalisiert, und jegliche Grenzzwischenfälle zu Wasser und zu Land zu vermeiden..., damit das Treffen zu befriedigenden Ergebnissen führt" (59). DK-Außenminister Ieng Sary zufolge schlug die kambodschanische Seite darüber hinaus vor, daß beide Seiten ihre Truppen um jeweils 0,5 bis 1 km von der gemeinsamen Grenze zurückziehen sollten. Da die vietnamesische Führung - so Ieng Sary - diese Forderung ignoriert habe, sei die kambodschanische Seite nicht weiter bereit gewesen, das vietnamesische Verhandlungsangebot anzunehmen (60). Die DK-Führung betonte in ihrem Schreiben vom 18.Juni 1977, daß sie keinerlei expansionistische Ziele verfolge und auch nicht kleinste Teile des Territoriums eines anderen Staates annektieren wolle (61). Mitte Juli 1977 beschloß die KPK-Führung der an Vietnam grenzenden Ostregion, jeden erneuten vietnamesischen Angriff mit einem militärischen Übergriff auf vietnamesisches Territorium zu beantworten (62).

In seiner Rede zum 17.Gründungstag der KPK am 27.9.1977 verzichtete Pol Pot wie schon bei den Verhandlungen im Mai 1976 auf die vor dem Zweiten Weltkrieg verlorengegangenen kambodschanischen Gebiete und erkannte die "heutigen Grenzen" an. Kambodscha hege, so Pol Pot, "keine Pläne der Expansion oder Annexion auf Kosten eines anderen Landes, nicht einmal um eines kleinen Stückchens Erde willen... Jede Bauernfamilie verfügt im Durchschnitt über 5 ha Ackerland. Deshalb haben wir keinen Grund, unser Territorium auf Kosten anderer auszuweiten" (63). Pol Pot bezichtigte im Gegenteil "auswärtige Feinde" der "Aggression", "Expansion", "Subversion" und "Provokation" gegen das Demokratische Kampuchea. Deshalb sei es nun die Hauptaufgabe, das Demokratische Kampuchea "in den heutigen Grenzen" zu verteidigen (64).

Um Grenzfragen scheint es in der Auseinandersetzung zwischen Vietnam und Kambodscha jedoch ab Anfang 1977 nur noch am Rande gegangen zu sein. Nach dem IV.Parteitag der KPV war der Hauptstreitpunkt zwischen Vietnam und Kambodscha offenbar der, daß Vietnam "besondere Beziehungen" zu Kambodscha etablieren wollte, während das Demokratische Kampuchea dies strikt ablehnte (siehe 4).

Im Dezember 1977 trug Vietnam mit sechs Divisionen (ca. 60.000 Soldaten) auf der gesamten Länge der vietnamesisch- kambodschanischen Grenze einen ersten Großangriff gegen Kambodscha vor.

Die vietnamesischen Truppen drangen bis 50 km vor Phnom Penh in kambodschanisches Territorium ein, zogen sich im Januar 1978 jedoch weitgehend wieder zurück (65). Im Gegensatz zu den Behauptungen der Roten Khmer zogen die Vietnamesen jedoch nicht vollständig aus Kambodscha ab. Es gelang ihnen, in den Provinzen Svay Rieng (Papageienschnabel), Kompong Cham, Kratie, Ratanakiri und Mondulkiri uneinnehmbare Militärbasen zu errichten und zu sichern (66).

Am 12.Januar 1978 gab der stellvertretende vietnamesische Außenminister Vo Dong Giang zu verstehen, daß die vietnamesischen Truppen nur dann vollständig aus Kambodscha zurückgezogen würden, wenn sich die kambodschanische Partei- und Staatsführung zu Verhandlungen bereit erklären würde (67). Die kambodschanische Seite hatte jedoch bereits am 3.Januar 1978 in Beantwortung eines erneuten Verhandlungsangebots Vietnams vom 31.12.1977 zum wiederholten Male den vollständigen Abzug aller vietnamesischen Truppen aus Kambodscha zur Vorbedingung von Verhandlungen gemacht (68). Zuvor hatte das Demokratische Kampuchea angesichts des vietnamesischen Großangriffs die diplomatischen Beziehungen zur Sozialistischen Republik Vietnam "vorübergehend" abgebrochen (69).

Am 5.Februar 1978 schlug die vietnamesische Regierung der kambodschanischen Staats- und Parteiführung einen Drei-Punkte-Plan zur Lösung der Grenzprobleme vor:

1. Sofortiger Waffenstillstand und Rückzug der Truppen um jeweils 5 km von der Grenze, d.h. Schaffung einer 10 km breiten

entmilitarisierten Zone.
2. Sofortiges Zusammentreffen beider Seiten zur Aushandlung eines Nichtangriffs- und Nichteinmischungsvertrags sowie eines Grenzvertrags "auf der Basis des gegenseitigen Respekts der territorialen Souveränität innerhalb der gegenwärtigen Grenzen".
3. Übereinkunft über internationale Garantien und Überwachung dieser Maßnahmen (70).

Am 8.Februar 1978 lehnte die kambodschanische Seite den vietnamesischen Vorschlag als Täuschungsmanöver ab, da Vietnam der Aggressor sei und nicht das Demokratische Kampuchea (71).

Weitere Verhandlungsangebote folgten sowohl von vietnamesischer als auch von kambodschanischer Seite, führten jedoch zu keinem Ergebnis (72). Währenddessen wurde der Grenzkonflikt fortgesetzt: Ende Juni operierten allein im Gebiet des Papageienschnabels ca. 80.000 vietnamesische Soldaten, die heftige Kämpfe mit der Pol-Pot-Eliteeinheit 502 austrugen (73). Noch am 24.August und am 27.September 1978 erklärte sich Pol Pot bereit, "einen Freundschafts- und Nichtangriffspakt mit Vietnam zu unterzeichnen", "wenn die Machthaber in Hanoi ihre Aggressionen gegen Kampuchea einstellen, wenn sie ihre Strategie aufgeben, die darauf abzielt, Kampuchea entsprechend dem überholten Plan der 'Indochinesischen Föderation' Vietnam einzuverleiben" (74).

In der Tat lassen sich für 1976, 1977 und 1978 vietnamesische Gebietsansprüche auf noch 1967 von Vietnam anerkanntes kambodschanisches Territorium und entsprechende militärische Übergriffe nachweisen:

1. Im Frühjahr veröffentlichten das Organ der Partei der Werktätigen Vietnams, Nhan Dan, und das Organ der vietnamesischen Armee, Quan Doi Nhan Dan, eine Karte der vietnamesischen Provinz Kien Giang, in der eine eindeutig von der Breviê-Linie abweichende und zugunsten Vietnams gezogene Seegrenze eingezeichnet worden war (74a). Bei Fortzeichnung der in dieser vietnamesischen Karte vorgenommenen Grenzmarkierung fiel die kambodschanische Inselgruppe Poulo Way in vietnamesische Hoheitsgewässer.

2. Im Mai 1977 gab die Sozialistische Republik Vietnam eine

Erklärung über ihre Territorialgewässer ab, in der sie Anspruch auf den größten Teil der von Kambodscha beanspruchten maritimen Gebiete erhob, darunter die Inseln Poulo Way und Koh Tang (75).

3. Im Januar 1978 bezeichnete das vietnamesische Außenministerium die in einer im August 1977 veröffentlichten DK-Karte angegebene Grenzziehung zwischen Kambodscha und Vietnam (76) als "überhaupt nicht den historischen Realitäten entsprechend" (77). Dieser Vorwurf wurde - in abgewandeltem Wortlaut - am 7.April 1978 vom SRV-Außenministerium wiederholt. Die in der DK-Karte eingetragene Land- und Seegrenze sei - so der vietnamesische Vorwurf - der Ausdruck "der Landgier und territorialer Ambitionen" der kambodschanischen Seite (78).
Die in der DK-Karte von 1977 eingetragene Landgrenze entspricht jedoch der vom "Service Géographique de l'Indochine" herausgegebenen und vor 1954 benutzten Karte und ist sowohl im Mai bzw. im Juni 1967 als auch im Mai 1976 von den vietnamesischen Kommunisten anerkannt worden. Als Seegrenze ist in der DK-Karte die Brevié-Linie eingetragen, die noch 1967 sowohl von den nordvietnamesischen als auch von den südvietnamesischen Kommunisten als Seegrenze anerkannt worden ist.
Die Vietnamesen erkannten also Anfang 1978 nicht nur wie schon im Mai 1976 und im Mai 1977 die Brevié-Linie nicht als Seegrenze zwischen Kambodscha und Vietnam an, sondern versagten nun auch der bestehenden Landgrenze ihre Anerkennung.
Eine Begründung wurde lediglich (und auch nur inoffiziell) für die vietnamesische Nichtanerkennung der Brevié-Linie als Seegrenze zwischen Vietnam und Kambodscha gegeben. So erklärte im August 1977 ein hoher vietnamesischer Beamter dem FEER-Korrespondenten Nayan Chanda: "Als wir die Brevié-Linie (als Seegreenze) anerkannten, waren wir uns über jene neuen Phänomene der Territorialgewässer, der Festlandsockel etc. nicht im klaren." (79)
Bezeichnenderweise veröffentlichte die von Vietnam eingesetzte kambodschanische Regierung unter Heng Samrin 1979 eine Broschüre, in der eine Karte der Volksrepublik Kampuchea abgedruckt ist, die keinerlei Seegrenzen zwischen Vietnam und Kambodscha verzeichnet (80).

4. Anfang 1978 veröffentlichte Vietnam in zwei Broschüren eine Karte über kambodschanische Grenzprovokationen, die den Pa-

pageienschnabel nicht mehr als kambodschanisches Territorium ausweist (81). Aus dem Papageienschnabel haben sich die vietnamesischen Truppen nach ihrem ersten Großangriff auf Kambodscha im Dezember 1977 nie mehr zurückgezogen.

5. Am 15.Juli 1978 behauptete das Organ der KPV, Nanh Dan, daß die Inselgruppe Poulo Way zu Vietnam gehöre, obwohl diese nach der Brevié-Linie unter kambodschanische Verwaltungshoheit fällt. Seit über drei Jahren, so Nanh Dan, hätten kambodschanische Einheiten "die vietnamesische Insel Way" angegriffen (82), wobei es sich jedoch in Wirklichkeit um einen Akt der territorialen Verteidigung von seiten der DKTruppen handelte (83).

In den von ihren Truppen Ende 1977 besetzten kambodschanischen Ostprovinzen organisierten die Vietnamesen 1978 eine provietnamesische Widerstandsbewegung gegen das Pol-Pot-Regime (84). Ab April 1978 rief Radio Hanoi die kambodschanische Armee zum Sturz der Pol-Pot-Fraktion auf (85). Am 2.Dezember 1978 wurde - wahrscheinlich im Papageienschnabel - mit vietnamesischer Hilfe die "Nationale Einheitsfront Kampucheas zur Rettung der Nation" (FUNKSN: Front d'Union Nationale du Kampuchéa pour le Salut National) offiziell gegründet. Nur drei Wochen später, am 25.Dezember 1978, marschierten zwölf Divisionen vietnamesischer Soldaten, die zunächst von der vietnamesischen Propaganda als FUNKSN-Truppen bezeichnet worden waren, in Kambodscha ein. Am 7.Januar 1979 eroberten sie die kambodschanische Hauptstadt Phnom Penh, stürzten das Pol-Pot-Regime und setzten am 8.Januar eine provietnamesische Regierung unter Heng Samrin ein (86).

Seit Anfang des Jahres 1979 sind in Kambodscha permanent 200.000 vietnamesische Soldaten stationiert, und eine große Zahl vietnamesischer Funktionäre steht der kambodschanischen Regierung und Administration "beratend" zur Seite. Jeder kambodschanische Minister, stellvertretende Minister und Staatssekretär hat sein vietnamesisches Pendant. Die Einbindung Kambodschas in den vietnamesischen Herrschaftsbereich ist formal abgesichert durch einen "Vertrag über Frieden, Freundschaft und Zusammenarbeit", der am 18.Februar 1979 zwischen Vietnam und der von vietnamesischen Truppen eingesetzten kambodschanischen Regierung Heng Samrin für die Dauer von 25 Jahren abgeschlossen wurde. Der Vertrag sieht "immerwährende gemeinsame Verteidigungs- und Aufbauaktivitäten" vor und legitimiert im nachhinein die Anwesenheit vietnamesischer Truppen in Kambodscha. Ziel des Vertragswerkes ist es, "die militante Solidarität und brüderliche Freundschaft zwischen dem kambodschanischen, dem laotischen und dem vietnamesischen Volk zu stärken und die Beziehungen mit den sozialistischen Ländern auszubauen" (87). Nachdem die Sozialistische Republik Vietnam bereits am 18.Juli 1977 mit Laos einen ähnlichen Vertrag abgeschlossen hatte, war mit der Unterzeichnung des kambodschanisch-vietnamesischen Freundschaftsvertrages das alte Ziel der Kommunistischen Partei Indochinas faktisch erreicht: die Schaffung einer von Vietnam dominierten "Indochinesischen Föderation".

4. Die Übernahme und Fortsetzung des traditionellen vietnamesischen Expansionsstrebens auf der indochinesischen Halbinsel durch die vietnamesischen Kommunisten - Das Problem der Indochinesischen Föderation und der "besonderen Beziehungen"

Die dritte grundlegende Ursache des Konfliktes zwischen dem Demokratischen Kampuchea und der Sozialistischen Republik Vietnam stellte die Forderung der Kommunistischen Partei Vietnams dar, mit der Kommunistischen Partei Kampucheas und dem von ihr geführten Demokratischen Kampuchea in "besondere Beziehungen" zu treten, was von den Roten Khmer strikt abgelehnt wurde. Konkreter Ausdruck dieser von Vietnam gewünschten "besonderen Beziehungen" ist z.B. der am 18.Juli 1977 zwischen der SRV und der Demokratischen Volksrepublik Laos geschlossene "Vertrag über Freundschaft und Zusammenarbeit", der eine starke Dominierung von Laos durch Vietnam besiegelte. Der von Hanoi und dem provietnamesischen Heng- Samrin-Regime am 18.Februar 1979 unterzeichnete kambodschanisch-vietnamesische Vertrag fällt in die gleiche Kategorie.
Die vietnamesischen Kommunisten begründen die "besonderen Beziehungen" zu Laos und Kambodscha, die die Führungsrolle Vietnams in Indochina implizieren, sowohl mit den "historischen und geographischen Bindungen" zwischen den drei Völkern (siehe 2.) als auch mit den Notwendigkeiten des antikolonialen Kampfes gegen die französische Herrschaft in Indochina (88). 1980 wurde von vietnamesischer Seite die Notwendigkeit einer gemeinsamen Verteidigung gegen die chinesischen "Aggressionen" gegenüber Indochina als weitere Begründung für das "Sonderbündnis" zwischen Vietnam, Laos und Kambodscha genannt (88a). Nach Ansicht der Vietnamesen besteht das "besondere Verhältnis zwischen Vietnam und Kambodscha" bereits "seit unvordenklichen

Zeiten", und die "besonderen Beziehungen mit der Kommunistischen Partei und dem Volk von Kambodscha" werden von der KPV seit ihrer Gründung im Jahre 1930 "als eine geheiligte Sache" angesehen (89).
In der Tat haben zwischen den vietnamesischen und kambodschanischen Kommunisten eine sehr lange Zeit hindurch "besondere Beziehungen" bestanden, insofern die kommunistische Bewegung Kambodschas nicht in Kambodscha geboren, sondern von vietnamesischen Kommunisten in das Land getragen wurde und die kommunistische Parteiorganisation Kambodschas bis zu Anfang der sechziger Jahre völlig von der vietnamesischen Mutterpartei abhängig war (90). Führende kambodschanische Kommunisten, wie z.B. Sieu Heng, erkannten "die weitsichtige Führung" ihrer maßgeblich von den Vietminh getragenen Bewegung "durch den Präsidenten Ho (Chi Minh)" an, während die vietnamesischen Kommunisten ihren kambodschanischen Genossen in der Regel nur untergeordnete Positionen in den kommunistischen Partei- und Armeeorganisationen in Kambodscha zugestanden (91). Bereits 1934 hatte die vietnamesische Führung der Kommunistischen Partei Indochinas in einem "Brief an die in Kambodscha lebenden Genossen" kategorisch festgestellt: "Es gibt keinen Grund, eine eigenständige kambodschanische Revolution in Betracht zu ziehen. Es gibt nur eine einzige indochinesische Revolution...Kambodscha hat kein Recht auf eine eigene kommunistische Partei. Die Kommunisten (Kambodschas) müssen ein regionales Komitee gründen, das unter der Führung durch das Zentralkomitee der Kommunistischen Partei Indochinas stehen wird. Die Gründung einer kambodschanischen kommunistischen Partei würde der Revolution insofern schaden, als dies die Kräfte des Proletariats spalten und die einheitliche Führung durch die Kommunistische Partei Indochinas zerbrechen würde. Damit würde man in die Falle der vom Imperialismus betriebenen Politik der Rassenspaltung stürzen." (92)

Darüber hinaus rekrutierte sich die 1951 gegründete kommunistische Revolutionäre Volkspartei von Kambodscha (Khanak Pak Pracheachon Pakdevoath Khmer) in den ersten Jahren ihrer Existenz fast ausschließlich aus in Kambodscha lebenden Vietnamesen: So waren 1952 unter den 1934 Parteimitgliedern nur 150 Khmer, d.h. 7,8%. Selbst zur Zeit der Genfer Indochina-Konferenz im Jahre 1954 gab es unter den Mitgliedern der kambodschanischen kommunistischen Partei erst 400 Khmer. Ähnlich verlief die Entwicklung der kommunistischen Bewegung in Laos, wo 1951 die Revolutionäre Volkspartei von Laos gegründet wurde: 1951 waren unter ihren 2091 Mitgliedern lediglich 81 Laoten, d.h. 3,9% (93). Im Gegensatz zu den kambodschanischen Kommunisten gelang es den Laoten jedoch nie, sich zu einem späteren Zeitpunkt von der vietnamesischen Mutterpartei zu lösen.

Vor 1951 hatte es auf der indochinesischen Halbinsel lediglich die Kommunistische Partei Indochinas gegeben, die im Oktober 1930 aus der Kommunistischen Partei Vietnams hervorgegangen war. Nach dem Willen der Kommunistischen Internationale sollte die Kommunistische Partei Indochinas "die einzige kommunistische Organisation in Indochina sein" (94). Dem Gründungsprogramm der Komunistischen Partei Indochinas zufolge sollte die Partei die Vorhut nicht nur für die vietnamesische, sondern auch für die laotische und kambodschanische Arbeiterklasse darstellen, "weil das vietnamesische, kambodschanische und laotische Proletariat politisch und wirtschaftlich in enger Beziehung stehen muß, trotz der Unterschiede von Sprache, Sitte und Rasse" (95). Obwohl der Kommunistischen Partei Indochinas zur Zeit ihrer Gründung keine Laoten und Kambodschaner angehörten, bezeichnete es die Partei in den folgenden Jahren als ihr Ziel, einen kommunistischen Staatenbund Indochinas zu errichten, wobei die wörtlichen Zielbeschreibungen allerdings variierten: "Demokratische Föderation Indochina" (96), "Brüderliche Union aller Nationalitäten Indochinas" (97), "Union der Sowjetrepubliken Indochinas" als "Zweig der Weltsowjetunion" (98), "Föderative Regierung der demokratischen Republiken Indochinas" (99). Das vietnamesische Ziel der Etablierung einer Indochinesischen Föderation blieb auch nach der Auflösung der KP Indochinas und der Gründung von drei nationalen kommunistischen Parteien in Vietnam, Laos und Kambodscha im Jahre 1951 bestehen: So sah das im Februar 1951 angenommene Programm der Partei der Werktätigen Vietnams vor, "eine unabhängige, freie, starke und blühende Föderation der Staaten Vietnam, Laos und Kambodscha" (100) zu schaffen.

Die Kommunistische Partei Indochinas bzw. die Partei der Werktätigen Vietnams hatte zwar im Oktober 1930 das Recht der Völker Indochinas auf nationale Selbstbestimmnung anerkannt und im März 1935, Juni 1941 und Februar 1951 die Bildung einer Indochinesischen Föderation von den "Wünschen" und dem "Willen" der "indochinesischen Völker" abhängig gemacht (101), doch die folgende Entwicklung zeigte deutlich, daß die vietnamesischen Kommunisten unter dem "Willen der Völker" lediglich den Standpunkt der provietnamesischen Organisationen bzw. Parteien in Indochina verstanden. Darüber hinaus hatten die vietnamesischen Kommunisten bereits im Juni 1941 auch parteioffiziell den alleinigen Führungsanspruch über Kambodscha und Laos erhoben: "Was die Beziehungen zu Laos und Kambodscha anbelangt, so hat das vietnamesische Volk die Pflicht, die Völker von Laos und Kambodscha im Kampf für die Freiheit und Unabhängigkeit anzuleiten und zu unterstützen"(102). Legitimiert wurde der Führungsanspruch der vietnamesischen Kommunisten in Indochina u.a. mit der angeblichen intellektuellen Unterlegenheit der Laoten, Kambodschaner u.a. Völker auf der indochinesischen Halbinsel. So heißt es in einem "Vertraulichen Brief des Zentralkomitees der Kommunistischen Partei Indochinas" aus dem Jahre 1936 u.a.: "Unser Zentralkomitee ist zu der festen Überzeugung gelangt, daß die Laoten, Kambodschaner, Tho, Muong usw....aufgrund ihres zu niedrigen Niveaus ihrer ökonomischen und intellektuellen Entwicklung Schwierigkeiten beim Verständnis des Kommunismus haben und ihn deshalb nicht so leicht annehmen wie wir." (103)

Diese Zusammenhänge erklären, warum Ho Chi Minh nur einen Monat nach der Auflösung der Kommunistischen Partei Indochinas und der Gründung von drei kommunistischen Parteien in Vietnam, Laos und Kambodscha als Vorsitzender der Partei der Werktätigen Vietnams im März 1951 verkünden konnte: "Wie werden bald die große Union von Vietnam-Laos-Kambodscha verwirklichen" (104). Im Oktober 1951 setzte das ZK der PWV ein parteiinternes Dokument in Umlauf, in dem es u.a. hieß: "Später, wenn die Umstände es erlauben, werden die drei revolutionären Parteien von Vietnam, Kambodscha und Laos zu einer einzigen Partei wiedervereinigt" (105).

Ho Chi Minhs Vision einer baldigen Vereinigung Indochinas unter vietnamesischer Oberherrschaft war zu Beginn der 50er Jahre so unrealistisch nicht: Der kommunistische Vietminh hatte bereits ab 1945 begonnen, neben Laos nun auch Kambodscha zu infiltrieren. Ende 1948 wurden praktisch in allen Teilen Kambodschas Vietminh-Aktivitäten festgestellt. Bereits im Frühjahr 1951 begannen Vietminh-Truppen (sog. "Freiwillige" bzw. "Vietnamesische Truppen zur Hilfe für Kambodscha") nach Kambodscha einzusickern, um die zahlenmäßig unbedeutenden provietnamesischen Kommunisten militärisch zu unterstützen. Ende 1953 und im April 1954, kurz vor der Genfer Indochina-Konferenz, marschierten Vietminh-Truppen in die kambodschanischen Provinzen Battambang,

Kampot, Kratie, Kompong Speu, Prey Veng, Svay Rieng, Stung Treng und Takeo ein, um die Teilnahme der kambodschanischen Kommunisten an der Genfer Indochina-Konferenz und die Anerkennung eines von den Kommunisten verwalteten Gebiets in Kambodscha zu erzwingen (106).

Noch auf der Genfer Indochina-Konferenz trug der vietnamesische Ministerpräsident Pham Van Dong am 18.Mai 1954 das vietnamesische Einigungskonzept für Indochina vor: Von einer "Invasion" des Vietminh nach Kambodscha und Laos könne nicht die Rede sein, da es um die Befreiung des "gesamten indochinesischen Territoriums" ginge. Vietnam, Kambodscha und Laos stünden vor den gleichen militärischen und politischen Problemen. Militärisch gesehen müsse ein Waffenstillstand "in ganz Indochina" erreicht werden. "Politisch gesehen besteht die Lösung in einer Vereinigung des Landes (d.h. Indochinas; Anm. d.Verf.)... Auf einen Nenner gebracht: Es ist unmöglich, den Vietminh von den Pathet Lao und den Khmer (Issarak; Anm. d.Verf.) zu trennen" (107).

Nach dem Scheitern ihrer Indochina-Vorstellungen auf der Genfer Konferenz von 1954 konzentrierten sich die vietnamesischen Kommunisten zunächst auf die Wiedervereinigung Vietnams. Für ein späteres Eingreifen in Kambodscha wurden in Hanoi ca. 2.000 kambodschanische Kommunisten ausgebildet, die nach der Genfer Indochina-Konferenz zusammen mit den Vietminh-Truppen Kambodscha verlassen hatten (108). Gegenüber der Regierung Sihanouk betrieb Vietnam von 1954 bis 1970 eine Politik des Ausgleichs, um seine Transportrouten und Rückzugsgebiete auf kambodschanischem Territorium für den Kampf in Südvietnam nicht zu gefährden. Der bewaffnete Kampf der 1960 neu gegründeten bzw. umbenannten Kommunistischen Partei Kampucheas gegen die Regierung Sihanouk wurde von der PWV kaum unterstützt, weil das Hauptziel der PWV die "Befreiung" Südvietnams und die Wiedervereinigung des Landes war. Diese Konstellation führte zu einer zunehmenden Verschlechterung der Beziehungen zwischen der KPK und der PWV. Auch als Nordvietnam nach dem Sturz Sihanouks mit der FUNK bzw. der KPK ein Kampfbündnis einging, war es sein Hauptbestreben, dadurch die vietnamesischen Nachschublinien und Rückzugsgebiete auf kambodschanischem Territorium zu sichern, da die Regierung Lon Nol den Nordvietnamesen unmißverständlich den Krieg erklärt hatte. Die Nordvietnamesen endeten ihren im Namen der FUNK geführten Vormarsch in Kambodscha Ende 1971, nachdem sie ihre

Rückzugsgebiete und Nachschublinien auf kambodschanischem Territorium rekonstruiert und konsolidiert hatten. Danach konzentrierten sie sich wieder auf ihr Hauptziel: die Eroberung Südvietnams. Ab Ende 1972 verschlechterten sich die Beziehungen zwischen der KPK und der PWV drastisch, da die kambodschanischen Kommunisten die Aufforderung Vietnams, an den vietnamesisch-amerikanischen Friedensverhandlungen teilzunehmen, als einen Verrat an der Sache der kambodschanischen Revolution betrachteten und folglich ablehnten. 1973 begannen die ersten Säuberungen gegen provietnamesische Kommunisten innerhalb der KPK. Darüber hinaus begannen die Roten Khmer, in den von ihnen "befreiten" Gebieten die dort lebende vietnamesische Minderheit zu verfolgen und zu vertreiben. Ab 1974 betonte die KPK zunehmend ihre Eigenständigkeit. Auf einer Pressekonferenz Anfang April 1974 in Peking sagte Khieu Samphan u.a.: "In diesem Krieg haben wir die größten Opfer gebracht. Und für was haben wir diese Opfer erbracht? Doch nicht dafür, daß wir dominiert werden - selbst nicht von unseren Freunden -, sondern dafür, daß wir wirklich unabhängig sein können... Wir sind nicht irgendjemandes Sklaven oder Satelliten." (109)

Nach dem Sieg der Roten Khmer in Kambodscha am 17.April 1975 bestanden nach Ansicht der PWV zwischen ihr und der KPK neben der schwierigen Grenzfrage keine unüberbrückbaren Gegensätze: Während der Verhandlungen zwischen Pol Pot und Le Duan Anfang Juni 1975 in Hanoi soll der vietnamesische Parteichef gesagt haben, daß die Zeit noch nicht gekommen sei, um über eine Indochinesische Föderation zu sprechen. Die Partei der Arbeit Vietnams wolle mit der KPK lediglich Ansichten über die zukünftige Entwicklung der drei Staaten Indochinas austauschen. Man beabsichtige nicht, die eigenen Meinungen der Bruderpartei aufzuzwingen. Außer der Frage der Grenzziehung, die noch zu lösen sei, bestünden keine großen Widersprüche (110). In der Folgezeit wurden die Beziehungen zwischen der KPK und der PWV jedoch durch die zunehmenden Grenzzwischenfälle, die Säuberung provietnamesischer kambodschanischer Kommunisten (darunter ganze Armeeeinheiten und allein 1978 über 4.000 Funktionäre der an Vietnam grenzenden Ostregion) und die Vertreibung von 200.000 Vietnamesen aus Kambodscha erheblich belastet.

Eine entscheidende Wende in den Beziehungen zwischen der KPK und der PWV wurde auf dem IV.Parteitag der PWV im Dezember 1976 eingeleitet, zu dem keine KPK-Delegation gekommen war. Erstmals seit 1954 setzte die PWV nach erfolgter Wiedervereinigung Vietnams ihr Einigungskonzept für Indochina nun wieder auf ihre Tagesordnung: Der Parteitag beschloß, "die besonderen Beziehungen zwischen dem vietnamesischen Volk und den Völkern von Laos und Kampuchea zu wahren und weiterzuentwickeln" (111). Ab Anfang 1977 bezeichneten die KPK-Kader daraufhin die Vietnamesen als "den historischen Feind" des kambodschanischen Volkes (112).

Der Abschluß des "Vertrages über Freundschaft und Zusammenarbeit" zwischen Vietnam und Laos am 18.Juli 1977 bestärkte die Ängste der KPK vor einer Dominierung durch Vietnam ebenso wie ein Brief des ZK der KPV am 7.Juni 1977, in dem es u.a. hieß, daß die vietnamesische Seite "eine Trennung zwischen unseren beiden Parteien" nicht hinnehmen werde (113). Am 28.September 1977 übersandte das ZK der Kommunistischen Partei Vietnams der KPK ein Glückwunschschreiben zu derem 17.Gründungstag, in dem die "Wahrung", "Verteidigung" und "Weiterentwicklung" der "besonderen Beziehungen" gefordert wurde (114). Ab Januar 1978 betonte auch Radio Hanoi in seinen Sendungen zunehmend die Notwendigkeit von "besonderen Beziehungen" zwischen Vietnam und Kambodscha (115). Im gleichen Monat erweiterte Radio Hanoi seine Sendungen in kambodschanischer Sprache von 17 Std. 30 Min. auf 35 Std. in der Woche (116) und rief ab Anfang April 1978 die kambodschanischen Soldaten zum Sturz des Pol-Pot-Regimes auf (117). Die Führung des Demokratischen Kampuchea rief daraufhin auf dem Höhepunkt einer totalen Haßkampagne gegen Vietnam die DK-Armee zum Völkermord an den Vietnamesen auf: Bisher - so Radio Phnom Penh am 10.Mai 1978 - "mußte jeder von uns 30 Vietnamesen töten... Bisher haben wir diesen 1:30-Slogan verwirklicht... Deshalb reichen 2 Millionen Soldaten bei weitem aus, um die Vietnamesen zu schlagen... Wir brauchen nur 2 Millionen Soldaten (opfern), um die 50 Millionen Vietnamesen auszurotten." (118)

Nachdem es der Kommunistischen Partei Vietnams nicht gelungen war, durch Unterstützung von Staatsstreichversuchen provietnamesischer Kräfte gegen das Pol-Pot-Regime in den Jahren 1977 und insbesondere 1978 die zu "besonderen Beziehungen" mit Vietnam nicht bereite DK-Führung von innen heraus zu stürzen, faßte sie im Frühjahr 1978 den Beschluß, Kambodscha zu erobern und das Pol-Pot-Regime durch eine provietnamesische Regierung zu ersetzen (119). Darüber hinaus mußte Vietnam zwei Maßnahmen der

Gegenseite zuvorkommen:
1. Der völligen Beseitigung der provietnamesischen Elemente innerhalb der KPK und der DK-Armee, die von der Pol-Pot-Fraktion für Juni/Juli 1979 angesetzt worden war.
2. Der erneuten Etablierung einer Regierung Sihanouk, die von der Volksrepublik China in Übereinstimmung mit den USA betrieben wurde, was zu einer nationalen und internationalen Konsolidierung des DK-Regimes geführt hätte (120).

Nach Mißerfolgen nun auch noch in Zugzwang gesetzt (121), organisierte die Kommunistische Partei Vietnams in den von vietnamesischen Truppen besetzten kambodschanischen Gebieten die provietnamesische kommunistische Widerstandsbewegung Nationale Einheitsfront Kampucheas zur Rettung der Nation (FUNKSN) und ließ vietnamesische Truppen zunächst im Namen der FUNKSN Ende 1978/Anfang 1979 ganz Kambodscha besetzen und das renitente Pol-Pot-Regime stürzen. Am 8.Januar 1979 setzte Vietnam in Phnom Penh eine provietnamesische Regierung ein, die sofort bereit war, vermittels eines "Vertrages über Frieden, Freundschaft und Zusammenarbeit" am 18.Februar 1979 in "besondere Beziehungen" zu Vietnam zu treten (122).

5. Die ideologische Ausrichtung der Kommunistischen Partei Kampucheas und das vietnamesisch-kambodschanische Verhältnis

Im Gegensatz zu Stephen R.Heder bin ich nicht der Ansicht, daß dem kambodschanisch-vietnamesischen Konflikt vor allem ideologische Meinungsverschiedenheiten zugrunde liegen (123). Zweifelsohne waren die Vorstellungen der KPK und der PWV bzw. KPV über den sozialistischen Entwicklungsweg ihrer Gesellschaften höchst unterschiedlich, doch der Konflikt eskalierte wegen unvereinbarer Gebietsansprüche beider Seiten und vor allem wegen der vietnamesischen Forderung nach "besonderen Beziehungen" zwischen beiden Staaten, d.h. nach Anerkennung der vietnamesischen Führungsrolle auf der indochinesischen Halbinsel durch Kambodscha. Die am maoistischen Entwicklungsmodell einer sozialistischen Gesellschaft orientierte Politik der KPK, die bereits ab Mai 1973 in den sog. "befreiten" Gebieten Kambodschas durchgesetzt wurde, war bis Anfang 1978 nie Gegenstand einer kambodschanisch-vietnamesischen Polemik. Die im Frühjahr 1978 einsetzende vietnamesische Kritik an der Gesellschaftspolitik der Roten Khmer diente lediglich der Legitimation der vietnamesischen Invasion und dauerhaften Besetzung Kambodschas ab Ende 1978.

Der am Maoismus ausgerichtete ideologische Kurs der KPK-Führung um Pol Pot wird nur insofern zu einer Verschärfung des Konfliktes beigetragen haben, als Vietnam Befürchtungen hinsichtlich des Exports der in der Kulturrevolution propagierten maoistischen Weltrevolution hegen konnte. Derartige vietnamesische Befürchtungen sind insofern denkbar, als die Roten Khmer z.B. an der thailändisch-kambodschanischen Grenze promaoistische Thai-Kommunisten unterstützten. Eine weitaus größere Rolle für die Verschärfung des vietnamesisch-kambodschanischen Konflikts dürften jedoch vietnamesische Befürchtungen gespielt haben, daß die promaoistische Ausrichtung der KPK-Führung und ihre zunehmende Abhängigkeit von der Volksrepublik China das Demokratische Kampuchea zu einem festen chinesischen Bündnispartner machen würden, wodurch nicht nur der vietnamesische Plan einer Dominierung Indochinas durchkreuzt, sondern auch die Gefahr einer Einkreisung Vietnams durch China erheblich vergrößert worden wäre.

An der maoistischen Ausrichtung der KPK-Führung um Pol Pot kann kein Zweifel bestehen. Die xenophobische Politik totaler Selbstisolierung und völliger ökonomischer Eigenständigkeit, die Verabsolutierung des "Klassenkampfes" (d.h. permanente, systematische Suche nach vermeintlichen Gegnern und ihre Liquidierung), der Wirtschaftsaufbau durch erzwungene Massenaktionen und das Volkskriegs-Denken der KPK-Führung waren mehr oder weniger identisch mit dem von Mao Zedong und seinen Anhängern verfochtenen Entwicklungskonzept einer sozialistischen Gesellschaft. Die totale Kollektivierung der kambodschanischen Gesellschaft unter der Herrschaft der Roten Khmer wies in einem hohen Grad Ähnlichkeit mit der maoistischen Volkskommunen- Bewegung und dem Großen Sprung nach vorn der Jahre 1957 und 1958 auf. In der Tat haben die Führer der Roten Khmer selbst ihre Revolution mehrmals als einen "Großen Sprung nach vorn" bezeichnet (124). Die Abschaffung der privaten Kochstellen und die Errichtung von Kollektivküchen und gemeinsamen Eßsälen, die getrennte Unterbringung der Generationen und Geschlechter, die Politik der Massenmobilisierung und Massenbewegungen - all dies hat es sowohl während der heißen Phase der Volkskommunen-Bewegung und des Großen Sprungs nach vorn in der VR China als auch in den Jahren von 1973 bis 1978 unter der Herrschaft der Roten Khmer in Kambodscha gegeben. Dies dürfte auch der Grund gewesen sein, warum Mao Zedong im Juni 1975 Pol Pot und Ieng Sary gegenüber sagte: "Genossen, Ihr habt einen gewaltigen Sieg errungen. Ihr habt mit einem Schlag alle Klassen beseitigt. Die ländlichen Kommunen mit den armen Bauern und Mittelbauern in ganz Kambodscha stellen unsere Zukunft dar." (125)

Die Vermittlung des maoistischen Entwicklungskonzepts einer sozialistischen Gesellschaft erfolgte sowohl durch die chinesische Botschaft in Phnom Penh, die in den Jahren der Kulturrevolution enge Kontakte zur prokommunistischen Kambodschanisch-Chinesischen Freundschaftsgesellschaft pflegte, als auch während der Ausbildung von Funktionären der KPK in der Volksrepublik China. So soll u.a. der spätere KPK-Vorsitzende Pol Pot alias Saloth Sar von 1963 bis 1965 an der damaligen Nanjinger Höheren Militärakademie (126), der heutigen Hochschule für Militärpolitik von Nanjing (127), für den späteren Guerillakampf in Kambodscha ausgebildet worden sein - zu einer Zeit, in der innerhalb der Chinesischen Volksbefreiungsarmee die maoistische Ideologie verstärkt propagiert wurde (128).

Insgesamt gesehen mögen die großen ideologischen Unterschiede zwischen der KPK und der KPV zur Verschärfung des kambodschanisch- vietnamesischen Konflikts beigetragen haben, sie stellen meines Erachtens jedoch keine der grundlegenden Ursachen dieses Konfliktes dar.

6. Die weitere Entwicklung des kambodschanisch-vietnamesischen Konflikts

Regierungsvertreter der Sozialistischen Republik Vietnam haben nach der Annexion Kambodschas durch Vietnam mehrfach erklärt, daß sie die von Vietnam geschaffene gegenwärtige politische Lage für "irreversibel" halten. SRV-Außenminister Nguyen Co Thach sprach vor der UNO bereits für ganz Indochina (129), und Vietnam und die Staaten des Warschauer Paktes betrachten andere Vorschläge zur Lösung des Konflikts um Kambodscha, wie z.B. die Einberufung einer internationalen Kambodscha-Konferenz, als eine "Einmischung in ihre inneren Angelegenheiten" (130). Nguyen Co Thach hat einen Rückzug der vietnamesischen Truppen aus Kambodscha praktisch von der Anerkennung der vietnamesischen

Oberherrschaft über Indochina durch die Volksrepublik China abhängig gemacht (131) - wohl wissend, daß dies für die VR China nicht akzeptabel ist. Vietnam ist also in der Kambodscha-Frage überhaupt nicht kompromißbereit.

Gleiches gilt für die VR China, die nach wie vor an dem gestürzten Pol-Pot-Regime der Roten Khmer festhält. So erklärte der Generalsekretär der Militärkommission des Zentralkomitees der KPCh, Geng Biao, in einer geheimen Rede am 16.Januar 1979: "Die Kommunistische Partei Kampucheas ist unsere Bruderpartei... Ihr Kampf ist auch unser Kampf, und ihre Siege sind auch unsere Siege... Egal, wie langwierig und teuer es sein wird, wir werden sie bis zuletzt unterstützen." (132) Auch Anfang 1981 hatte diese Haltung noch Gültigkeit. So schrieben die Herausgeber von Beijing Review: "China supports the emergence of a coalition government in Kampuchea uniting all the resistance forces there. Democratic Kampuchea should not be excluded but should be part of it. China will support such a coalition government as soon as it comes into being." (133)

Es ist offensichtlich, daß sich die VR China und die SRV bei Beibehaltung ihrer derzeitigen politischen Standpunkte nicht über Kambodscha einigen können. Beide Parteien erscheinen heute sowohl unfähig als auch unwillig zum Frieden in einer Region, die beide als ihre - sich angeblich aus historischen und geographischen Gegebenheiten ergebende - Einflußsphäre betrachten. Ein Ende des Konfliktes zwischen dem Demokratischen Kampuchea bzw. der VR China und der Sozialistischen Republik Vietnam (mit der Sowjetunion als Stütze) ist daher nicht absehbar.

Vorstellbar ist die Fortsetzung des chinesischen indirekten Vier-Fronten-Zermürbungskriegs (134) gegen Vietnam über Jahre hinaus - mit dem möglichen Ergebnis, daß die Roten Khmer wieder an die Macht kommen und Kambodscha erneut in den chinesischen Einflußbereich gerät. In diesem Fall werden sich der Westen und die ASEAN-Staaten den Vorwurf gefallen lassen müssen, in den Jahren 1979 bis 1980 (und evtl. noch länger) im Einklang mit der chinesischen Indochinapolitik mehr oder weniger aktiv zur Restituierung der Roten Khmer beigetragen zu haben. Darüber hinaus würde dadurch das gegenwärtige stragegische Ungleichgewicht auf der indochinesischen Halbinsel und - mit Einschränkungen - in Südostasien lediglich zugunsten der VR China verschoben, aber nicht aufgehoben. Die Stellung der ASEAN-Staaten würde dadurch nicht gestärkt, sondern eher geschwächt werden, da in diesem Fall die VR China zu einer ernsthaften Bedrohung für die Unabhängigkeit der südostasiatischen Staaten heranwachsen würde (135).

Eine eigenständige Politik der ASEAN-Staaten, die darauf hinauslaufen müßte, sich gegen die Expansionsbestrebungen nicht nur Vietnams bzw. der Sowjetunion, sondern auch der VR China im südostasiatischen Raum zu schützen, wird jedoch so lange nicht möglich sein, bis der Westen sich zu einem entschiedeneren Engagement für die Unabhängigkeit der südostasiatischen Staaten entschließt. Dieses Engagement könnte integraler Bestandteil einer neuen Globalpolitik des Westens sein, die entschiedensten Widerstand gegen jedwedes sowjetisches Expansionsstreben vorsieht. Dies könnte die Sowjetunion evtl. zwingen, ihre militärische und wirtschaftliche Hilfe für Vietnam zu reduzieren. Da Vietnam wiederum hochgradig von sowjetischer Hilfe abhängig ist, um seine Führungsrolle in Indochina verteidigen zu können, könnte eine Reduzierung dieser Hilfe evtl. zu einer Kompromißbereitschaft Vietnams in der Kambodscha-Frage führen. Eine kompromißbereite Haltung Vietnams könnte jedoch nur dann zu einer Lösung des Konfliktes führen, wenn auch die VR China Kompromißbereitschaft (Beendigung jeglicher Unterstützung für die Roten Khmer) zeigt. Gegenwärtig deutet jedoch nichts auf eine derartige Entwicklung hin.

Derweil wird die kambodschanische Tragödie fortgesetzt, in der sich - um mit den Worten Norodom Sihanouks zu sprechen - Vietnam und China "um die Leiche meines unglücklichen Landes streiten" (136).

Anmerkungen:

1) Zit. nach N.Chanda, "That's far enough, says Hanoi", in: Far Eastern Economic Review (FEER), 19.8.1977, S.10.
2) Z.B. der Sicherheitsberater des US-Präsidenten Carter, Z.Brzesinski, nach O.Weggel, "Grenzen, Grenzkrieg und sinosowjetisches Tauziehen in Indochina", in: CHINA aktuell, Februar 1978, S.50; E.Kux, "Die Verhaltensstrategien Moskaus und Pekings im Indochina-Konflikt" (Vortrag auf der Indochina-Tagung der Münchner Gesellschaft für Auslandskun-

de und des Seminars für Internationale Politik der Universität München am 15.11.1980).

3) Die vier Fronten, an denen die Volksrepublik China seit Frühjahr 1979 einen verdeckten, langfristig angelegten Zermürbungskrieg gegen Vietnam führt, sind:

1. Die chinesisch-vietnamesische Grenze, an der die VRCh permanent zwischen 20 und 30 Divisionen postiert hat. Regelmäßige Grenzzwischenfälle und chinesische Warnungen vor einem erneuten "Straffeldzug" gegen Vietnam verstärken den Druck auf Vietnam, seinerseits mehrere Divisionen Elitesoldaten an der Grenze zu China in ständiger militärischer Alarmbereitschaft zu halten. Die VRCh entzieht damit indirekt dem sino-vietnamesischen Schlachtfeld in Kambodscha und Laos vietnamesische Truppen von bedeutender Schlagkraft.
2. In Kambodscha unterstützt die VRCh die Truppen des gestürzten Pol-Pot-Regimes im Kampf gegen die vietnamesischen Besatzer mit allen ihr zur Verfügung stehenden Mitteln. Für den Fall, daß Thailand in Zukunft den bisher über den Seeweg abgewickelten chinesischen Nachschub für die Roten Khmer über thailändisches Gebiet untersagen sollte, plant die VRCh bereits seit Anfang 1979 die Etablierung einer Nachschublinie auf dem Land über Birma und Thailand nach Laos und Kambodscha(siehe Geng Biao, "Guanyu Yinzhibandao xingshi baogao" (Bericht über die Lage auf der indochinesischen Halbinsel), 16.1.1979, S.15-16, in: Zhonggong Yanjiu, 1980, Nr.10, S.156-157).
3. In Laos unterstützt die VRCh die antivietnamesischen Widerstandskräfte sowohl von China aus als auch über Thailand mit Hilfe der Roten Khmer.
4. In Vietnam unterstützt die VRCh ebenfalls mit Hilfe der Roten Khmer die FULRO-Guerillas. Darüber hinaus stellt die VRCh dem nach China geflüchteten Hoang Van Hoan ihren Propagandaapparat für den Zweck zur Verfügung, die vietnamesische Bevölkerung und prochinesische Teile der Kommunistischen Partei Vietnams (KPV) und der vietnamesischen Armee zum Sturz der pro-sowjetischen Führung unter Le Duan aufzurufen.

3a) Zu den Zielen der chinesischen Außenpolitik in Indochina siehe u.a. G.Will, Entwicklungslinien der neuen chinesischen Außenpolitik, Hamburg 1979, S.12-13, und R.Machetzki, "Die Politik der VR China gegenüber Indochina unter Berücksichtigung des chinesisch-vietnamesischen Konflikts" in diesem Band.

4) O.Weggel, "Grenzen...", S.35, 50.

5) Geng Biao, op.cit. S.9, bzw. S.150.

6) O.Weggel, "Die Eroberung Kampucheas durch Vietnam und der chinesische Gesichtsverlust", in CHINA aktuell, Januar 1979, S.32; ders., "Die Sowjetunion und Vietnam: Partnerschaft oder Eigennutz?", in: CHINA aktuell, November 1978, S.723- 734.

7) Siehe Karten I und II.

8) Sarin Chhak, Les Frontières du Cambodge, Paris 1966, S.167.

9) N.Sihanouk, Kambodscha. Chronik des Krieges und der Hoffnung, Berlin/Frankfurt/Wien 1980, S.60-61. Vgl. Anm.46.

10) G.Maspero, Un Empire Colonial Français: L'Indochine, Bd. II, Paris/Brüssel 1930, S.49-51, 141-142; Indo-China (Geographical Handbook Series B.R. 510), Cambridge 1943, S.270-278; Area Handbook for Cambodia (Da Pam Nr. 550-50), Washington 1968, S.VII, 5, 219, 222; The Far East and Australasia 1980-81. Siehe auch Karten III und IV.

11) Nach Vietnam, South East Asia International, 13.Jg., Nr.1-3, S.2.

12) Für eine ausreichende Versorgung der vietnamesischen Bevölkerung mit Eiweiß ist eine große Steigerung u.a. der Fischproduktion notwendig. Auch hierfür bietet Kambodscha eine Lösungsmöglichkeit: Der Tonlé Sap ("Süßwasser-See") ist mit Abstand das bedeutendste Gewässer Indochinas hinsichtlich der Produktion von Süßwasserfischen und damit von zentraler Bedeutung für die Proteinversorgung der Bevölkerung. Der Tonlé Sap weist einen in der Welt einzigartigen Fischreichtum auf - die Fangquote beträgt im Jahr 10 t pro qkm Seefläche und ist damit zehnmal höher als die Fangquote in der Nordsee. Die Jahresfangquote wurde Anfang der 40er Jahre auf insgesamt 120.000 t Frischgewicht geschätzt (G.Maspero, op.cit., Bd.II, S.188; Indo-China, S.310-311).

13) Radio Hanoi, 4.1.78, nach: FBIS, 4.1.78, K 1; Hervorhebungen von mir; P.S.

14) Zit. nach Nguyen Than Hung, "Zur Entwicklung der vietnamesisch-laotischen Beziehung" in diesem Band, S.154. Hervorhebungen von mir; P.S.

15) Siehe Karte V.

16) M.Osborne, "Kampuchea and Viet Nam: A Historical Perspective", in: Pacific Community, 9.Jg., Nr.3, April 1978, S.253; F.Ponchaud, "Vietnam-Cambodge: Une Solidarité Mili-

tante", in: Les Temps Modernes, Nr.402, Januar 1980, S.1224- 1225. Siehe auch V.M.Reddi, A History of the Cambodian Independence Movement, 1863-1955, Tirupati 1970 (2.Auflage?), S.16-18.

17) F.Ponchaud, op.cit., S.1225.

18) Der Begriff "Rote Khmer" bezeichnet hier und im folgenden die Kommunistische Partei Kampucheas (KPK).

19) Siehe Karte V.

20) M.Osborne, op.cit., S.254; F.Ponchaud, op.cit., S.1226. G.Maspero, op.cit., Bd. II, S.213.

21) Siehe Karte VI sowie Sarin Chhak, op.cit.; Tran Van Minh, "Les Frontières du Cambodge et du Vietnam", in: Revue Juridique et Politique Indépendance et Coopération, 32.Jg., Nr.2, Juni 1978, S.647-673; J.R.V.Prescott, H.J.Collier, D.F.Prescott, Frontiers of Asia and Southeast Asia, Melbourne 1977, S.64-67.

22) M.Osborne, op.cit., S.253-254; Sarin Chhak, op.cit., S.19 und 178. S.R.Heder, "The Border Dispute on the Land", in: Southeast Asia Chronicle, Nr.46 (September-Oktober 1978), S.36-37.

23) Siehe Karte VII.

24) Annales de L'Assemblée l'Union Française, Débats, Jg.1 (1949), S.472-473, nach: V.M.Reddi, op.cit., S.175.

25) Siehe Sarin Chhak, op.cit., S.13-22 und 161-180, insbes. S.173.

26) Tran Van Minh, op.cit., S.664-665.

27) Ebenda, S.664; siehe auch N.Sihanouk, Indochina von Peking aus gesehen, Stuttgart 1972, S.58.

28) Siehe u.a. N.Sihanouk, Indochina..., S.49- 50; V.M.Reddi, op.cit., S.213.

29) Tran Van Minh, op.cit., S.657-658, 663-664; Dossier Kampuchea, Bd.I, Hanoi 1978, 2.Aufl., S.56-57. Außenministerium der Sozialistischen Republik Vietnam (Hrsg.), Facts About the Vietnam-Kampuchea Border Question, Hanoi 7.4.1978, S.2-4.

30) Zit. nach Sarin Chhak, op.cit., S.208. Siehe auch ebenda, S.151-159 und Karte VIII.

31) R.Norodom, "Le Domaine Maritime du Kampuchea", in: Mondes en Developpement, Nr. 28(1979), S.662-681.

32) Tran Van Minh, op.cit., S.665; Dossier Kampuchea, S.57. Als Teilnehmer der Gipfelkonferenz der Indochinesischen Völker im April 1970 anerkannten die südvietnamesische Befreiungsfront und die Regierung der Demokratischen Republik Vietnam

erneut "Kambodscha in den bestehenden Grenzen" (Facts About..., S.6).

33) N.Chanda, "That's far enough...", S.11-12.

34) N.Sihanouk, Indochina..., S.89-91.

35) Nach Presse- und Informationsabteilung des Außenministeriums des Demokratischen Kampuchea (Hrsg.), Livre Noir - Faits et Preuves des Actes d'Aggression et d'Annexion du Vietnam contre le Kampuchea, Paris 1979, S.8.

36) Zit. nach H.Kotte, "Der Konflikt zwischen Kampuchea und Vietnam",in: Befreiung, Nr.13, Mai 1978, S.40; Hervorhebungen von mir; P.S. Siehe auch S.R.Heder, "The Border Dispute...", S.37-38.

37) N.Sihanouk, Kambodscha..., S.48-51; FEER, 21.4.78, S.17-19

38) Siehe hierzu u.a. die ausgezeichnete Studie von Dr.Walther Frhr. v.Marschall, The War in Cambodia - its Causes and Military Development and the Political History of the Khmer Republic, 1970-1975, London (Royal College of Defence Studies) 1976, S.106-108.

39) FEER, 21.4.78, S.17.

40) A.Barth, T.Terzani u.a., Holocaust in Kambodscha, Hamburg 1980, S.187; siehe auch F.Butterfield, "Hanoi, Cambodia Reds Held still Fighting", in: International Herald Tribune, 11.9.73.

41) 1973 wurden aus folgenden kambodschanischen Provinzen Grenzkonflikte zwischen kambodschanischen und vietnamesischen kommunistischen Truppeneinheiten gemeldet: Kampot, Takeo, Kandal, Prey Veng, Svay Rieng (Papageienschnabel), Kompong Cham und Mondulkiri.
Tai Sung An, "Turmoil in Indochina: The Vietnam-Cambodia Conflict", in: Asian Affairs, 5.Jg., Nr.4, März/April 1978, S.247-249; Boun Sokha, Cambodge - La Massue de l'Angkar, Paris 1979, S.232; F.Butterfield, "Khmer Rouge, Hanoi Units Reported Battling Each Other", in International Herald Tribune, 27.8.73; ders., "Hanoi...", in International Herald Tribune, 11.9.73; Christian Science Monitor, 11.3.74; Washington Post, 29.3.74; N.Sihanouk, Kambodscha..., S.46.

41a)Siehe die Rede des chinesischen Außenministers Huang Hua vom 30.Juli 1977 in: G.Will, op.cit., S.99-100.

42) Geng Biao, op.cit., S.145-146; M.Osborne, op.cit., S.260; A.Barth, T.Terzani u.a., op.cit., S.197.

43) Dossier Kampuchea, Bd.I, S.64; vgl. die Regierungserklärung Khieu Samphans Ende Dezember 1977, in: Radio Phnom Penh, 30.12.77, nach FBIS, 3.1.78, H 3.

Interessanterweise sagte der vietnamesische Außenminister Nguyen Co Thach in einem Interview mit Anthony Barnett im Oktober 1980, daß die DK-Truppen Vietnam erst ab April 1977 angegriffen hätten (FEER, 31.10.80, S.36).

44) Siehe Anm.33.

45) Ebenda; Livre Noir..., S.72.; Facts About..., S.7.

46) Zit. nach Dossier Kampuchea, Bd.I, S.64.
Der Generalsekretär der Militärkommission des Zentralkomitees der Kommunistischen Partei Chinas, Geng Biao, erklärte in einer geheimen Rede am 16.Januar 1979 die teilweise von Massaker begleiteten Angriffe der DK-Truppen sowohl auf vietnamesisches als auch auf thailändisches Territorium in den Jahren 1975 bis 1978 mit der Disziplinlosigkeit der kambodschanischen Armee. Es sei blind und unüberlegt gewesen, diese Grenzzwischenfälle anzuzetteln. Sie seien der Ausdruck von Anarchismus, Abenteurertum und Eigenmächtigkeit in den Reihen der DK-Truppen gewesen (Geng Biao, op.cit., S.146-147, 154).

47) Dossier Kampuchea, Bd.I, S.64; The Vietnam-Kampuchea Conflict (A Historical Record), Hanoi 1979, S.19-20; Livre Noir..., S.72; Facts About..., S.8.

48) Dossier Kampuchea, Bd.I, S.65; Tran Van Minh, op.cit., S.667. Facts About..., S.7.

49) Geng Biao, op.cit., S.145-146.

50) FEER, 21.4.78, S.20- 21; B.Kiernan, "Conflict in: the Kampuchean Communist Movement", in Journal of Contemporary Asia, 10.Jg., Nr.1-2, 1980, S.11.

51) Dossier Kampuchea, Bd.I, S.65; O.Weggel, "Grenzen...", S.40.

52) The Vietnam-Kampuchea Conflict..., S.20-21; Dossier Kampuchea, Bd.I, S.65-66; Khieu Samphan, in: Radio Phnom Penh, 30.12.77, nach: FBIS, 3.1.78, H 4; L.Finley, "Raising the Stakes. The Major Powers Still Play for Keeps in Indochina", in: Southeast Asia Chronicle, Nr.64 (September-Oktober 1978), S.39-40; Facts About..., S.9. Vgl. die etwas abweichende Darstellung von F.Ponchaud, op.cit., S.1238-1239, nach der die kambodschanische Seite die Brevié-Linie als Seegrenze anerkannte, die Insel Phu Quoc jedoch als kambodschanisches Territorium reklamierte. Diese Version ist nicht nur unlogisch, sondern widerspricht sowohl der Darstellung von Khieu Samphan, op.cit., als auch der des Hanoier Außenministeriums vom 7.4.1978.

52a) Siehe Karte IX aus: JPRS, Translations on Vietnam, Nr.1804

("Geographical Data on New Provinces"), Arlington, 18.5.1976, S.23 (s.a. S.1).
Ich bin meinem Kollegen Gerhard Will für den Hinweis auf diese Karte zu Dank verpflichtet; P.S.

53) Dossier Kampuchea, Bd.I, S.66.

54) Ebenda, S.66-67.

55) Ebenda, S.67-69; O.Weggel, "Grenzen...", S.42; Presse- und Informationsabteilung des Außenministeriums der Sozialistischen Republik Vietnam (Hrsg.), Faits et Documents sur les Graves Violations de la Souverainité et de l'Intégrité Territoriale de la République Socialiste du Viet Nam par le Kampuchéa Démocratique, Hanoi, Januar 1978, S.12-16.

56) K.D.Jackson, "Cambodia 1978: War, Pillage, and Purge in Democratic Kampuchea", in: Asian Survey, 19.Jg., Nr.1, Januar 1979, S.73.

57) N.Chanda, "That's far enough...", S.11. Siehe Karten X und XI.

58) Text in: Faits et Documents..., S.6-8.

59) Zit. nach ebenda, S.19. Siehe auch ebenda, S.4 und 11 und Khieu Samphan, op.cit., H 5.

60) Brief des DK-Außenministers Leng Sary an die Regierungen der Mitgliedsstaaten der Bewegung der Blockfreien vom 17.März 1978, nach: S.R.Heder, "Origins of the Conflict", in: Southeast Asia Chronicle, Nr.64 (September-Oktober 1978), S.18.

61) Faits et Documents..., S.19.

62) "Decisions Concerning the Report of the Eastern Region Conference Mid-Year 1977", S.84, nach: S.R.Heder, "Origins...", S.18.

63) Pol Pot, "Die großartigen Siege der kampucheanischen Revolution unter der richtigen und klaren Führung der Kommunistischen Partei Kampucheas" (27.9.1977), in: Kommunismus und Klassenkampf - Dokumentation, Frankfurt, o.J. (1979?), S.14.

64) Ebenda, S.12 und 14.

65) Tai Sung An, op.cit., S.251; K.D.Jackson, op.cit., S.73. Siehe auch Karte XII.

66) N.Sihanouk, Kambodscha..., S.93.

67) Nach: Tai Sung An, op.cit., S.255.

68) Radio Phnom Penh, 2.1.78, nach: FBIS, 3.1.78, H 9; Dossier Kampuchea, Bd.I, S.69-70.

69) Tran Van Minh, op.cit., S.668.

70) VNA, 5.2.78, nach: FBIS, 6.2.78, K 2.

71) Tran Van Minh, op.cit., S.669; A.Barth, T.Terzani u.a., op.cit., S.207.
72) Dossier Kampuchea, Bd.II, S.110-111; Facts About..., S.17-18.
73) K.D.Jackson, op.cit., S.73; persönliche Kommunikation; siehe auch Dossier Kampuchea, Bd.II, S.110-113.
74) Pol Pot, "Laßt uns weiterhin entschlossen das Banner des Sieges der ruhmreichen Kommunistischen Partei Kampucheas hochhalten, um das Demokratische Kampuchea zu verteidigen, die sozialistische Revolution fortzuführen und den Sozialismus aufzubauen" (27.9.1978), in: Kommunismus und Klassenkampf..., S.19; siehe auch Pol Pot, "Interview ã M.Jan Myrdal" (24.8.1978), Phnom Penh, August 1978, S.15.
74a) Siehe Anm.52a).
75) Siehe Anm. 57.
76) Siehe Karte XIII aus: Kampuchea Démocratique en Marche, August 1977, S.4.
Ich bin Herrn Heinz Kotte für die Überlassung dieser Zeitschrift aus seinem Privatarchiv zu Dank verpflichtet; P.S.
77) Faits et Documents..., S.20.
78) Siehe Facts About..., S.13.
79) N.Chanda, "That's far enough...", S.12.
80) Siehe Karte XIV aus: Rëpublique Populaire du Kampuchea, o.O. (Phnom Penh?), o.J.(1979?), S.2.
81) Dossier Kampuchea, Bd.I und II; siehe Karte XV.
82) Nach: XNA, 22.7.78, in: SWB, 26.7.78.
83) Siehe auch die Darstellung von Prinz Norodom Sihanouk, Kambodscha..., S.61-62.
84) N.Sihanouk, Kambodscha..., S.90, 93, 96, 107 f.
85) Radio Hanoi, 3.4.78, nach: FBIS, 5.4.78, K 1-2.
86) Siehe hierzu ausführlich O.Weggel, "Die Eroberung Kampucheas...".
87) Text in: Monitoring Digest, 1979, Nr.41, 20.2.79.
88) Radio Hanoi, 4.1.78, nach: FBIS, 4.1.78.
88a) FEER, 31.10.80, S.36.
89) Radio Hanoi, 5.1.78, nach: FBIS, 5.1.78.
90) Siehe u.a. V.M.Reddi, op.cit., S.150-154, 176-181, 213.
91) Ebenda, S.178-179.
92) Zit. nach: P.Rousset, Communisme et Nationalisme Vietnamien, Paris 1978, S.201-202.
93) F.Joyaux, La Chine et le Règlement du Premier Conflit d'Indochine (Genève 1954), Paris 1979, S.221-222.
94) Zit. nach: R.F.Turner, Vietnamese Communism. Its Origins

and Development, S.16.
95) Thirty Years of Struggle of the Party, Bd. I, Hanoi 1960, S.27, nach: ebenda, S.18.
96) Nach: A.Barth, T.Terzani, u.a., op.cit., S.164.
97) P.Rousset, op.cit., S.200.
98) Ebenda, S.201.
99) Ebenda, S.181.
100)Zit. nach: R.F.Turner, op.cit., S.349 und S.78 (Anm. 7).
101)Siehe Dossier Kampuchea, Bd. I, S.93 und R.F.Turner, op.cit., S.317, 349 und S.78 (Anm.7).
102)Zit. nach: Nguyen Than Hung, op.cit., S.140.
103)Zit. nach: P.Rousset, op.cit., S.202-203.
104)Zit. nach: R.F.Turner, op.cit., S.78.
105)In: P.J.Honey, Communism in North Vietnam, Cambridge/Mass. 1963, S.170, nach: R.F.Turner, op.cit., S.79.
106)Siehe hierzu u.a. die ausgezeichnete Studie von V.M.Reddi, op.cit., S.150-154, 176-181, 213 sowie N.Sihanouk, Indochina..., S.49-50.
107)F.Joyaux, op.cit., S.222.
108)Ieng Sary, The Stake of the Struggle for the Survival of Kampuchea, o.O., 30.9.1980, S.5.
109)Nach: Christian Science Monitor, 9.4.74.
110)Nach: Geng Biao, op.cit., S.149.
111)Nach: Dossier Kampuchea, Bd.I, S.66.
112)Ben Kiernan, op.cit., S.14.
113)Faits et Documents..., S.8.
114)Ebenda, S.22-23.
115)Radio Hanoi, 4.1.78, nach: FBIS, 4.1.78, K 1-3; Radio Hanoi, 5.1.78, nach: FBIS, 5.1.78, K 1-3; Radio Hanoi, 8.1.78, nach: FBIS, 10.1.78, K 1-2.
116)Nach: FBIS, 24.1.78, K 5.
117)Radio Hanoi, 3.4.78, nach: FBIS, 5.4.78, K 1-2.
118)Radio Phnom Penh, 10.5.78, nach: FBIS, 12.5.78, H 2-3.
119)FEER, 23.2.79, S.33.
120)Nach Geng Biao, op.cit., S.146-147.
121)Vgl. einen von J.Kehnen ausführlich dargestellten Aspekt der ideologischen Vorbereitung der vietnamesischen Bevölkerung auf den Feldzug gegen Kambodscha durch die vietnamesische Propaganda, die bereits im Februar 1977 mit Hilfe eines in der Zeitschrift Historische Forschung vorgestellten historischen Beispiels einen bevorstehenden Angriff Kambodschas bzw. Chinas an die Wand malte: "Wenn man weiß, daß der Feind einen ganz sicher angreifen wird, dann heißt

die beste Methode der Verteidigung, daß man die Initiative ergreifen und den Kampf in seine (des Feindes) Basen tragen muß." Zit. nach: J.Kehnen, Zum Konflikt zwischen Vietnam und China. Geschichtsschreibung im Dienste politischer Propaganda (Berichte des Bundesinstituts für ostwissenschaftliche und internationale Studien, 1980/Nr.33), S.13.

122)Die Forschungsarbeit von Nguyen Than Hung hat ergeben, daß Vietnam seit Beginn des Jahres 1980 nicht mehr nur von "besonderen Beziehungen", sondern bereits von einem "Sonderbündis der drei Brudervölker auf der indochinesischen Halbinsel" spricht. Siehe seinen Beitrag zum vietnamesisch-laotischen Verhältnis in diesem Band, S.153.

123)Siehe u.a. S.R.Heder, "Origins...", S.3-18.

124)Nach: L.Finley, "Raising the Stakes...", S.23.

125)Archiv des Ständigen Büros des Zentralkomitees der Kommunistischen Partei Kampucheas, Nr.870, nach: République Populaire du Kampuchea, S.15. Hervorhebung von mir; P.S.

126)Nanjing Gaodeng Junshi Xueyuan.

127)Nanjing Junzheng Daxue.

128)Persönliche Information.
In diesem Zusammenhang müssen jene Darstellungen zurückgewiesen werden, nach denen die VRCh in den 60er Jahren der KPK keine oder nur unbedeutende Hilfe zukommen ließ. Beispiele hierfür sind u.a. S.R.Heder, "Origins...", S.11, und L.Finley, "Raising the Stakes...", S.22-23.

129)VNA, 26.9.1980, S.9. Siehe auch FEER, 30.5.1980, S.17.

130)Siehe z.B. das polnisch-vietnamesische Kommuniqué zum Abschluß des Besuches von SRV-Außenminister Nguyen Co Thach in Warschau Anfang November 1980, in: TASS, engl., 6.11.80, nach: MONITOR-DIENST, 7.11.80, S.5. Hervorhebung von mir; P.S.

131)FEER, 31.10.1980, S.36.

132)Geng Biao, op.cit., S.18 bzw. 159. Hervorhebung von mir, P.S.

133)Beijing Review, 12.1.81, S.3; Hervorhebungen von mir, P.S.

134)Siehe Anm.3.

135)Zu den chinesischen Zielen im südosasiatischen Raum siehe u.a. R.Machetzki, "Die Politik der VR China gegenüber Indochina unter besonderer Berücksichtigung des chinesisch-vietnamesischen Konflikts" in diesem Band.

136)Zit.nach O.Weggel, "Indochina im Berichtszeitraum (Oktober/November 1980)", in CHINA aktuell, November 1980, S.969.

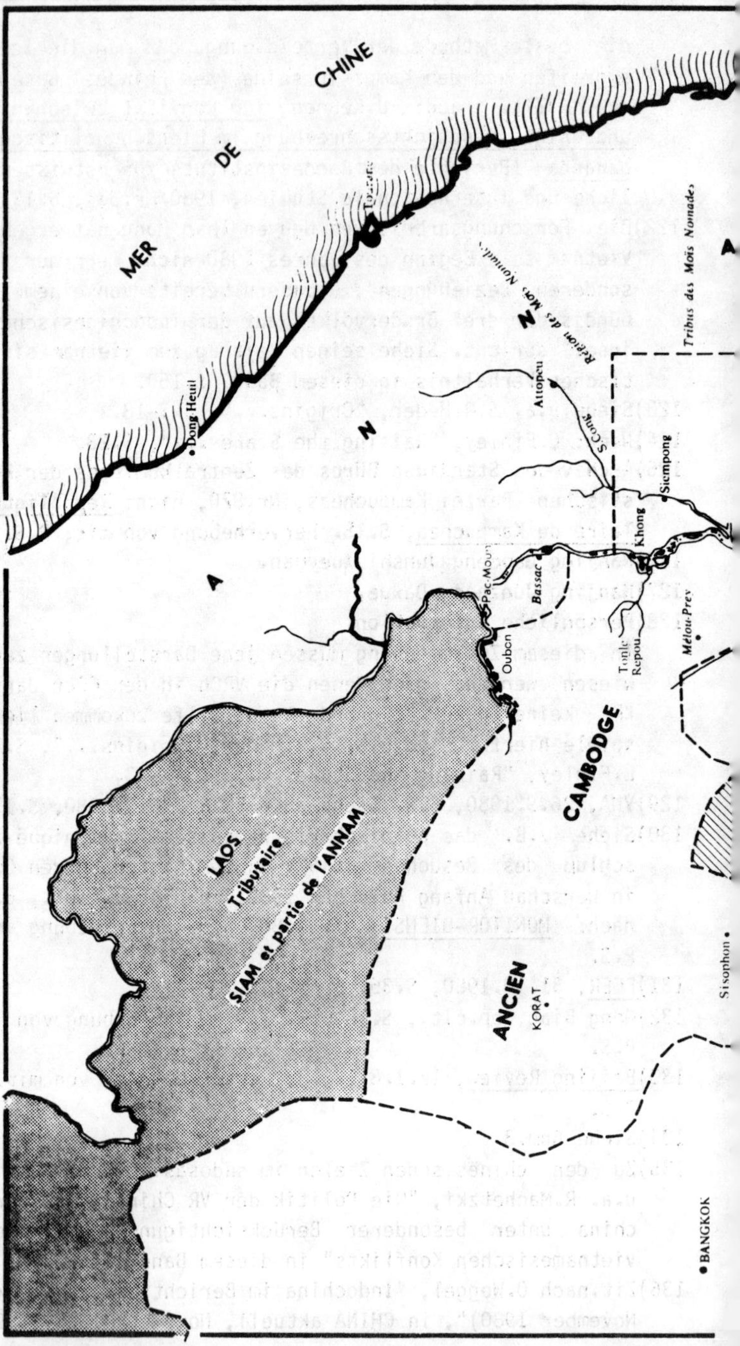

Karte I: Kambodscha in seinen historischen Grenzen

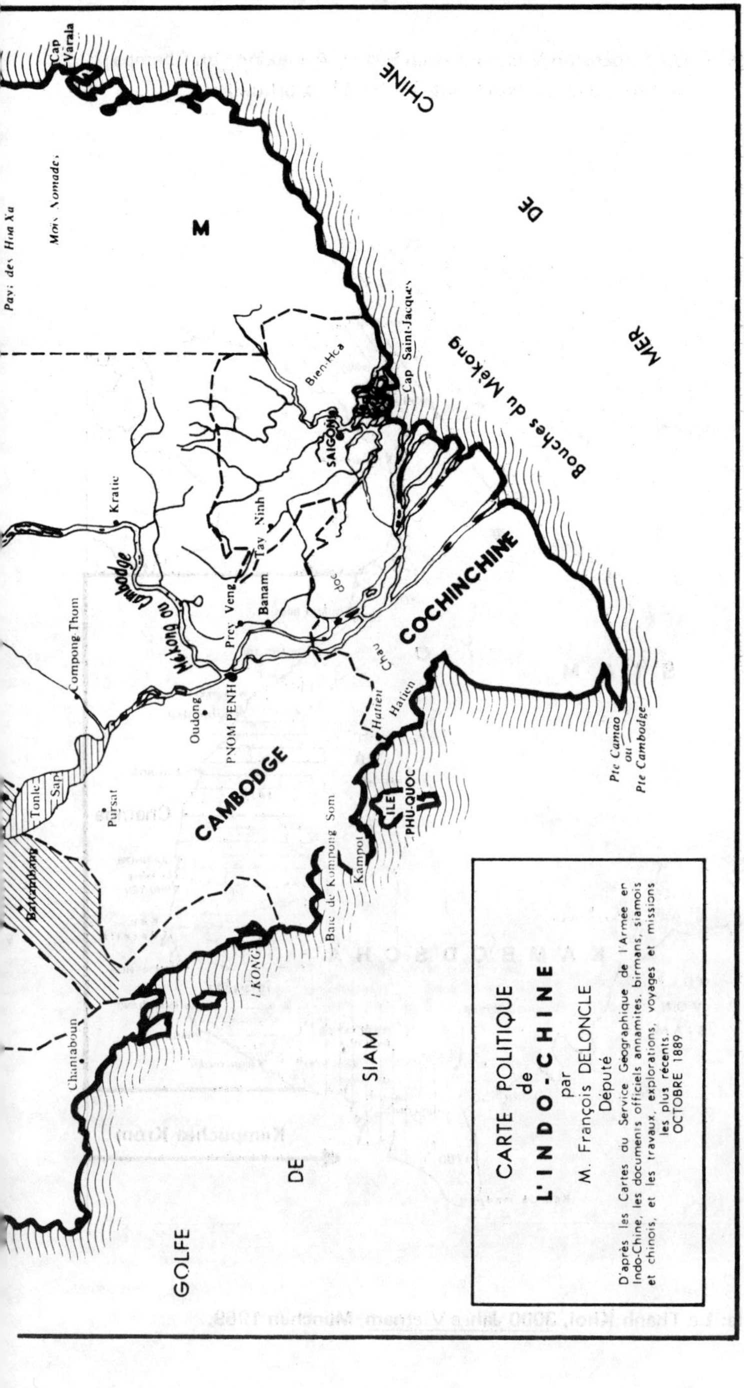

Quelle: Sarin Chhak, Les Frontieres du Cambodge, Paris 1966, Kartenteil

Karte II: Die Expansion Vietnams nach Süden: Annexion von Champa und Kampuchea Krom vom 11. bis 18. Jahrhundert

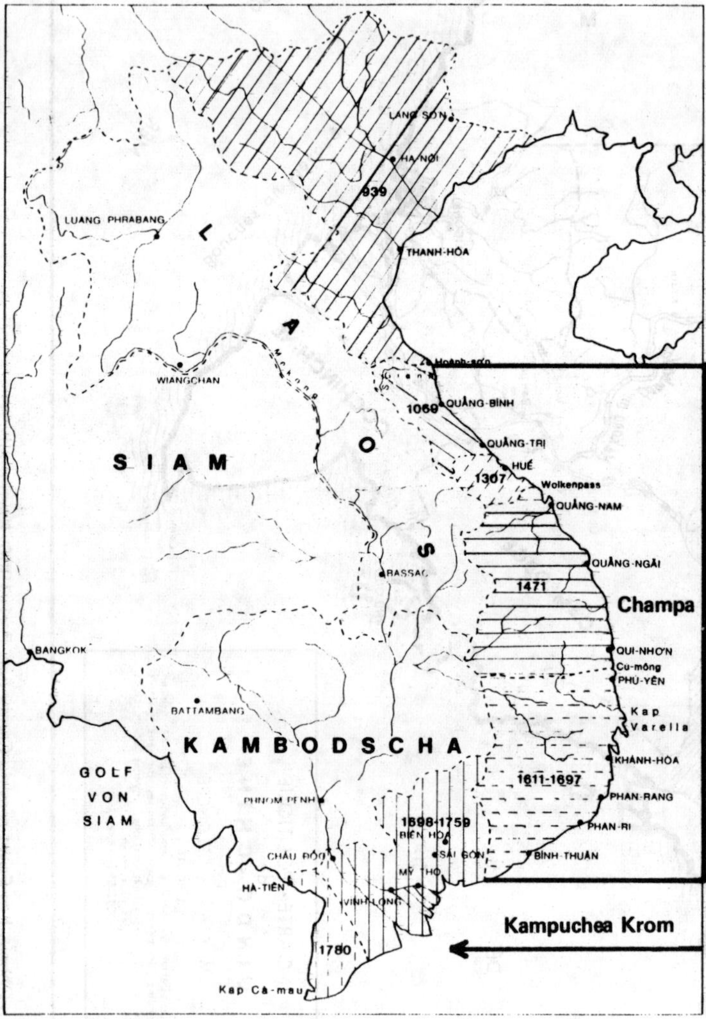

Quelle: Le Thanh Khoi, <u>3000 Jahre Vietnam</u>, München 1969.

Karte III: Die Hauptreisanbaugebiete Indochinas

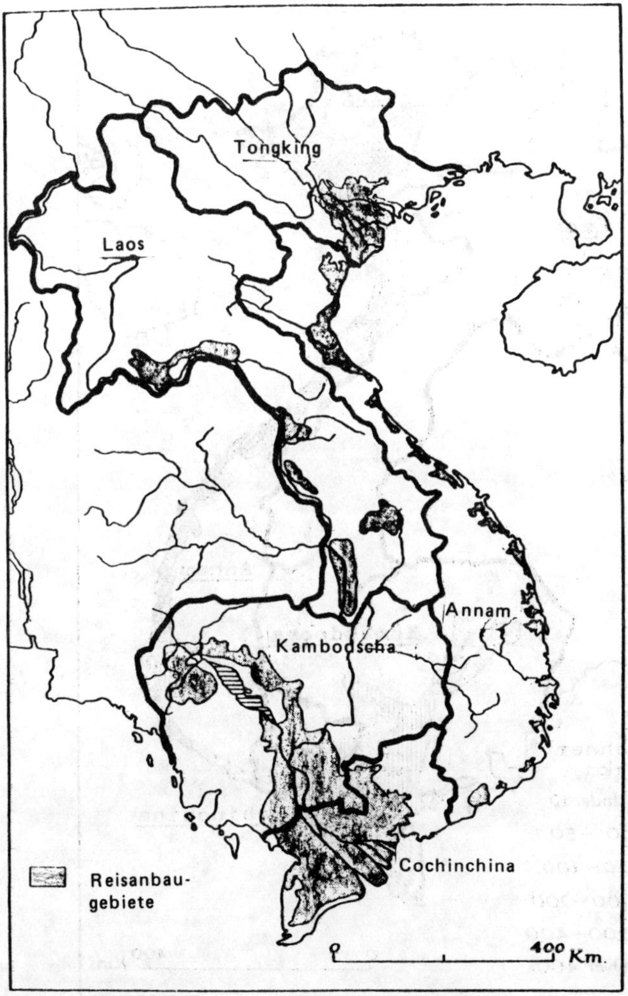

Quelle: Indo-China (Geographical Handbook Series B.R. 510), Cambridge 1943, S. 195 + 263.

Karte IV: Die Bevölkerungsdichte in Indochina um 1930

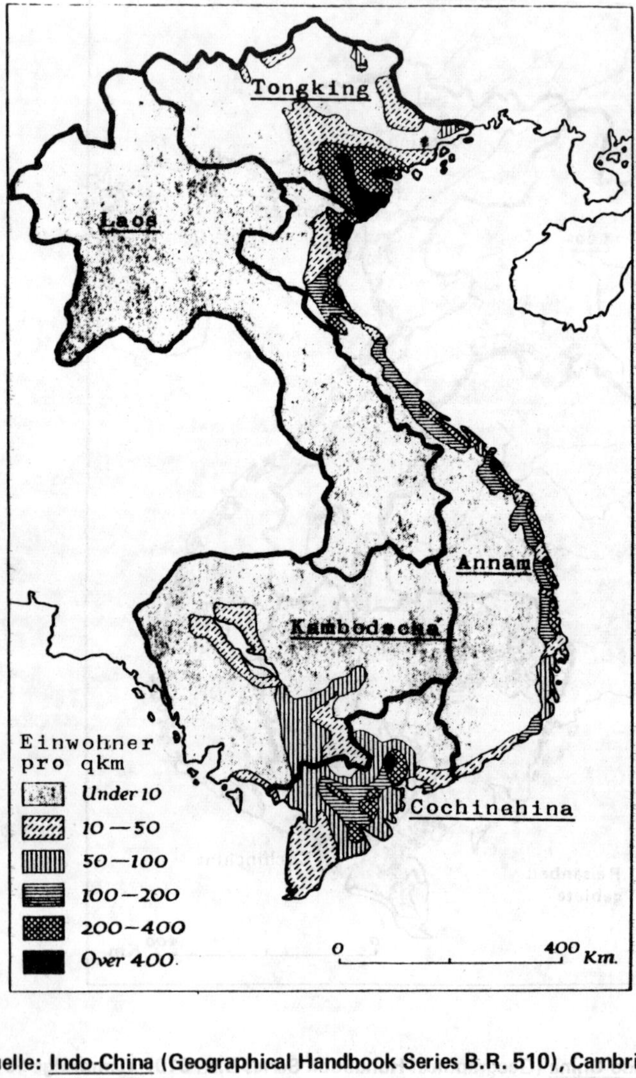

Quelle: Indo-China (Geographical Handbook Series B.R. 510), Cambridge 1943, S. 214.

Karte V: Vietnam auf dem Höhepunkt der Macht unter Kaiser Minh Mang (1834-1841): Kambodscha ist in Vietnam und Siam aufgegangen.

Quelle: Le Thanh Khoi, <u>3000 Jahre Vietnam</u>, München 1969.

Karte VI: Die territorialen Verluste Kambodschas

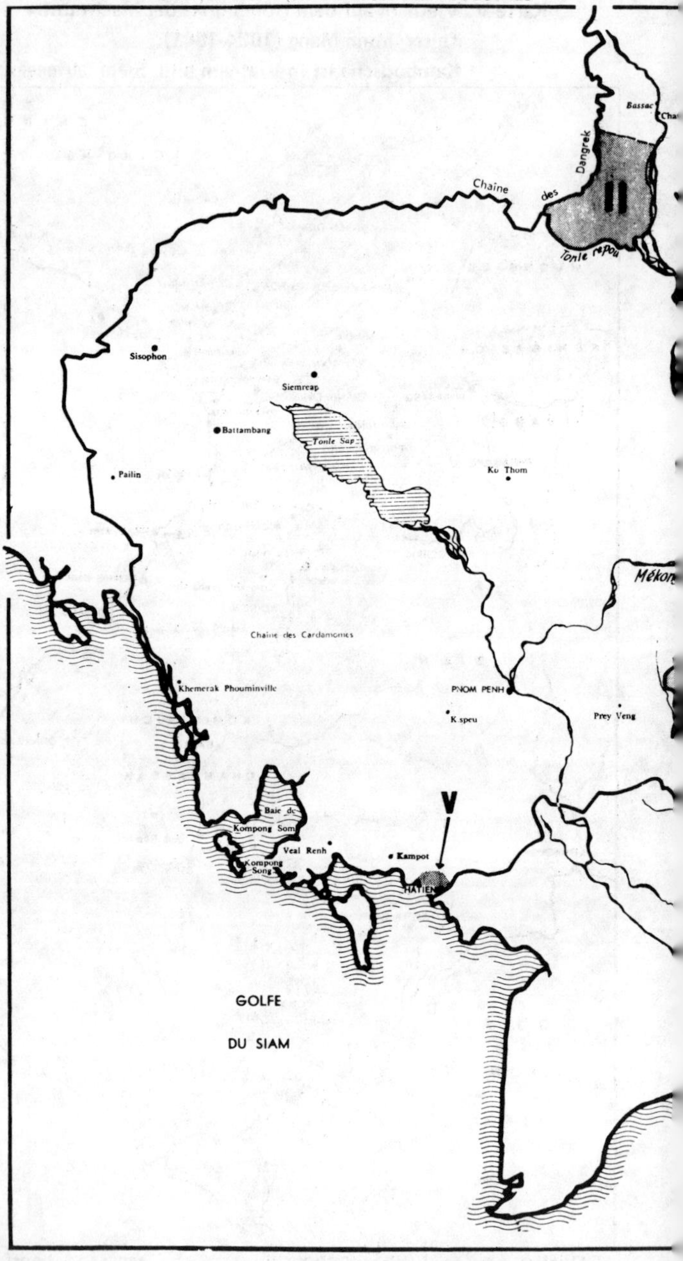

Quelle: Sarin Chhak, Les Frontières du Cambodge, Paris 1966, Kartenteil.

während der Kolonialzeit, 1869-1942

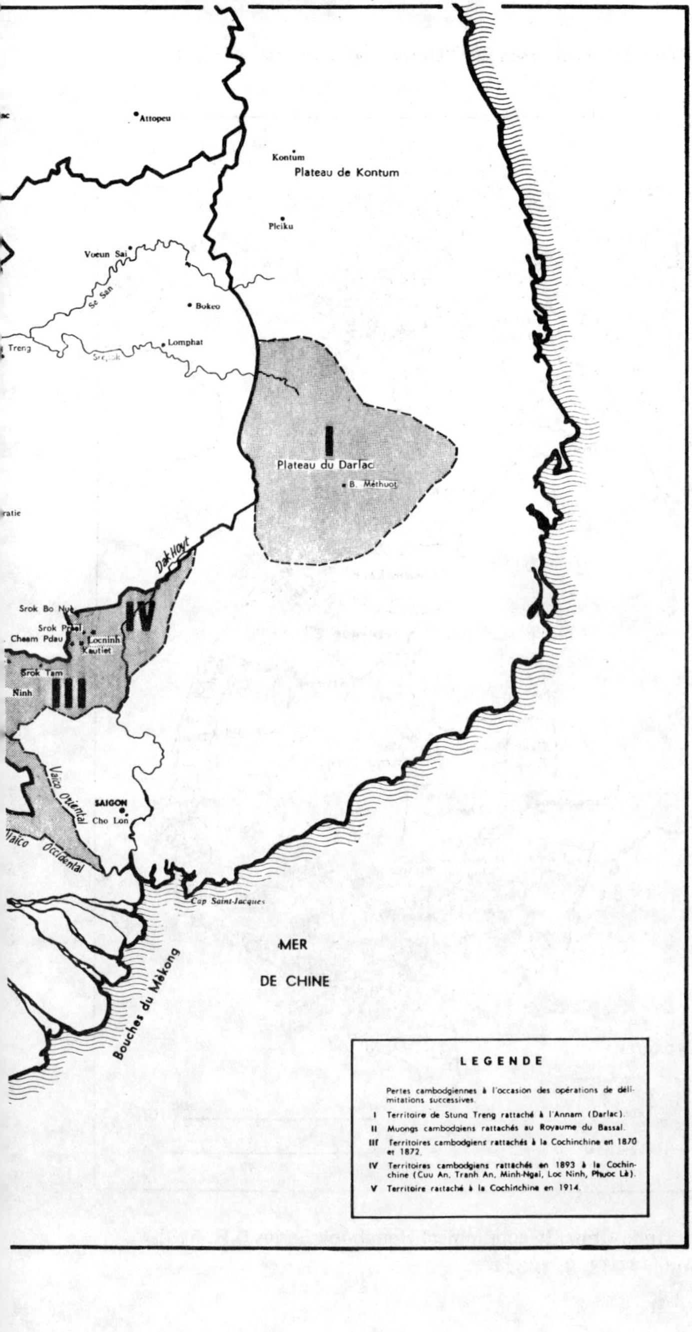

Karte VII: Die Provinzen der "Union Indochinoise" (1928)

Quelle: <u>Indo-China</u> (Geographical Handbook Series B.R. 510), Cambridge 1943, S. 196.

Karte VII a: Die kambodschanischen Inseln (Französ. Karte von 1930)

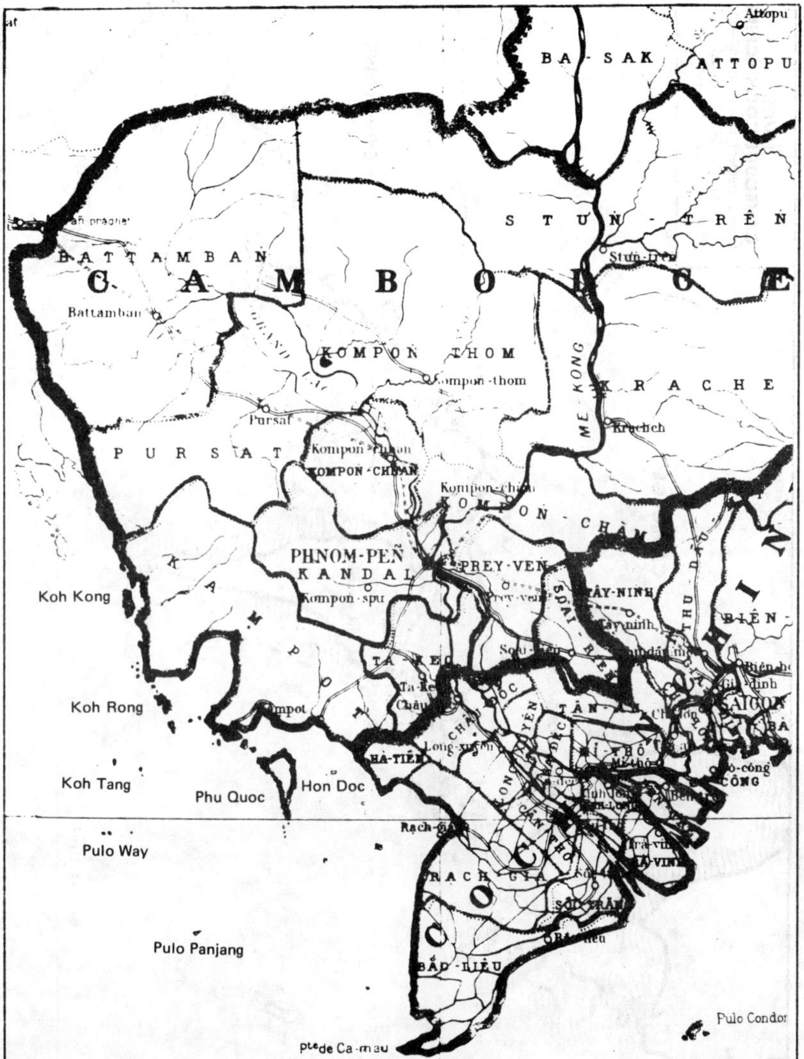

Quelle: G. Maspero, Un Empire colonial Français: L'Indochine, Bd. II, Paris/Brüssel 1930.

Karte VIII: Die Brevié-Linie (1939)

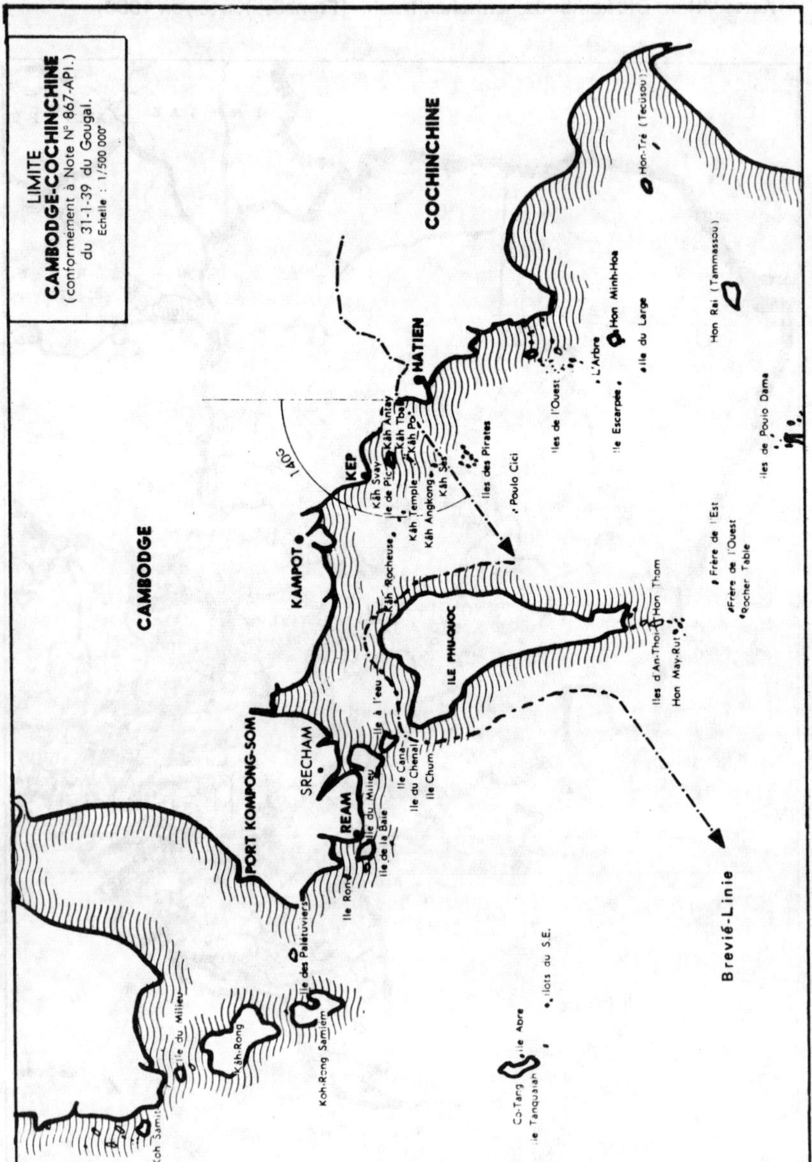

Quelle: Sarin Chhak, Les Frontières du Cambodge, Paris 1966.

Karte IX: Im Frühjahr 1976 veröffentlichte vietnamesische Karte mit einer von der Brevié-Linie abweichenden und zu Gunsten Vietnams gezogenen Seegrenze

Quelle: JPRS, Translations on Vietnam, Nr. 1804 ("Geographic Data on New Provinces"), Arlington 18.5.1976, S. 23.

Karte X: Maritime Gebietsansprüche des Demokratischen Kampuchea

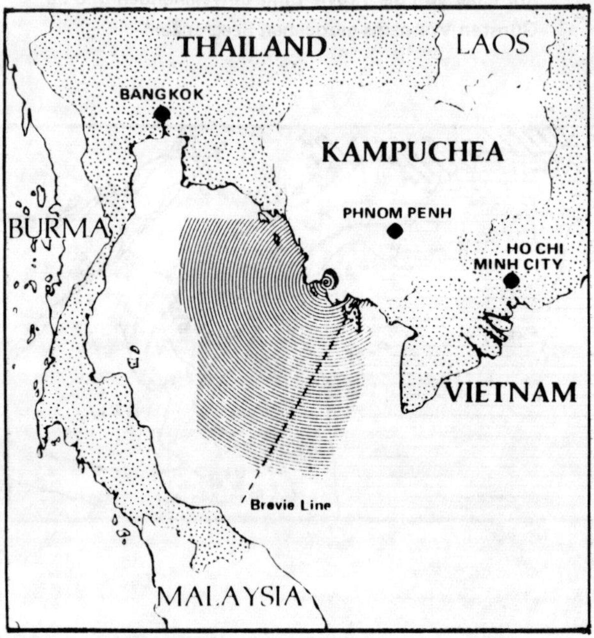

Quelle: Southeast Asia Chronicle, Nr. 64 (Sept.-Okt. 1978), S. 40.

Karte XI: Maritime Gebietsansprüche der Sozialistischen Republik Vietnam und Thailands

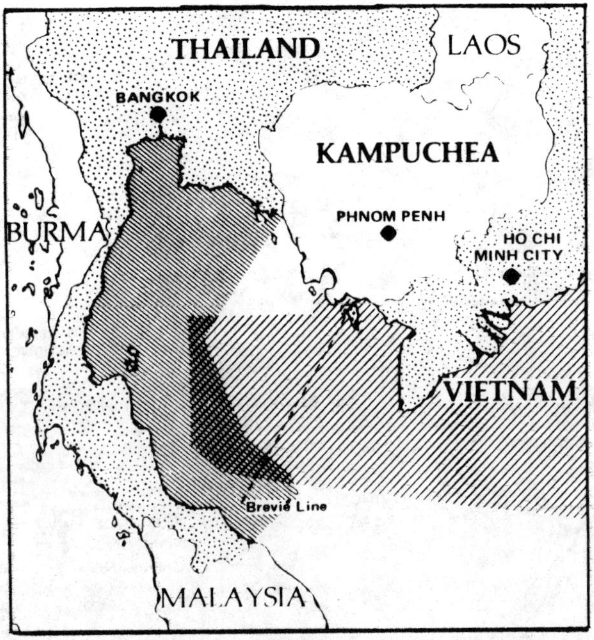

Quelle: <u>Southeast Asia Chronicle</u>, Nr. 64 (Sept.-Okt. 1978), S. 40.

Karte XII: Im Januar 1978 von Vietnam zeitweise besetzte

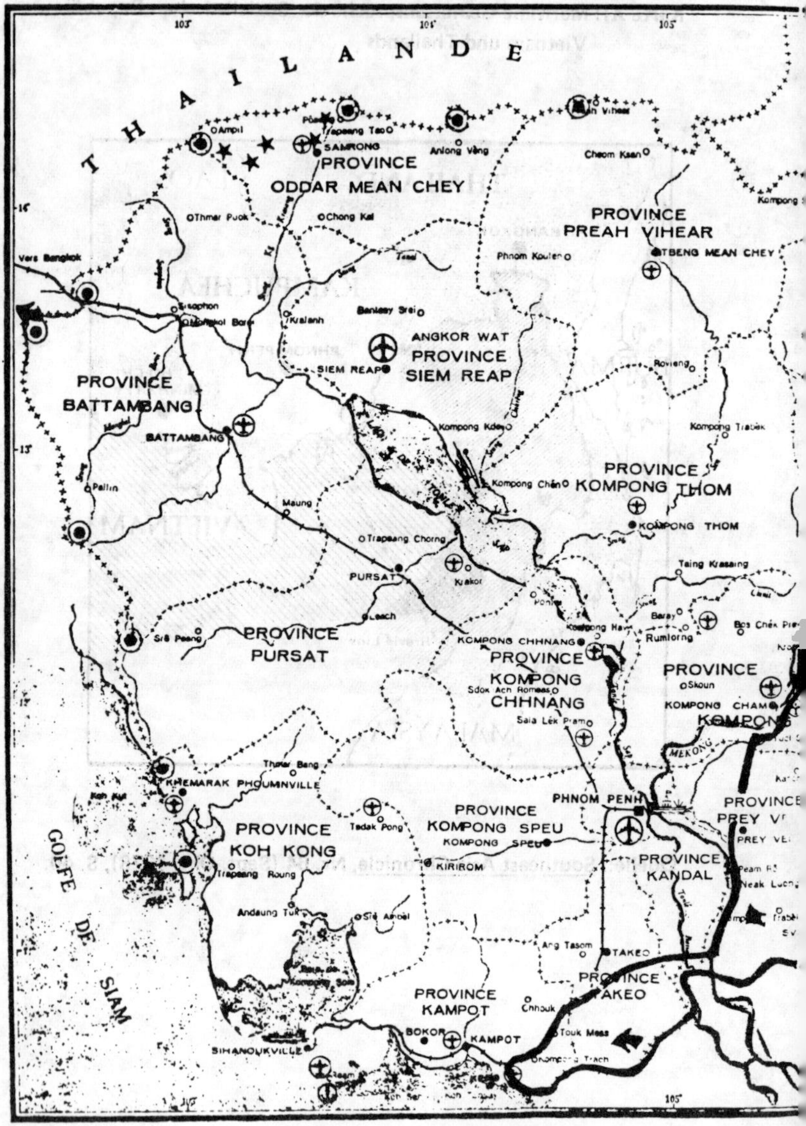

Quelle: Boun Sokha, Cambodge. La Massue de L'Angkar, Paris 1979.

kambodschanische Territorien

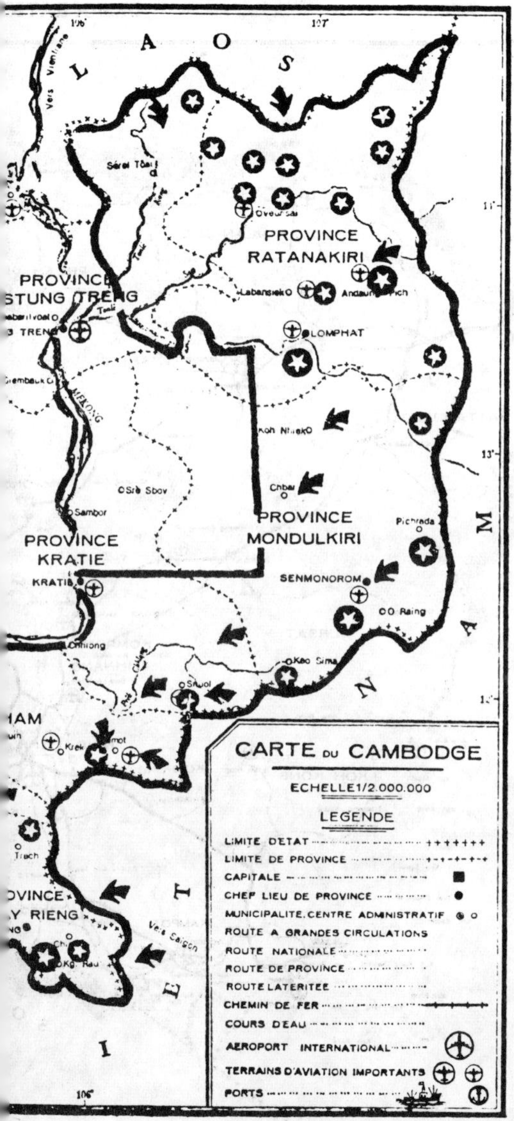

FRONTIÈRE EST ET SUD

▬ : Territoire convoité par le VN

≡ : Zones sous contrôle vietnamien appuyé par des maquis khmers fédéralistes

✪ : Colonies et implantation de troupes vietnamiennes

➔ : Grande offensive vietnamienne de septembre-décembre 1977

FRONTIÈRE OUEST ET NORD

◉ : Zones de contestation en voie de règlement

★ : Camps de regroupement et d'entraînement de Thaïs Rouges du F.L.T.

Quelle: "Kampuchea Démocratique en Marche", August 1977, S. 4.

Karte XIII: Im August 1977 vom Demokratischen Kampuchea veröffentlichte

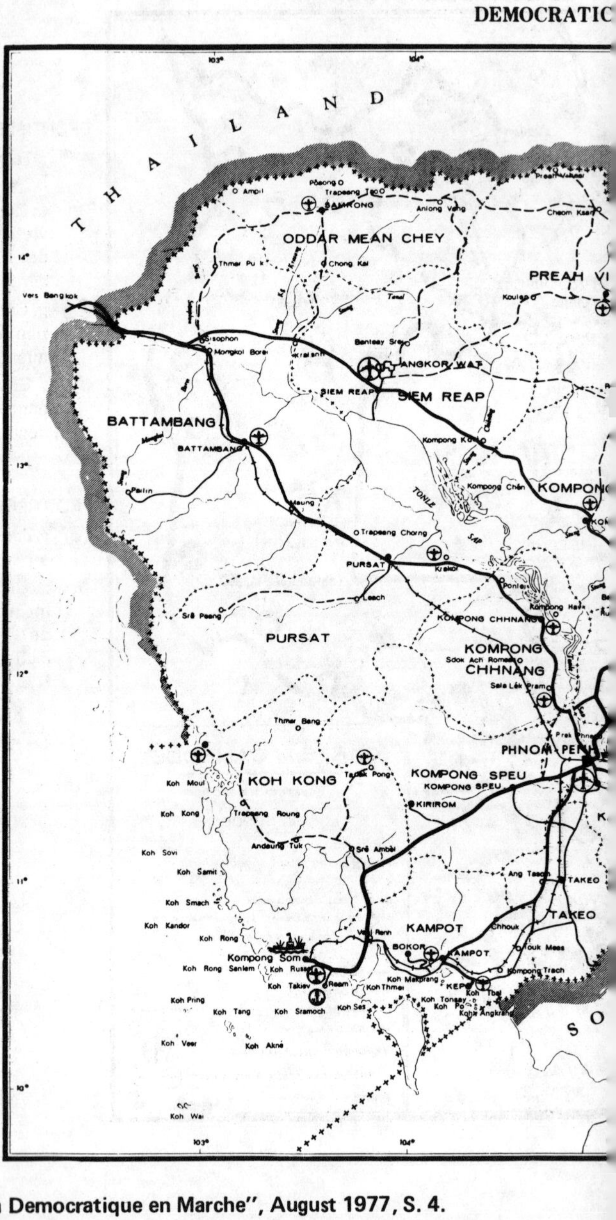

Quelle: "Kampuchea Democratique en Marche", August 1977, S. 4.

Karte Kambodschas mit der Brevié-Linie als Seegrenze

Karte XIV: 1979 von der Volksrepublik Kampuchea veröffentlichte Karte Kambodschas ohne Seegrenzen

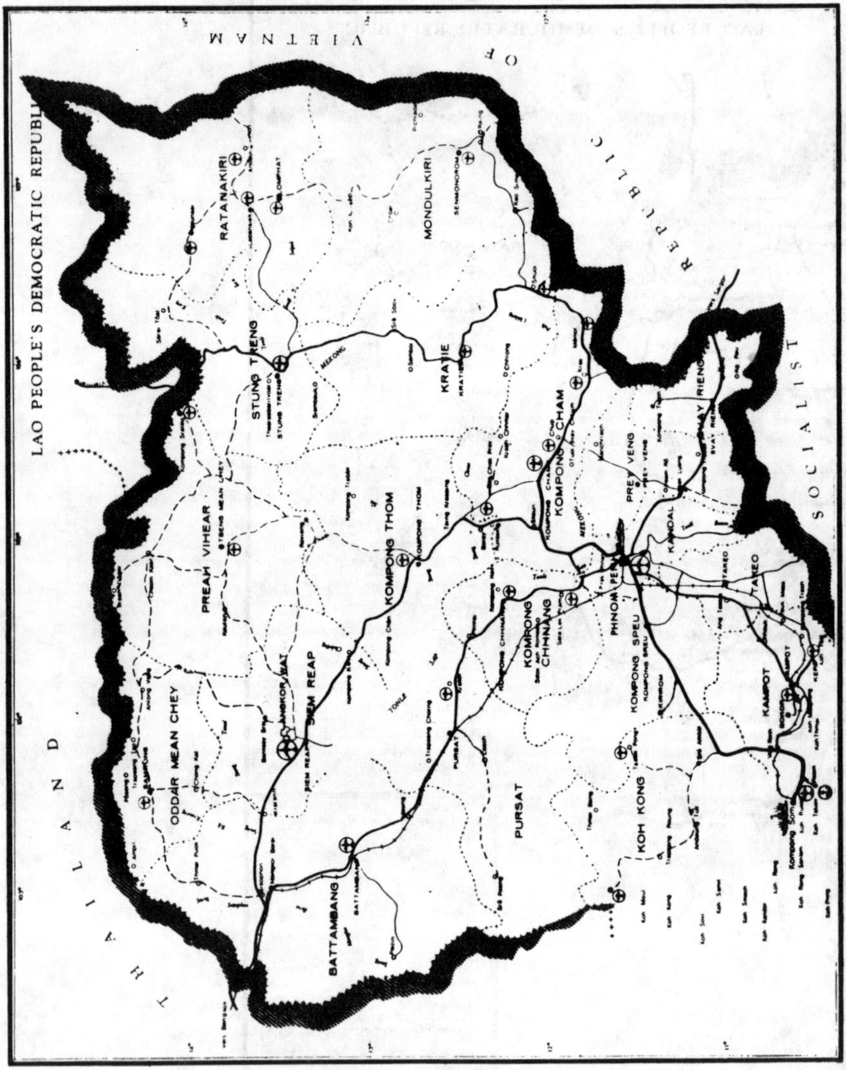

Quelle: **<u>République Populaire du Kampuchea</u>, o.O. (Phnom Penh?), o.J. (1979?).**

Karte XV: 1978 veröffentlichte vietnamesische Karte, die den sog. Papageienschnabel (kamb. Provinz Svay Rieng) nicht als kambodschanisches Territorium ausweist

Quelle: Dossier Kampuchea, Bd. I/II, Hanoi 1978.

Zur Entwicklung der vietnamesisch-laotischen Beziehungen

Nguyen Thanh Hung

Vietnam, Laos und Kambodscha, die drei Bestandteile des heutigen Indochina, bildeten bekanntlich bis zur Errichtung der französischen Kolonialherrschaft keine historisch gewachsene Gemeinschaft. Die Staatsvölker in den drei Ländern unterschieden sich nicht nur ethnisch und kulturell voneinander, sondern hatten bis dahin auch jeweils eine eigene nationale Entwicklung erfahren. Vietnam gehörte zum sinisierten Teil Ostasiens, während Laos und Kambodscha zu den hinduisierten Staaten Südostasiens zählten. Für die spätere Entwicklung gegenseitiger Beziehungen war von Bedeutung, daß bis zur Ankunft der Franzosen die Expansion des alten vietnamesischen Staates gerade seinen Höhepunkt erreicht hatte, und zwar auf Kosten des einst mächtigen Reichs der Khmer, das sich in einem Verfallprozeß befand, während Laos politisch in Fürstentümer segmentiert war (1). Vor diesem historischen Hintergrund wird verständlich, daß die politische Entwicklung in Indochina vor allem mit der Entfaltung des vietnamesischen Nationalismus eng zusammenhängt. Von Vietnam gingen Impulse aus, die die Geschichte der Entkolonialisierung in ganz Indochina bestimmten, wobei die vietnamesischen Kommunisten die entscheidende Rolle spielten. Das ursprünglich durch die Abgrenzung zur französischen Kolonialmacht bestimmte nationale Bewußtsein der vietnamesischen Kommunisten hat im Laufe des antikolonialistischen Kampfes jedoch eine Verselbständigung erfahren, namentlich in den Beziehungen zu den anderen Völkern Indochinas. Vietnam reproduziert die kolonialen Verhältnisse dadurch, daß es versucht, anstelle der ehemaligen Kolonialmacht Frankreich seine Herrschaft in Laos und Kambodscha geltend zu machen. Es ist diese historische Dialektik, die die gegenwärtige Beziehung zwischen Vietnam und anderen indochinesischen Staaten charakterisiert. Sie soll im folgenden durch die Darstellung der Beziehungen zwischen Vietnam und Laos illustriert werden.

1. Indochina und die kommunistische Bewegung (1930-1945)

Der Zusammenschluß von Vietnam, Laos und Kambodscha zu einer Union Indochina erfolgte zu Anfang dieses Jahrhunderts, und zwar als Ergebnis eines langen Kolonialisierungsprozesses, den die Franzosen in der zweiten Hälfte des letzten Jahrhunderts in diesem Teil Asiens in Gang gebracht hatten (2). Indochina war zunächst ein künstliches Gebilde, mit dem sich sowohl die Vietnamesen als auch die Laoten und Kambodschaner kaum identifizieren konnten. Dies äußerte sich besonders darin, daß sich fast alle bedeutenden Widerstandsbewegungen in den drei Ländern während der Kolonialperiode nicht an Indochina, sondern an den jeweiligen nationalen Belangen orientierten. Es war in der Tat eine Ironie der Geschichte, daß gerade die kommunistische Bewegung, also die hartnäckigste Gegnerin des Kolonialismus, innerhalb dieses Rahmens die einzige war, die sich mit dem von ihrem Erzfeind künstlich geschaffenen Gebilde Indochina vollkommen identifizierte. Dies fand einen besonderen Ausdruck in der Gründung der Kommunistischen Partei Indochinas im Jahr 1930.

Im Gründungsprogramm wurde die Notwendigkeit einer indochinesischen Orientierung der Partei u.a. damit begründet, daß die Völker Vietnams, Laos' und Kambodschas gleichermaßen von den Franzosen unterdrückt und ausgebeutet würden, so daß sie notwendigerweise gemeinsam für die Befreiung kämpfen müßten. Diese indochinesische Orientierung stellte sich bei der Gründung der Partei insofern als ein Problem dar, als die kommunistische Partei Indochinas im Grunde genommen ein Zusammenschluß von drei bereits vorher existierenden kommunistischen Parteien war, nämlich derjenigen von Nordvietnam (Tongking), Zentralvietnam (Annam) und Südvietnam (Cochinchina) (3). Zu diesem Zeitpunkt war von einer kommunistischen Bewegung weder in Laos noch in Kambodscha die Rede. Es handelte sich dabei also um eine rein vietnamesische politische Organisation. Diese Tatsache wurde offensichtlich auch bei der Gründung reflektiert, aber man entschied sich schließlich für die Indochina-Option. So heißt es im Gründungsprogramm:

"Wenn wir unsere Partei die 'Kommunistische Partei Vietnams' nennen würden, würden Laos und Kambodscha nicht mit einbezogen. Und es ist nicht richtig, daß wir die Proletarier dieser beiden Länder von unserer Partei ausschließen, denn die Proletarier

Vietnams, Laos' und Kambodschas stehen - so sehr sich ihre Sprachen, Sitten und Rassen voneinander auch unterscheiden mögen - politisch und wirtschaftlich in einer engen Bindung." (4)

Was aber die Zukunft anbetrifft, so wurde angekündigt, daß nach der Befreiung eine Arbeiter- und Bauernregierung zu errichten sei (5), wobei nicht deutlich zu erkennen war, ob es sich um eine gesamt-indochinesische Regierung oder jeweils um nationale Regierungen handeln sollte.

In den Jahren unmittelbar nach der Gründung ging es der Kommunistischen Partei darum, Parteibasen in Laos und Kambodscha aufzubauen. Wie aus den später veröffentlichten Parteidokumenten hervorgeht, hatte dieser Versuch nur wenig Erfolg. So ist einem Bericht des Jahres 1935 zu entnehmen, daß es gerade gelungen sei, ein Parteibüro in Laos zu installieren (6). In einem Dokument aus dem Jahr 1937 heißt es wiederum, daß die alte Parteibasis in Laos wiederhergestellt werden müßte (7). 1938 wurde in einer Sitzung jedoch bemängelt, daß die Partei noch keine Basis in Laos besäße (8). Das Parteibüro in Zentralvietnam wurde daraufhin angewiesen, die Parteibasis in Laos aufzubauen (9). Acht Jahre nach der Gründung konnte die Kommunistische Partei Indochinas offensichtlich noch keinen Fuß in Laos fassen und blieb weiterhin vietnamesisch. Dies änderte jedoch nicht ihre indochinesische Orientierung. Diesbezüglich ist der Beschluß des Zentralkomitees der Partei vom November 1939 sehr aufschlußreich. Darin wurde die Gründung einer Massenorganisation mit dem Namen "Vereinigte nationale anti- imperialistische Front Indochinas" als notwendig erachtet, und zwar um eine bürgerliche Revolution durchzuführen. Das Endziel dieser Revolution sei die Errichtung einer "Regierung der demokratischen republikanischen Union Indochinas" (10). Zum erstenmal nahm damit die kommunistische Vorstellung vom künftigen Indochina eine konkrete Gestalt. Diese Idee wurde ein Jahr später noch einmal im Beschluß des Zentralkomitees der Partei vom November 1940 mit dem Hinweis bekräftigt, daß, sobald die Gündung der Regierung der demokratischen republikanischen Union Indochinas erfolgt sei, die "vereinigte nationale anti-imperialistische Front Indochinas ihre Funktion erfüllt haben werde und daher aufzulösen sei (11).

Überraschend wurde diese Politik jedoch ein Jahr später verworfen. Es trat nun eine neue Phase ein, in der sich die vietnamesischen Kommunisten in erster Linie mit den eigenen nationalen Interessen identifizierten. Diesbezüglich stellte der Beschluß des Zentralkomitees der Partei von 1941 fest:

"Die Gründung einer demokratischen republikanischen Union Indochinas oder einzelner nationaler Staaten werden vom Willen der einzelnen Völker abhängen... Was jedoch das vietnamesische Volk, das stärkste und größte in Indochina anbetrifft, so wird es einen demokratischen Staat Vietnam im Geist der Neuen Demokratie gründen. Was die Beziehung zu Laos und Kambodscha anbelangt, so hat das vietnamesische Volk die Pflicht, die Völker von Laos und Kambodscha im Kampf für die Freiheit und Unabhängigkeit anzuleiten und zu unterstützen." (12)

In diesem Beschluß wurde also nicht nur das Eigeninteresse Vietnams in den Vordergrund gestellt, sondern seine künftige Rolle in Indochina auch deutlich definiert. Diese nationalistische Wende - und nicht etwa die Indochina-Option der kommunistischen Bewegung von 1930 - hatte später weitreichende Folgen für die Beziehungen zwischen den drei Ländern Indochinas im allgemeinen und zwischen Vietnam und Laos im besonderen.

Der Grund für diese neue Orientierung liegt offensichtlich darin, daß die Indochina-Option ursprünglich nicht auf eine Initiative der vietnamesischen Kommunisten zurückging, sondern auf Anweisungen der Kommunistischen Internationale unter der Mitwirkung der Französischen Kommunistischen Partei erfolgte. In einem Brief an die vietnamesischen Kommunisten vom 27.Oktober 1929 legte die Kommunistische Internationale den Vietnamesen nahe, daß sie eine kommunistische Partei mit dem geographischen Bezug Indochina gründen und vor allem systematisch eine enge Beziehung zum Zentralkomitee der Kommunistischen Partei Frankreichs aufbauen müßten, wenn sie Unterstützung seitens der weltkommunistischen Bewegung erhalten wollten (13). Die Indochina-Option geschah offenbar im Interesse der französischen Kommunisten. Von dieser Bevormundung konnten sich die Vietnamesen, die in erster Linie für die Befreiung des Landes von der Kolonialherrschaft kämpften, erst emanzipieren, nachdem sie in der Kommunistischen Partei Chinas einen neuen Verbündeten erblickt hatten. Es war die Revolutionsstrategie von Mao Zedong, die ihnen eine neue Perspektive im Kampf für die nationale Befreiung eröffnete. Die Vietnamesen beschlossen nun die Gründung einer separaten Massenorganisation, um den Befreiungskampf vor allem in Vietnam auszutragen. Dazu betont der Beschluß des Zentralkomitees vom Mai 1941:

"Die Taktik unserer Partei besteht jetzt darin, Maßnahmen zu ergreifen, die das im Volk ungebrochene nationale Bewußtsein, insbesondere bei den Vietnamesen, wirksam erwecken können. Daher kann eine Massenorganisation unserer Partei nicht mehr wie bisher den Namen 'Vereinigte Nationale Antiimperialistische Front Indochinas' tragen, sondern sie muß umbenannt werden, und zwar dergestalt, daß sie dem Nationalcharakter Rechnung trägt. Wir werden sie daher 'Liga für die Unabhängigkeit Vietnams' (Viet nam doc lap dong minh), kurz, Viet Minh nennen." (14)

In bezug auf Laos und Kambodscha gab das Zentralkomitee die folgende Anweisung:

"Unsere Partei und der Viet Minh müssen mit aller Kraft daran arbeiten, eine Liga für die Unabhängigkeit Laos bzw. Kambodschas zu organisieren, damit wir später eine Liga für die Unabhängigkeit Indochinas gründen können." (15)

Von 1941 bis zum Ende des zweiten Weltkrieges konzentrierten sich die Aktivitäten der Kommunistischen Partei Indochinas jedoch nur darauf, mittels der Massenorganisation Viet Minh einen bewaffneten Kampf für die nationale Befreiung Vietnams aufzubauen. Die vorgesehene Gründung der Ligen für die Unabhängigkeit von Laos, Kambodscha und Indochina kam nicht zustande.

2. Der Viet Minh und der Pathet Lao

Die Situation, die unmittelbar nach dem Ende des zweiten Weltkrieges in Indochina entstand, bot den Unabhängigkeitsbewegungen eine außerordentlich günstige Gelegenheit, die Macht zu ergreifen. Die Japaner, die inzwischen zu den neuen Herrschern Indochinas avanciert waren, kapitulierten, und die Franzosen, die alten Herrscher Indochinas, waren noch nicht imstande, ihre Macht wieder zu etablieren. Diese Machtvakuum ermöglichte dem Viet Minh, am 19.August 1945 einen Volksaufstand im ganzen Land zu entfesseln und am 2.September 1945 in Hanoi die Demokratische Republik Vietnam auszurufen (16). Ein wenig später, am

12.Oktober 1945, wurde in Vientiane auch die Unabhängigkeit von Laos proklamiert und eine Unabhängigkeitsbewegung unter dem Namen Lao Issara (Freies Laos) gegründet (17). Während die Ereignisse in Vietnam eindeutig von den Kommunisten bestimmt wurden, liegen bezüglich der Vorgänge in Laos unterschiedliche Interpretationen vor. Einer nicht-kommunistischen Version zufolge war Lao Issara eine politische Bewegung, die hauptsächlich von laotischen Nationalisten geführt wurde (18). In der offiziellen kommunistischen Darstellung heißt es dagegen, daß diese laotische Unabhängigkeitsbewegung unter der unmittelbaren Führung der Kommunistischen Partei Indochinas stünde (19). Auf jeden Fall ist festzustellen, daß deutliche Unterschiede zwischen dem Viet Minh und dem Lao Issara bestanden. Als eine bewaffnete Kampfbewegung operierte der Viet Minh bereits seit 1941 und besaß bis dahin ein festes Hinterland, während Lao Issara erst nach dem zweiten Weltkrieg ins Leben gerufen wurde und seine Aktion nur auf einige Städte beschränkte. Vor allem wurde Viet Minh von einer neuen revolutionären Elite beherrscht, die Führung von Lao Issara lag hingegen in der Hand von Politikern wie Prinz Phetsarath, Prinz Souvanna Phouma, Prinz Souphanouvong, die der traditionellen Elite angehörten (20).

Diese Unterschiede zeigten sich in der Reaktion beider Bewegungen auf die Rückkehr der alten Kolonialmacht Frankreich. Während der Viet Minh den Franzosen entschlossenen Widerstand leistete, der dann im Dezember 1946 den ersten Indochina-Krieg einleitete, flüchtete der größte Teil der Führung von Lao Issara nach Bangkok, um von dort aus in erster Linie einen Kompromiß mit den Franzosen zu suchen. Für die spätere Entwicklung der Beziehungen zwischen dem Viet Minh und Laos spielte in dieser Periode Prinz Souphanouvong eine entscheidende Rolle. Er gehörte zu den wenigen in der Führung von Lao Issara, die im Land blieben, um den Kampf gegen die Franzosen aufzunehmen. Für ihn wurde der Viet Minh ein nützlicher Verbündeter, um sein Ziel, die vollständige Unabhängigkeit von Laos, zu erreichen. Aus diesem Grund traf er in der Zeit zwischen 1945 und 1949 mehrmals mit Vertretern von Viet Minh, darunter auch mit Ho Chi Minh zusammen (21). Die Beziehung zwischen Prinz Souphanouvong und dem Viet Minh war freilich nicht einseitig. Seit der Gründung des Viet Minh im Jahr 1941 hatten die vietnamesischen Kommunisten die Idee nie aufgegeben, eine ähnliche Organisation in Laos zu installieren. In einem Dekret des Zentralkomitees der

Kommunistischen Partei Indochinas vom 25.11.1945 wurde diesbezüglich unterstrichen:

"Was Laos anbetrifft, so besteht die taktische Aufgabe darin, die Agitations- und Propagandaarbeiten in die ländlichen Gebiete hinauszutragen mit dem Ziel, eine Massenorganisation zur Verstärkung der vietnamesisch-laotischen Front zu gründen." (22)

In diesem Konzept stellte Souphanouvong mit seiner Autorität und seiner sozialen Herkunft eine ideale Integrationsfigur dar. Er wurde daher von den Vietnamesen systematisch zur Führungsrolle der laotischen revolutionären Bewegung aufgebaut.

Im Februar 1949 bahnte sich eine Kompromißlösung zwischen den Vertretern von Laos Issara in Bangkok und den Franzosen an. Daraufhin gründete Souphanouvong eine separate Issara-Armee und brachen schließlich die Beziehungen mit den Lao Issara-Führern in Bangkok ab. Im Juli 1949 wurde die Autonomie von Laos innerhalb des Rahmens der Französischen Union anerkannt. Die Führung von Lao Issara erklärte in Bangkok die Auflösung ihrer Organisation, und ein großer Teil von ihnen, darunter Prinz Souvanna Phouma, kehrte nach Vientiane zurück (23). Souphanouvong wurde isoliert und unterhielt noch engere Beziehungen zu Viet Minh.

Mit Hilfe der Vietnamesen wurde im August 1950 in Vietnam ein nationaler Kongreß des laotischen Widerstands veranstaltet, in dem eine neue Widerstandsbewegung unter dem Namen Neo Lao Issara (Front für ein freies Laos) und eine Koalitionsregierung des laotischen Widerstands gebildet wurde. In der Erklärung dieses Kongresses wurden u.a. die Gründung eines unabhängigen, vereinigten Pathet Lao, die Gründung einer nationalen Armee des Pathet Lao und die Vereinigung mit den Völkern Vietnams und Kambodschas erwähnt. Erstmalig wurde hier der Name Pathet Lao genannt, der in diesem Zusammenhang zunächst die von der laotischen Widerstandsbewegung kontrollierten Gebiete bezeichnet. Er wird in der darauffolgenden Zeit für die revolutionäre Bewegung in Laos und vor allem für ihre Streitkräfte gebraucht (24).

Mit dem Pathet Lao gelang erstmalig der Versuch der Kommunistischen Partei Indochinas, eine revolutionäre Massenorganisation in Laos zu etablieren. In diesem Zusammenhang ist interessant festzustellen, daß sich die Führung von Pathet Lao neben Prinz

Souphanouvong vor allem aus Mitgliedern einer neuen revolutionären Elite in Laos zusammensetzte. Dazu gehören Kaysone Phoumvihan, Nouhak Phoumsavan, Phoumi Vongvichit, die gegenwärtig die Führungsspitze der Kommunistischen Partei Laos bilden (25). Zu jenem Zeitpunkt existierte jedoch noch keine kommunistische Partei in Laos, und es ist anzunehmen, daß sie damals bereits der Kommunistischen Partei Indochinas, d.h.einer vietnamesischen politischen Organisation, angehörten. Diesbezüglich ist aufschlußreich, daß die heutigen laotischen kommunistischen Führer ihre Herkunft mit der Kommunistischen Partei Indochinas identifizieren (26). Sie standen somit noch stärker unter dem Einfluß der Vietnamesen als Souphanouvong.

Im Februar 1951 hielt die Kommunistische Partei Indochinas ihren 2.Parteitag ab. Dort wurde die Umbenennung der Partei in die "Partei der Werktätigen Vietnams" (Dang lao dong Viet nam) beschlossen. In diesem Zusammenhang wurde zwar die Gründung einer ähnlichen laotischen oder kambodschanischen Parteiorganisation nicht erwähnt, aber die Idee eines Zusammenschlusses der drei Länder zu einer indochinesischen Union blieb aufrechterhalten. Im Beschluß des Parteitages heißt es:

"In gegenseitigem Interesse wünscht das vietnamesische Volk während des Widerstandskampfes und nach dem Widerstandskampf langfristig mit den Völkern von Laos und Kambodscha zusammenzuarbeiten mit dem Ziel, eine unabhängige, freie, starke und blühende Föderation der Staaten Vietnam, Laos und Kambodscha zu gründen, wenn die drei Völker dies wünschen." (27)

Unmittelbar nach dem Parteitag fand eine Zusammenkunft zwischen Vertretern der Widerstandsbewegungen von Vietnam, Laos und Kambodscha statt, in der ein vietnamesisch-laotisch- kambodschanisches Bündnis ins Leben gerufen wurde. Kraft dieses Bündnisses konnte Vietnam von nun an seine militärische Operation in Laos verstärken (28).

Mit Hilfe der sogenannten vietnamesischen Freiwilligentruppen gelang es dem Pathet Lao, beträchtliche territoriale Gewinne zu erzielen. Dieses militärische Engagement Viet Minhs wurde von der Regierung in Vientiane und von Frankreich als eine Invasion der vietnamesischen Armee in Laos verurteilt, was jedoch von Vietnam erfolgreich zurückgewiesen wurde. Bis heute gibt es diesbezüglich auch noch keine offizielle Stellungnahme von vietnamesischer Seite. Es ist daher interessant, daß sich Kaysone Phoumvihan, der derzeitige Generalsekretär der Kommunistischen Partei Laos, heute freimütig dazu bekennt. So schreibt er:

"Im Frühjahr 1953 eröffnete die laotische Befreiungsarmee mit Hilfe der Verbände der vietnamesischen Freiwilligen eine große Front im Norden von Laos und befreite die Provinz Sam Neua, den größten Teil der Provinzen Phong Saly, Luang Phabang, Xieng Khouang. Ende 1953 eröffneten sie die Front in Mittel- und Südlaos, wobei der größte Teil der feindlichen Truppen in der Provinz Khamouane vernichtet und die Provinz Attopeu befreit wurde. Im Frühjahr 1944 eröffneten sie die nordöstliche Front und befreiten die Provinz Phing Saly." (29)

Ein großer Teil der aufgezählten Gebiete wurde später im Genfer Abkommen dem Pathet Lao zugesprochen. Ohne die massive Hilfe von Vietnam wäre ihm nicht möglich gewesen, eine eigene territoriale Basis im eigenen Land zu besitzen. So wurde Vietnam zu einer unentbehrlichen Schutzmacht von Pathet Lao. Diese Rolle nahm Vietnam auch in der Genfer Indochina- Konferenz wahr, als der vietnamesische General Ta Quang Buu am 21.Juli 1954 im Namen von Pathet Lao das Genfer Abkommen über den Waffenstillstand in Indochina unterzeichnete (30). Mit der Kontrolle über den Pathet Lao verfügte Vietnam über ein wirksames Mittel, seinen Einfluß in Laos gelten zu lassen.

3. Hanoi und die Neutralität von Laos (1954-1975)

Das Genfer Abkommen von 1954 ermöglichte dem Viet Minh und dem Pathet Lao, ihre Herrschaft auf gesicherten Territorien einzurichten. Während sich der Viet Minh in ganz Nordvietnam etablieren konnte, übte der Pathet Lao seine Kontrolle nur in den beiden nordöstlichen, unmittelbar sich an Nordvietnam anschließenden Provinzen Phong Saly und Sam Neua aus. Wie bisher arbeiteten der Viet Minh und der Pathet Lao eng zusammen (31), doch bestand in ihrer Interessenlage ein wesentlicher Unterschied. Die Vietnamesen hatten nunmehr einen Staat zu regieren, während der Pathet Lao weiterhin eine revolutionäre Bewegung blieb, die im eigenen Land erst um politische Anerkennung kämpfen mußte. Den Vietnamesen ging es in erster Linie darum, ihre Herrschaft zu konsolidieren, wobei ein friedliches Verhältnis zum westlichen Nachbarstaat Laos für den Bestand Nordvietnams von großer Bedeutung war. Es galt für Hanoi daher, einen möglichen Konflikt in Laos zu vermeiden, und es zeigte großes Interesse an der Neutralitätspolitik von Prinz Souvanna Phouma, der damals die Regierung in Vientiane führte. Er wurde nach Vietnam eingeladen, und Hanoi veranstaltete bei seinem Besuch im Juli 1954 einen herzlichen Empfang. Vietnam unterstützte indes den Pathet Lao unvermindert weiter, jedoch nicht etwa, um einen revolutionären Umsturz in Laos herbeizuführen, sondern vor allem, um ein wirksames Druckmittel gegenüber der Vientianer Regierung zu haben. Von 1954 bis 1959 war die vietnamesische Laospolitik besonders darauf gerichtet, den Pathet Lao zu einem politischen Faktor in Laos aufzuwerten. Die Bemühungen von Souvanna Phouma, den Pathet Lao in das politische System Laos' zu integrieren, wurden daher von Hanoi unterstützt.

Nachdem sich die Kräfte des Pathet Lao gemäß dem Genfer Abkommen in die beiden Provinzen Phong Saly und Sam Neua zurückgezogen hatten, begannen sie dort nicht nur einen eigenen Verwaltungsapparat, sondern auch eine neue politische Organisation aufzubauen. Im Januar 1956 wurde die "Laotische Patriotische Front", Neo Lao Haksat, gegründet, um den Kampf des Pathet Lao auf der politischen Ebene auszutragen. Zum Führungsgremium gehörten wieder Männer, die bereits 1959 dem Neo Lao Issara vorstanden (32). Der Unterschied zwischen Neo Lao Haksat und Neo Lao Issara bestand jedoch darin, daß die neu entstandene Organisation jetzt unter der unmittelbaren Kontrolle der im Untergrund operierenden Kommunistischen Partei Laos stand. Sie wurde inzwischen (im März 1954) unter dem Namen Phak Pasason Lao (Volkspartei Laos) gegründet (33). Es handelte sich offensichtlich um einen Zusammenschluß der laotischen Mitglieder der ehemaligen Kommunistischen Partei Indochinas.

Im Frühjahr 1956 unternahm Prinz Souvanna Phouma den Versuch, entsprechend der Vereinbarung im Genfer Abkommen eine Koalitionsregierung der "Nationalen Gemeinschaft" aller Laoten zu bilden. In den darauffolgenden Verhandlungen kamen er und Prinz Souvanouvong als Vertreter von Neo Lao Haksat zu einer politischen Einigung, die die Beteiligung der Kommunisten an der Vientianer Regierung vorsah. Ende 1957 kam dann die Koalitionsregierung zwischen dem Pathet Lao und den Nationalisten zustande. Dadurch wurde Neo Lao Haksat zu einer legalen politischen Organisation. Diese politische Aufwertung des Pathet Lao kam der Hanoier Strategie entgegen, denn bis dahin wurde Pathet Lao von Vientiane bestenfalls als eine Marionette von Hanoi angesehen, und jede Aktivität von Pathet Lao konnte dementsprechend leicht als Einmischung Vietnams in die inneren Angelegenheiten von Laos ausgelegt werden, ein Vorwand, der einem massiven militärischen Engagement der USA dienen konnte.

Während dessen war das wichtigste Problem der Hanoier Führung nach 1954 die Wiedervereinigung des Landes. Das Genfer Abkommen sah zwar vor, daß eine allgemeine Wahl für ganz Vietnam im Jahr 1956 stattfinden sollte, aber dieser Termin verstrich, ohne daß die damalige Regierung Südvietnams Interesse daran gezeigt hätte. Die Entwicklung im Süden deutete vielmehr auf eine Zementierung der Teilung des Landes hin. Auf der 15.Plenarsitzung des Zentralkomitees der Kommunistischen Partei Vietnams im April 1959 wurde daraufhin beschlossen, den "revolutionären Kampf" in Südvietnam zu aktivieren (34). Nordvietnam bereitete sich auf einen Krieg im Süden vor, und für diesen Krieg hatte Laos eine strategisch entscheidende Stellung. Hanoi brauchte nämlich das Territorium Laos als ein Aufmarschgebiet für die nordvietnamesische Armee und als Hinterland für den Kampf in Südvietnam. Um dieses Ziel zu erreichen, mußte einerseits die Neutralität von Laos aufrechterhalten bleiben, andererseits der Pathet Lao militärisch stärker unterstützt werden, um die vietnamesische Nachschublinie durch Laos, den sogenannten Ho-Chi-Minh-Pfad, zu sichern. Ungeachtet dessen, das der Pathet Lao nach dem Scheitern der Koalitionsregierung im Mai 1959 schwere Verluste zu erleiden hatte (35), bekundete die Hanoier Führung weiter die Bereitschaft, die freundschaftlichen Beziehungen zur Vientianer Regierung fortzusetzen. Auf dem 3.Parteitag der Kommunistischen Partei Vietnams im September 1960 verkündete der Parteisekretär Le Duan:

"Wir unterstützen den Kampf des laotischen Volkes für die Verwirklichung einer Politik des Friedens, der wahren Neutralität und der nationalen Versöhnung und wünschen, die freundschaftlichen Beziehungen zum Königreich Laos weiter auszubauen." (36)

Im Gegensatz zum 2.Parteitag neun Jahre zuvor wurde diesmal nicht von einer "Kampfsolidarität" zwischen beiden Völkern Vietnams und Laos' oder gar von einem vietnamesisch-laotischen Bündnis gesprochen. Hanoi schien die Idee einer kommunistischen Indochina-Föderation inzwischen aufgegeben zu haben. Während des gesamten zweiten Indochina-Kriegs unternahm Hanoi auch keinen Versuch, diese Idee zu beleben. Eine Ausnahme bildete die indochinesische Gipfelkonferenz im April 1970, auf der eine "vietnamesisch- laotisch-kambodschanische Allianz im Kampf gegen den US- Imperialismus" gegründet wurde, aber diese Allianz blieb nur rhetorisch. Das eigentliche Anliegen Hanois war zunächst die "Befreiung des Südens", und zur Strategie der Nordvietnamesen gehörte nach wie vor, jede Möglichkeit für eine amerikanische Intervention in Laos einzuschränken.

Im Juli 1962 unterzeichnete Hanoi in Genf die Erklärung der Neutralität von Laos, aber die nordvietnamesische Armee operierte weiterhin in Laos. Diese Doppelstrategie verfolgte Hanoi während des gesamten Indochina-Krieges konsequent, wodurch der Sieg der Nordvietnamesen im Mai 1975 überhaupt erst möglich wurde. Diese Doppelstrategie bedingte aber auch, daß Hanoi die Idee einer Indochina-Föderation vorerst verdrängen mußte.

4. Die "Sonderbeziehung" zwischen Vietnam und Laos seit 1975

Der zweite Indochina-Krieg endete mit der kommunistischen Machtübernahme in ganz Vietnam und in ganz Laos. Die Demokratische Volksrepublik Laos und die Sozialistische Republik Vietnam wurden am 2.Dezember 1975 bzw. am 6.Juli 1976 proklamiert. Beide Staaten teilen nunmehr eine gemeinsame Grenze von 1650 Kilometern und werden von Männern regiert, die fast 30 Jahre lang miteinander eng zusammengearbeitet haben. Über diese geographische und historische Verbundenheit hinaus bestehen noch persönliche Bindungen: Kaysone Phoumvihan, der mächtigste Mann in Laos, hat einen Vietnamesen zum Vater, ist also Halbvietnamese; Nouhak, Souphanouvong, Singkapo, die die Führungsspitze in Laos bilden, sind mit Vietnamesinnen verheiratet. Wie viele andere laotische kommunistische Führungsmitglieder hatten sie ihre entscheidenden politischen Lehrjahre in Vietnam verbracht. Es ist daher nicht erstaunlich, daß seit 1975 von einer "Sonderbeziehung" zwischen Vietnam und Laos gesprochen wird. Bereits am 12.10.1975 betonte Le Duan, Generalsekretär der Kommunistischen Partei Vietnams, in einem Schreiben an Kaysone, daß zwischen beiden Parteien und Völkern eine "Sonderbeziehung" bestünde, und es gelte, sie weiter gedeihen zu lassen (37). Kaysone betrachtete seinerseits den Aufbau der "Sonderbeziehung" zu Vietnam als das erstrangige außenpolitische Ziel von Laos (38).

Diese Freundschaftsbekundungen können freilich nicht darüber hinwegtäuschen, daß das außenpolitische Interesse Hanois und Vientianes unterschiedlich gelagert ist.

Vietnam, das nach der Wiedervereinigung eine Fläche von 332.556 Quadratkilometern und eine Einwohnerzahl von fast 53 Millionen hat, versteht sich als eine Großmacht Südostasiens, zumal es über die größte und stärkste Armee in der Region verfügt. Laos erstreckt sich zwar über eine Fläche von 236 800 Quadratkilometern, hat aber nur etwa 3,5 Millionen Einwohner. Als das einzige Binnenland Südostasiens kann Laos einen Zugang zum offenen Meer nur über Thailand oder Vietnam haben. Außer Vietnam hat Laos noch zwei mächtigere Staaten zum Nachbarn: Thailand, die traditionelle Schutzmacht von Laos, und China, das bisher wie Vietnam die laotische revolutionäre Bewegung kräftig unterstützt hat, seit 1978 jedoch im offenen Konflikt mit Vietnam steht. Es liegt daher im Interesse von Laos, ausgewogene Beziehungen zu all diesen Staaten zu unterhalten. Die "Sonderbeziehung" zu Vietnam, die es nunmehr anstrebt, erscheint unter dieser Konstellation als problematisch. Sie könnte sich nicht nur zu einem einseitigen Abhängigkeitsverhältnis zu Vietnam entwickeln, sondern Laos riskiert dabei auch einen Konflikt mit anderen Nachbarstaaten.

Bereits auf dem 4.Parteitag der Kommunistischen Partei Vietnams im Dezember 1976 hat Le Duan unmißverständlich dargelegt, was sich Vietnam vor allem unter einer "Sonderbeziehung" vorstellt. Er sagt dort:

"Mit unserer ganzen Kraft müssen wir uns für den Schutz und die Entwicklung der besonderen Beziehungen zwischen dem vietnamesischen Volk und den Völkern von Laos und Kampuchea, für die Stärkung der Kampfsolidarität, des Vertrauens, der langfristigen Zusammenarbeit und der gegenseitigen Hilfe auf allen Gebieten zwischen unserem Land und den Bruderländern Laos und Kampuchea auf der Grundlage des Prinzips der völligen Gleichberechtigung und der gegenseitigen Achtung der Unabhängigkeit, der Souveränität und der territorialen Integrität sowie der gegenseitigen Achtung der legitimen Interessen einsetzen, damit die drei Länder, die bereits im Kampf für die nationale Befreiung eng miteinander verbunden waren,sich beim Aufbau und bei der Verteidigung ihrer Länder im Interesse der Unabhängigkeit und des Gedeihens des jeweiligen Landes für immer eng miteinander verbinden." (39)

Laos, das einen Pufferstaat zwischen Vietnam und Thailand darstellt, wird also von Vietnam endgültig als fester Bestandteil seines Herrschaftsbereiches betrachtet.

Seit 1975 gibt es zwischen Vietnam und Laos zahlreiche Abkommen, die die Politik Hanois unterstreichen. So wurden im September 1976 mehrere Verträge zwischen beiden Ländern abgeschlossen, wonach Vietnam Laos Hilfen verschiedener Art gewährt. Von vietnamesischer Seite wurde beispielsweise die Entsendung von Experten in den Bereichen Wirtschaft und Kultur zur Ausbildung laotischer Fachleute und zum Bau wirtschaftlicher und kultureller Einrichtungen zugesagt. Ein Transitabkommen soll Laos die Benutzung des vietnamesischen Hafens Danang für Importe und Exporte ermöglichen. Eine gemeinsame Trassierung einer Eisenbahn von Laos bis zur Küste Vietnams wurde auch vereinbart (40).

Der wichtigste Vertrag zwischen Vietnam und Laos, der bisher unterzeichnet wurde, ist jedoch der auf 25 Jahre gültige sogenannte Freundschafts- und Zusammenarbeitsvertrag, der anläßlich eines Besuchs einer Partei- und Regierungsdelegation Vietnams unter der Leitung von Le Duan und Pham Van Dong im Juli 1977 zustande kam. Dabei ist besonders der Artikel 2 bemerkenswert. Er beinhaltet enge Zusammenarbeit zwischen beiden Ländern und gegenseitigen Beistand im Bereich der Sicherheit und Verteidigung (41). Nun ist seit dem Ende des Indochina-Krieges zu beobachten, daß Vietnam in Laos besonders im Militärsektor sehr aktiv ist. Es stationiert beispielsweise seine Truppen in Laos, obwohl sich Hanoi dazu, wie üblich, nie offiziell äußert. Das Kontingent der vietnamesischen Truppen in Laos wird auf etwa 50.000 geschätzt (42). Auf diese Anwesenheit der vietnamesischen Armee in Laos nimmt der genannte Artikel des Freundschafts- und Zusammenarbeitsvertrages zwar keinen Bezug, kann jedoch dazu dienen, sie zu legalisieren. Als Hinweis auf diesen Zusammenhang kann die Äußerung von Präsident Souphanouvong auf der Konferenz der blockfreien Staaten in Havanna im September 1979 angesehen werden. Er sagt dort:

"Die Anwesenheit der vietnamesischen Truppen in unserem Land ist aufgrund der gemeinsamen Aufgabe der Verteidigung der Unabhängigkeit und Sicherheit von Laos und Vietnam notwendig... Die Anwesenheit der vietnamesischen Truppen in Laos, die keine Bedrohung für irgendein Land darstellt und auf der Basis des Freundschafts- und Zusammenarbeitsvertrages zwischen den Regierungen beider Länder erfolgt, ist mit der Charta der UN und dem Geist der blockfreien Prinzipien, insbesondere dem Paragraphen 119 der Limaer Deklaration, vereinbar." (43)

Diese Äußerung von Souphanouvong ist hier deshalb interessant, weil hier zum erstenmal die Stationierung der vietnamesischen Truppen in Laos offiziell bestätigt wird. Sie weist aber auch auf den militärischen Charakter dieser Art von Verträgen.

Die Stationierung der vietnamesischen Truppen in Laos dient offensichtlich in erster Linie dazu, das Gebiet um den berühmten "Ho-Chi-Minh-Pfad" weiterhin unter vietnamesischer Kontrolle zu halten. Eine Hanoier Veröffentlichung enthüllt, daß dieser "Pfad" von einer Sonderabteilung der vietnamesischen Armee, die offiziell als Truong-son-Armee (Truong-son ist der vietnamesische Name für die sogenannte annamitische Kordillere) bezeichnet wird, 1959 angelegt und während des zweiten Indochina-Krieges zu einem Straßensystem von etwa 20.000 km ausgebaut wurde. Das Einzugsgebiet dieses Straßensystems soll eine Länge von 1000 km und eine Breite von 100 km haben (44). Der "Ho-Chi-Minh-Pfad" hatte nicht nur eine entscheidende Bedeutung für den Verlauf des Indochina- Krieges, sondern ist aus vietnamesischer Sicht auch für die Entwicklung Indochinas zukunftsträchtig. Aufschlußreich ist in diesem Zusammenhang die Eintragung des Generalsekretärs der Kommunistischen Partei Vietnams Le Duan in das Goldene Buch der Truong-son-Armee von 1973. Sie lautet: "Dies ist die Straße, die den Norden mit dem Süden verbindet und unser Land vereinigt. Es ist die Straße einer Zukunft voller Reichtümer unseres Vaterlandes. Es ist die Straße der Solidarität der Völker Indochinas." (45)

Die "Sonderbeziehung" zwischen Vietnam und Laos drückt sich jedoch nicht nur in der Aktivität der Vietnamesen in Laos im Militärsektor aus. Nach Berichten aus Vientiane sollen neben der Anwesenheit von 50.000 vietnamesischen Soldaten noch etwa 6000 vietnamesische Zivilkader als Experten und Berater in Laos tätig sein, darunter etwa 1000 Personen, die direkt in den Büros der Ministerien in Vientiane eingesetzt werden. Überdies soll es etwa 800 Angehörige des vietnamesischen Geheimdienstes geben, die in Laos operieren (46).

Die Einflußnahme Vietnams macht sich in Laos besonders auch auf der ideologischen Ebene stark bemerkbar. Kaysone unterstreicht beispielsweise, daß die Phase der sogenannten "nationalen demokratischen Revolution" in Laos abgeschlossen sei. Er wiederholt damit die Ansicht der Hanoier Ideologen, die sich auf die Verhältnisse in Südvietnam nach dem Krieg bezogen haben. Wie in Vietnam soll sich der Aufbau des Sozialismus in Laos auch in einem "integrierten Prozeß von drei Revolutionen" vollziehen, nämlich der Revolution der Produktionsverhältnisse, der wissenschaftlich-technischen Revolution und der kulturell-ideologischen Revolution, wobei wiederum wie in Vietnam die wissenschaftlich-technische Revolution eine Schlüsselstellung hätte. In der Analyse der Weltlage berufen sich die Laoten auch auf die Theorie der drei revolutionären Strömungen, die Hanoi von Moskau übernommen hat (47).

Die Identifizierung mit der Ideologie und Politik Vietnams bereitet den Laoten Probleme besonders im Verhältnis zu ihren Nachbarländern Kambodscha und China, zu denen Vientiane versucht hatte, normale Beziehungen zu unterhalten (48). Noch kurz vor dem Abbruch der Beziehungen zwischen Hanoi und Phnom Penh im Dezember 1977 besuchte Souphanouvong Kambodscha. Bei diesem Anlaß sprach man zwar von einer engen Freundschaft zwischen Laos und Kambodscha, aber eine "Sonderbeziehung" zu Vietnam wurde nicht erwähnt. Der Präsident von der Demokratischen Republik Kambodscha, Khieu Samphan, bezeichnete Vietnam sogar als "Expansionist", ohne daß Souphanouvong ihm widersprach (49). Aber dieser laotische Emanzipationsversuch stellte nur eine kleine Episode in den Beziehungen zwischen Vietnam und Laos seit 1975 dar. Kurz nach diesem Besuch mußte sich Laos erneut zum außenpolitischen Kurs Vietnams bekennen. Vientiane bezichtigte wenig später Phnom Penh der "Aggression" an Vietnam. Was das Verhältnis zu China anbelangt, so nahm Laos beim Ende des Indochina-Krieges eine neutrale Position im sino-sowjetischen Konflikt ein. Im März 1976 besuchte Kaysone Beijing, wobei ein Abkommen über wirtschaftliche und technische Zusammenarbeit unterzeichnet wurde. Die chinesische Hilfe an Laos bestand besonders in der Konstruktion und Durchführung eines großen Straßenbauvorhabens in den Nordprovinzen. Inzwischen reduzierte China sein Hilfsprogramm erheblich, nachdem es nach dem Ausbruch des vietnamesisch- chinesischen Konflikts deutlich geworden war, daß sich die Vientianer Führung die Position Vietnams zu eigen gemacht hatte. Vientiane und Beijing stehen gegenwärtig in einem Spannungsverhältnis (50).

Der allgegenwärtige Einfluß Vietnams und der strikt pro- vietnamesische Kurs haben nicht nur außenpolitische Folgen für Laos, sie sollen auch schon zu Auseinandersetzungen innerhalb der laotischen Führung geführt haben. In diesem Zusammenhang werden die Namen Prinz Souphanouvong und Außenminister Sipraseuth genannt, die sich gegen eine servile Haltung gegenüber Hanoi und für eine Verbesserung der Beziehungen zu China ausgesprochen hätten. Ein prominenter Gegner der pro- vietnamesischen Politik ist inzwischen bekannt geworden: Sisanan Saiganouvong, Chefredakteur des Parteiorgans Siang Pasason, flüchtete im Dezember 1979 nach China (51).

Insgesamt ist es Hanoi jedoch bisher gelungen, die Entwicklung in Laos fest unter seine Kontrolle zu bringen. Seitdem Hanoi in Kambodscha ein vietnamfreundliches Regime installieren konnte, wird seine Position in Laos noch mehr gefestigt. Seit etwa einem Jahr spricht Hanoi bezüglich seines Verhältnisses zu den beiden indochinesischen Staaten nicht nur von "Sonderbeziehung". Eine neue Sprachregelung ist inzwischen eingeführt worden: Jetzt ist häufiger von einem "Sonderbündnis" (lien minh dac biet) die Rede. So betont Le Duan in einer Rede im Februar 1980:

"Wie in den letzten 50 Jahren werden wir in Zukunft weiterhin unsere Politik der Solidarität mit Laos und Kampuchea aufrechterhalten und das Sonderbündnis der drei Brudervölker auf der Halbinsel Indochina ununterbrochen verstärken." (52)

Der Ausdruck "Sonderbündnis" wird gegenwärtig auch in den vietnamesischen Publikationen benutzt. Es drängt sich in diesem Zusammenhang die Frage auf, ob diese neue Sprachregelung bereits auf eine neue Indochina-Politik Vietnams hindeutet, die etwa auf die Gründung einer Indochina- Föderation abzielt. Hierzu lassen sich bisher noch keine konkreten Anhaltspunkte finden, aber gewisse Entwicklungen zeigen, daß sich die vietnamesische Indochina-Politik nicht in der bereits verwirklichten "Sonderbeziehung" erschöpft. Dazu gehört vor allem die in großem Maßstab betriebene Umsiedlungspolitik Hanois. Einer

Meldung zufolge sollen bisher etwa 100.000 vietnamesische Bauern in Laos angesiedelt worden sein, und zwar in den Grenzprovinzen Saravane, Attopeu, Khammoune und Sam Neua, wobei es sich insgesamt um eine Fläche von 3100 Quadratkilometern handeln soll (53). Diese Meldung ist zwar noch nicht bestätigt worden, aber eine derartige Umsiedlung entspricht durchaus den Vorstellungen der Hanoier Planungsstrategen. Aufschlußreich ist in diesem Zusammenhang ein in der theoretischen Zeitschrift der Kommunistischen Partei veröffentlichter Artikel von Che Viet Tan, Mitglied der Staatskommission für Planung. Darin heißt es, daß die landesweite Umverteilung der Arbeitskräfte eine der wichtigsten Aufgaben der nächsten Jahre sei. Dabei seien jedoch zwei Faktoren zu berücksichtigen: die Verbindung des Wirtschaftsaufbaus mit der Verteidigungsaufgabe und die kooperative Beziehung zu Laos und Kambodscha. Er schreibt:

"Gemäß der sicheren, strategischen Stellung, die Vietnam, Laos und Kampuchea miteinander verbindet, soll die Umorganisierung der Kampfzonen mit der Planung neuer Wirtschaftszonen, mit der Umverteilung der Arbeitskräfte und mit dem Aufbau der Lebensmittelproduktionszonen, der Industriegebiete und der Infrastruktur kombiniert werden. Die Umsiedlung von etwa 10 Millionen Menschen vom Delta des Roten Flusses, vom Tiefland Zentralvietnams in die Grenzgebiete, auf verschiedene Inseln, in das zentralvietnamesische Hochland, in die westlich der annamitischen Kordillereprovinzen liegenden Gebiete dient der Vergrößerung der Anbaufläche und dem Aufbau neuer Kampfzonen. Sie schafft dadurch ein sicheres Hinterland für den Fall, daß ein Krieg ausbricht." (54)

In diesen Ausführungen gewinnt man unwillkürlich den Eindruck, daß Laos und Kambodscha von den Hanoier Planungsstrategen als Einzugsgebiet der Vietnamesen betrachtet werden. In der zitierten Passage wird auch von Gebieten gesprochen, die westlich der annamitischen Kordillereprovinzen liegen. Sie verweisen eindeutig auf das Territorium Laos. Wird diese Umsiedlungspolitik einmal verwirklicht werden, so wird Hanoi einen soliden Grundstein für eine langfristige Herrschaft Vietnams in Indochina gelegt haben.

Anmerkungen

1) Hierzu Villiers, J., Südostasien vor der Kolonialzeit, Fischer Weltgeschichte, Bd.18, Frankfurt/Main 1965.
2) Le Than Khoi, 3000 Jahre Vietnam, München 1969, S.324 ff.
3) Pike, D., History of Vietnamese Communism, 1925-1976, Stanford/California, 1978, S.10 ff.
4) Lich su dang cong san Vietnam, tai lieu (Dokumente zur Geschichte der Kommunistischen Partei Vietnams, hinfort: LSDCSVN), Hanoi 1979, Bd.1, S.60.
5) Ibid., S.93.
6) Ibid., S.129.
7) Ibid., S.178.
8) Ibid., S.195.
9) Ibid.
10) Ibid., S.269.
11) Ibid., S.316.
12) Ibid., S.336.
13) Ibid., S.24.
14) Ibid., S.345.
15) Ibid.
16) Le Than Khoi, op.cit., S.427.
17) Dommen, A.J., Conflict in Laos, London 1964, S.21 ff.
18) Ibid.; vgl. Langer, P.F. und Zasloff, J.J., North Vietnam and the Pathet Lao, Cambridge (Mass.), 1970, S.26 f.
19) Kay-Son Phom-Vi-Han (Kaysone Phoumvihan), "30 nam dau tranh bat khuat, 30 nam thang loi ve vang" (30 Jahre unbeugsam kämpfen und glorreich siegen), in: Tap chi hoc tap, Nr.11/1975, S.34.
20) Über Vietnam s. Fall, B., Le Viet Minh, Paris 1960, S.20 ff.; über Laos s. Dommen, A.J., op.cit., S.21 ff.
21) Langer, P.F. und Zasloff, J.J., op.cit., S.28 ff.
22) LSDCSVN, op.cit., Bd.2, S.18.
23) Langer, P.F. und Zasloff, J.J., op.cit., S.38 ff.
24) Dommen, A.J., op.cit., S.70.
25) Zasloff, J.J. und Brown, MacAlister, Communist Indochina and U.S.Foreign Policy: Postwar Realities, Colorado, 1978, S.89 f.
26) Kay-Son Phom-Vi-Han, op.cit., S.34.
27) Vgl. Dommen, A.J., op.cit., S.71.
28) Burchett, W.C., Mekong Upstream, Berlin (Ost), 1959, S.289.
29) Kay-Son Phom-Vi-Han, op.cit., S.35.
30) Fall, B., Vietnam Witness, London 1966, S.123.

31) Langer, P.F. und Zasloff, J.J., op.cit., S.61 f.
32) Ibid.
33) Kay-Son Phom-Vi-Han, op.cit., S.36; vgl. dazu Langer P.F. und Zasloff, J.J., op.cit., S.93.
34) Kux, E. und Kun, J.C., Die Satelliten Pekings, Stuttgart, 1964, S.132.
35) Langer, P.F. und Zasloff, J.J., op.cit., S.66 f.
36) LSDCSVN, op.cit., Bd.3, S.228.
37) Nhan dan (Vietnamesisches Parteiorgan) vom 12.10.1975.
38) Dohmen, H., "Die politische und wirtschaftliche Entwicklung in Laos nach dem Ende des Vietnam-Krieges", in: Draghun, W. (Hrsg.), Politik und Wirtschaft in Südostasien nach dem Ende des Vietnam-Krieges, Hamburg, 1977, S.67 f.
39) Le Duan, "Politischer Bericht an den 4.Parteitag", in: Le Duan, Ausgewählte Reden und Schriften, Frankfurt/Main, 1977, S.334.
40) Nhan dan vom 1.9.1976.
41) Nhan dan vom 18.7.1977.
42) Far Eastern Economic Review vom 24.8.1979.
43) Radio Vientiane vom 21.9.1979 (FBIS vom 25.9.1979).
44) Nguyen Viet Phuong, "Bo doi Truong son va he thong duong Ho Chi Minh" (Die Truong-son-Armee und das Ho Chi Minh-Straßensystem), in: Nghien cuu lich su (Zeitschrift für Geschichtswissenschaft), März/April 1979, S.22 ff.
45) Ibid., S.22.
46) Far Eastern Economic Review vom 24.8.1979.
47) Kay-Son Phom-Vi-Han, op.cit.
48) So besuchte Kaysone Phoumvihan China (15.-24.März 1976) und Thailand (2.-4.April 1979); Souphanouvong besuchte Kambodscha (Dezember 1977).
49) Zasloff, J.J. und Brown, MacAlister, op.cit., S.117.
50) Hierzu Weggel, O., "Indochina", in: CHINA aktuell, Juli und August 1980.
51) Far Eastern Economic Review vom 14.2.1979.
52) Le Duan, "Duoi ngon co cua Dang dua dat nuoc lon len ngang tam caó cua thoi dai" (Unter dem Banner der Partei führen wir unser Land auf die Höhe der Epoche), in: Tap chi cong san, Nr.2, 1980, S.39.
53) Far Eastern Ecconomic Review vom 24.8.1979.
54) Che Viet Tan, "Phan bo lai luc luong san suat de xay dung va bao ve to quoc" (Umverteilung der Arbeitskräfte zum Aufbau und zur Verteidigung unseres Vaterlandes), in: Tap chi cong san, Nr.8, S.18 f.

Politik der VR China gegenüber Indochina unter besonderer Berücksichtigung des chinesisch-vietnamesischen Konflikts

Rüdiger Machetzki

I. Chronologie der vietnamesisch-chinesischen Konfrontation

Nach dem Ende des Zweiten Indochinakrieges 1975 hatte es den Anschein, als ob sich die politische Lage der Halbinselregion erstmals nach Jahrzehnten stabilisieren würde. Die entwicklungspolitischen Grundaussagen der vietnamesischen Führung deuteten auf einen Primat der inneren gesellschaftlichen Konsolidierung und des volkswirtschaftlichen Aufbaus hin. Auch die Situation in Laos gab scheinbar keinen ernsthaften Anlaß zu Befürchtungen der Art, wie sie durch die Ereignisse seit 1977 bestätigt wurden. Nur das Geschehen im "Demokratischen Kampuchea" gab trotz der bewußten Isolierung des Landes Anlaß zu verschärften Beobachtungen. Dennoch stand kaum zu erwarten, daß sich die steigenden Spannungen zwischen den neu etablierten Ordnungen der drei indochinesischen Staaten in einem nur mittelfristigen Zeitraum zu einer Konstellation entwickeln könnten, die in mehrerer Hinsicht an die geschichtlichen Darstellungen aus der Zeit vor dem "Jahrhundert des westlichen Zwischenspiels" erinnert.

Spätestens seit 1977 wurde zunehmend deutlicher, daß die vorgeblich enge Allianz zwischen der VR China und der neu geeinten Sozialistischen Republik Vietnam - einer der Ecksteine regionaler Prästabilität im östlichen Asien - den Belastungen widersprüchlicher politischer Interessen nicht gewachsen war und zunnehmend auseinanderbrach. Die bilateralen Beziehungen der beiden Mächte verschlechterten sich zusehends und kulminierten im "Selbstverteidigungsgegenangriff" der VR China vom Februar-

März 1979. Im Vor- und Nachfeld dieses mehrwöchigen Grenzkrieges lassen sich fünf größere Phasen konfliktpolitischer Lösungsversuche registrieren, die bis zum gegenwärtigen Zeitpunkt jedoch erfolglos blieben und ihrem Wesen nach in gegenseitige Beschuldigungs- und Propagandarituale abglitten.

Die Ursachen dieser Auseinandersetzung liegen nach Ansicht der meisten Indochinabeobachter in einer weiter entfernten historischen Vergangenheit. Zumindest wurzeln sie jedoch in der längeren Gegenwartsgeschichte. Bereits 1975-76 waren klare Anzeichen zu erkennen, daß die vietnamesische Politik darum bemüht war, ihr regionales Sicherheitskonzept einer "besonderen Beziehung" zwischen den drei indochinesischen Staaten und Parteien auf der Grundlage historisch unterbrochener Entwicklungen einer gesamtindochinesischen Einheit fortzusetzen. Insbesondere in Laos begann sich das "besondere" Verhältnis in Form von Grenzprovinzverträgen, vietnamesischen Beratern des "sozialistischen Aufbaus" und Kooperationsprojekten allmählich zu materialisieren. Darüber hinaus ließ sich eine zunehmende Präsenz vietnamesischer Streitkräfte feststellen, deren genaue Größenordnung jedoch bis heute im Bereich des Spekulativen verblieben ist. Die heutige "Integration" des laotischen Staatswesens in das Netzwerk der "besonderen Beziehungen" beweist, daß sich die Lao People's Revolutionary Party der vietnamesischen Kontrolle über die zukünftige Entwicklung des Landes nahezu stillschweigend unterworfen hat. Im Gegensatz dazu war die radikale Angkar-Führung des Demokratischen Kampuchea nicht bereit, sich dem wachsenden vietnamesischen Vormachtdruck zu beugen. Weder ausgedehnte Verhandlungen noch interne Umsturzversuche, noch begrenzte vietnamesische Militäraktionen konnten zu einem Abbau des Konfrontationsklimas beitragen. Statt dessen verfolgte der innere Führungskern der Angkar/KPK eine Politik der bündnisähnlichen Annäherung an und Unterstützung durch die VR China. Sie stand damit in der Tradition einer historischen kambodschanischen Überlebensanschauung.

Mitte 1977 hatten sich die vietnamesischen Bemühungen um eine nichtmilitärische Einordnung Kambodschas in ein vietnamzentriertes Regionalsystem offensichtlich festgelaufen. Die staats- und parteipolitischen Spitzenbesuche vietnamesischer Führer in China (Pham Van Dong Juni 1977, General Giap Juni 1977, Le Duan November 1977) müssen u.a. auch in diesem Zusammenhang gesehen werden. Sie waren nicht ausschließlich darauf ausgerichtet, chinesische Bedenken vor einer wachsenden vietnamesisch-sowjetischen Annäherung zu überwinden. Die Folge der aufeinander abgestimmten Besuche 1977 kann als die erste große Verhandlungsphase im Rahmen der divergierenden chinesisch-vietnamesischen Indochina-Konzeptionen gesehen werden. Sie endete in einem mehr oder weniger offenen Zustand der Kontroverse und war mit Sicherheit der Ausgangspunkt der beschleunigten Politik einer Quasi-Allianz zwischen Vietnam und der Sowjetunion (Vertrag für Freundschaft und Zusammenarbeit, COMECON-Beitritt). Die zweite große Verhandlungsphase läßt sich auf die Monate Oktober 1977 bis März 1978 eingrenzen. Sie fand auf der Ebene der Grenzprovinzen statt (Yunnan, Guangxi und vietnamesische Generalkonsulate Kunming, Nanning). Das Ergebnis dieser Verhandlungen war eine Vereinbarung über Grenzkontrollverfahren, die niemals zur Praxis heranreifte (1).

Zur gleichen Zeit (Oktober 1977 - Juli 1978) zeichnete sich eine dritte Verhandlungsphase auf der zwischenstaatlichen Ministerialebene (stellvertretende Ministerdelegationen) ab. Verhandlungsgegenstand dieser Phase war vordringlich die Lösung problematischer bilateraler Fragen, die sich durch die Spitzengespräche vom Juni 1977 nicht nur nicht gelöst hatten, sondern verschärft worden waren. Das Memorandum dieser Gespräche zwischen Pham Van Dong und Li Xiannian - von chinesischer Seite im März 1978 veröffentlicht (2) - weist deutlich sieben Aspekte der "Nichtübereinstimmung" auf:

1. Frage der Demarkierung der gemeinsamen Landgrenze und die Festlegung der umstrittenen Grenzziehung auf der Grundlage der Chinesisch-Französischen Konventionen von 1887 und 1895 sowie dem Briefaustausch zwischen den Zentralkomitees beider Kommunistischer Parteien zu dieser Frage 1957-58.
2. Disput hinsichtlich der Grenzregelung am "Freundschaftspaß" zwischen beiden Staaten, insbesondere hinsichtlich der Eisenbahnverbindung.
3. Frage der entgegengesetzten Ansprüche beider Staaten auf die Inselgruppen im Südchinesischen Meer - Spratlys (Nansha/Truong Sa) und Paracel (Xisha/Moang Sa).
4. Frage der Demarkierung der Zonen des exklusiven Ressourcenregimes außerhalb der Territorialgewässer im Golf von Tongking (Beibu/Bac Bo). Vietnam sieht diese Frage als entschieden an. Sie ist seiner Ansicht nach durch die Chinesisch-Französische Konvention von 1887 geregelt (108.Längengrad). Chinas Anspruch

stützt sich auf eine Einschränkung der Konventionsregelung auf den Territorialgewässerbereich (12 Meilen).

5. Kontroverse um die politische Diskriminierung der rund eine Million starken Hoa-Bevölkerung (ethnisch chinesische Minderheit) in Vietnam. Die Kontroverse verschärfte sich aufgrund der folgenden "Expatriierung" großer Teile der Hoa-Bevölkerung und aufgrund chinesischer Forderung nach ihrer "Repatriierung" und Rückkehr nach Vietnam).

6. Einstellung der chinesischen Entwicklungshilfeleistungen an Vietnam, vorgeblich wegen "binnenwirtschaftlicher Schwierigkeiten".

7. Verbitterung der chinesischen Führung über anhaltende vietnamesische Propagandakampagnen, die die internationalen und regionalpolitischen Ziele der VR China mit denen der "feudalen Dynastien Chinas" identifizierten.

Im Verlauf der dritten Verhandlungsphase stellte die chinesische Seite erstmals ihr sogenanntes Acht-Punkte-Programm auf, das sie seither zur Grundlage einer bilateralen Konfliktlösung verfestigt hat. Analog zu den acht Programmpunkten endete die dritte Verhandlungsrunde nach acht Sitzungen ohne greifbare Ergebnisse. Die vierte Verhandlungsphase setzte im August 1978 ein und zog sich ebenfalls über acht Sitzungen hin, ehe sie einen Monat später endete. Die Verhandlungen fanden vor dem bekannten Hintergrund zunehmender Grenzzwischenfälle und eines stetig anschwellenden Flüchtlingsstroms der Hoa-Bevölkerung statt. Chinas Gegenmaßnahmen beschränkten sich offiziell auf die formale Schließung der Grenzen und auf die bereits erwähnten ultimativen Forderungen nach einer Rückführung der bereits geflüchteten Hoa (rd.200 000). Vietnam hat diese Forderungen bekanntlich bis heute zurückgewiesen.

Parallel zu dieser Folge ergebnisloser Verhandlungen verschärften sich die Konfrontationserscheinungen zwischen beiden Staaten sowohl im beiderseitigen Grenzbereich als auch im übergeordneten indochinesischen Bezugsrahmen. Sie führten schließlich zur vietnamesischen Invasion Kambodschas und zu dessen "Satellitisierung" sowie zum chinesischen "Erziehungsfeldzug" Anfang 1979. Aus rein militärischer Sicht war dieser "Feldzug" sicherlich kaum erfolgreich, welche direkte Zielsetzung man ihm auch zuschreiben mag. Inwieweit jedoch der "Erziehungszweck" gegenüber Vietnam erreicht wurde, d.h., inwieweit Vietnam seine expansionspolitischen Zielsetzungen seither modifiziert hat, läßt sich kaum mit Gewißheit feststellen. Zumindest langfristig muß sich die vietnamesische Machtelite ihrer regional und international eingeengten Position bewußt geworden sein. Die zukünftigen ökonomischen Belastungen der gleichzeitigen Okkupationsherrschaft in Indochina und des antichinesischen Militärgewichts im eigenen nördlichen Grenzraum werden sich angesichts der begrenzten wirtschaftlichen Potenz des Landes zunehmend nachteilig bemerkbar machen.

Im April 1979 kamen beide Staaten überein, eine fünfte Verhandlungsrunde einzuleiten. Die vorangegangenen Ereignisse hatten die Bereitschaft beider Staaten zu einer militärischen Durchsetzung ihrer politischen Forderungen deutlich gemacht. Diese Eskalation konnte nicht ohne Einfluß auf die Verhandlungen bleiben. Ein formaler, aber im Statusbewußtsein der vietnamesischen Führung sicherlich nicht unwesentlicher Aspekt war, daß die ersten fünf Sitzungen der insgesamt fünfzehn Sitzungen des Verhandlungsrituals erstmals nicht in China, sondern in Hanoi stattfanden. Auf chinesischer Seite mag möglicherweise die Absicht eine Rolle gespielt haben, jeden Verdacht und propagandistischen Vorwand "tributärer Denk- und Verhaltensmuster" von vornherein zu vereiteln. Im Verlauf der ersten Verhandlungssitzungen setzte Vietnam erstmals einen eigenen "Drei-Punkte-Vorschlag zur Konfliktlösung auf, um so das chinesische Acht-Punkte- Programm zu neutralisieren (3):

1. Entmilitarisierung der Grenzzonen beider Staaten (3-5 km) und Errichtung eines gemeinsamen Ausschusses zur Regelung von auftretenden Grenzproblemen.
2. Wiederherstellung normaler zwischenstaatlicher Beziehungen auf der Grundlage der fünf Prinzipien der friedlichen Koexistenz sowie Wiederaufnahme des Grenzüberschreitungsverkehrs und Kommunikationswesens.
3. Die Bereinigung gegenseitiger territorialer Ansprüche auf der Grundlage der erwähnten Chinesisch-Französischen Konventionen von 1887 und 1895 sowie des Briefaustausches zwischen beiden Kommunistischen Parteien 1957-58.

Das chinesische Acht-Punkte-Programm ist im Vergleich zum vietnamesischen Vorschlag wesentlich komplexer in der Aufreihung der Vorbedingungen für die Wiederherstellung der bilateralen "Normalität" (4):

1. Lösung des Konflikts auf der Grundlage der fünf Prinzipien der friedlichen Koexistenz.
2. Gestaltung gemeinsamer "antihegemonialer" politischer Konzepte, d.h., beide Länder nehmen Abstand von der Verfolgung einer "Hegemoniepolitik" in Indochina, Südostasien und in anderen Weltregionen. Sie kooperieren in der Verhinderung hegemoniepolitischer Vorhaben einer dritten Seite, und sie nehmen Abstand, einer dritten Seite militärische Basen auf ihrem jeweiligen Territorium zu gewähren. Ferner treten sie keiner Allianz bei, die in irgendeiner Weise gegen die andere Seite gerichtet ist.
3. Die Chinesisch-Französischen Konventionen dienen als Grundlage für die Regelung der gemeinsamen Landgrenze.
4. Gegenseitige Anerkennung von Zwölfmeilen-Territorialgewässern und gerechte Aufteilung der Wirtschaftszonen und exklusiven Ressourcenregimes im Golf von Tongking auf der Grundlage der internationalen Seerechtsprinzipien, die nach chinesischer Ansicht den chinesischen Anspruch auf den größeren Teil des Golfes absichern.
5. Anerkennung des "historisch unbestreitbaren Anspruchs" Chinas auf die Xisha- und Nansha-Inselgruppen und die sie umgebenden Gewässer; sofortiger Rückzug aller vietnamesischen Streitkräfte von einzelnen Inseln der Nansha-Gruppe.
6. Gegenseitige Garantie für die Wahrung der Grundrechte der Hoa-Bevölkerung in Vietnam und vietnamesischer Bevölkerungsgruppen in China.
7. Vollständige Repatriierung der geflüchteten Hoa-Bevölkerung nach Vietnam.
8. Wiederaufnahme normalen Luft-, Eisenbahn-, Post- und Handelsverkehrs zwischen beiden Staaten.

Die offiziellen Reaktionen beider Staaten auf die Vorschläge der anderen Seite machen die unterschiedlichen Positionen angemessen deutlich.

China bezeichnete Vietnams Drei-Punkte-Vorschlag grundlegend als "Ausweichen vor den wesentlichen Fragen und Problemen in den Beziehungen zwischen unseren beiden Ländern" (5). Die Fragen und Probleme umfassen erstens die vietnamesische Besetzung Kambodschas, zweitens die sowjetisch-vietnamesische Quasi-Allianz und drittens Vietnams Anspruch auf Chinas Südchinesische Meergebiete. Aufgrund des "nationalistischen Expansionismus und regionalen Hegemonismus" Vietnams ist Indochina in die Form einer "Union nach dem Vorbild der Sowjetunion" gezwungen worden und sieht sich in eine "strategische Sowjetbasis" für ganz Südostasien verwandelt. Ferner weist auch der vietnamesische Versuch, in Südostasien eine "Zone of Genuine Independence, Peace and Neutrality" zwangsetablieren zu wollen, auf das Ziel einer langfristigen Vorherrschaft über die Gesamtregion hin. Südostasien soll in einen vietnamesischen Herrschaftsverband mit zehn Ländern und 300 Millionen Menschen umgestaltet werden.

Es verwundert nicht, wenn die vietnamesische Beurteilung des chinesischen Programms ähnlichen Linien folgt. Danach sei das Programm Ausdruck einer chinesischen Regionalpolitik, die auf die Unterminierung der "Solidarität" der indochinesischen Völker hinzielt, um so dem "Großmacht- Chauvinismus" Chinas Vorschub zu leisten. Die vietnamesische Propaganda datiert die chinesischen divide et impera-Versuche zurück auf die Indochina-Konferenz 1954. Sie werden ferner als ungebrochene Tradition im Geist der imperialen chinesischen Weltordnung stilisiert. Chinas "arroganter und irrationaler Anspruch" auf das Südchinesische Meer sowie seine Unterstützung subversiver "Lakaienorganisationen" in Südostasien sind konkrete Beweise für Chinas langfristige Ziele. Kurzum, Chinas Absicht sei es, sich als Nachfolger des "US-Imperialismus" zu etablieren und die südostasiatische Region mit einer pax sinica zu überziehen.

II. Chinas politische Ziele in Indochina

Die Chronologie der sino-vietnamesischen Auseinandersetzungen, Verhandlungen und propagandistischen Anklagen führt deutlich auf drei größere Problembereiche zurück, die den bilateralen Konflikt bisher bestimmt haben.

Erstens zeigt Chinas ungebrochener Widerstand gegen die vietnamesische Indochinapolitik, daß es nicht bereit ist, die Existenz eines starken Vietnam-Indochina-Staates zu tolerieren, der in der Lage ist, unabhängig von oder im Gegensatz zu chinesischen regionalpolitischen Vorstellungen zu handeln. In diesem Zusammenhang erscheint es zweitrangig, ob Vietnams Quasi-Annektion Kambodschas und Laos' Bestandteil einer expansionistischen Politik ist oder vorrangig durch defensive nationale Sicherheitsüberlegungen ausgelöst wurde. Im Gegensatz zur Geschichte chinesischer Unterstützungsleistungen für internationale Revolutions- und Befreiungsbewegungen, die nur auf einer relativ niedrigen Ebene der Außenpolitik angesiedelt waren, ist China stets bereit gewesen, eine Politik des erhöhten Risikos zu verfolgen, wenn es um nationale Sicherheitsinteressen ging. China ist bereit gewesen, substantielle Teile seines wirtschaftlichen Wachstumspotentials aus nationalen Sicherheitserwägungen heraus zu opfern. Es sei nur an die kostenreichen Umsiedlungsprogramme erinnert, die der Errichtung von Pufferzonen entlang der kontinentalen Grenzen dienten. Die erweiterten Grenzregionen haben ferner den umfassenden Ausbau von Staatsfarmen erfahren, die von der VBA betrieben und zumeist mit jugendlichen Stadtbewohnern personell ausgestattet wurden. Ein nicht unbeachtlicher Anteil der nationalen Infrastrukturinvestitionen wurde in die Grenzgebiete kanalisiert trotz extremer infrastruktureller Engpässe in den wirtschaftlichen Schlüsselregionen.

Im strengen Sinn sind Aspekte der territorialen Sicherheit nicht notwendiger Bestandteil außenpolitischer Maßnahmen. Aber in der Vergangenheit sind Chinas nationale Sicherheitsüberlegungen kaum von territorialen Restaurationszielen jenseits der gegenwärtigen Grenzen der Volksrepublik zu trennen gewesen. Eine der Quellen des sowjetisch-chinesischen Spannungsverhältnisses rührt aus chinesischen Gebietsansprüchen her, die ihrerseits auf der Nichtanerkennung solcher Verträge beruhen, die China als "ungleich" eingestuft hat. Sicherheits- und Restaurationsziele haben in der chinesischen Außenpolitik den höchsten Prioritätsgrad eingenommen. Die Volksrepublik ist wiederholt bereit gewesen, militärische Konfliktlösungen in diesem Zusammenhang zu akzeptieren. Die Wahrscheinlichkeit spricht dafür, daß sie mit zunehmendem wirtschaftlichen und militärischen Potential den Einsatz militärischer Mittel avisieren wird, um regionale Entwicklungen zu verhindern, die sie als Beeinträchtigung ihrer erweiterten nationalen Sicherheitsinteressen bewertet. China wird sich deshalb mit einem hohen Wahrscheinlichkeitsgrad nicht mit der Existenz eines vietnamesisch kontrollierten Indochinas abfinden. Die konkreten operationellen Maßnahmen und Vorschläge werden variieren. Das Ziel jedoch wird konstant bleiben: Die Existenz dreier indochinesischer Staaten, die unabhängig voneinander und innerhalb der Grenzen agieren, die chinesische Sicherheits- und Regionalinteressen ihnen setzen.

Eine solche Bewertung der chinesischen Zielsetzung impliziert zwangsläufig, daß sich die Volksrepublik nicht mit der andauernden sowjetischen Präsenz in Indochina vertraut machen wird, wenn sie national genügend gestärkt ist, um das Risiko kalkulieren zu können, das sich aus einer direkten Konfrontation ergibt. Gegenwärtig ist das Machtpotential Chinas unzureichend, um eine solche Politik konsequent zu verfolgen, aber es liegt zumindest im Bereich des Möglichen, daß die Sowjetunion langfristig eine Konfrontationspolitik gegenüber der VR China nicht um der Indochinafrage willen aufrechterhalten wird. Gegenwärtig scheint die sowjetische Südostasienpolitik auf die Bildung einer gemeinsamen Anti-China-Allianz aller größeren Staaten der Region ausgerichtet zu sein. Diese Politik läßt sich in das vietnamesische Konzept der "Zone of Genuine Independence, Peace and Neutrality" einordnen. Falls die Sowjetunion ihre Ziele nicht realisieren kann, wird sie gezwungen sein, ihr gegenwärtiges prioritäres Interesse in Vietnam und Indochina zu überdenken. Dies gilt insbesondere dann, wenn es in Zukunft aus übergeordneten Überlegungen zu einer sino-sowjetischen Détente kommen sollte, die ausschließlich an der Indochina- und Vietnam-Frage scheitern müßte. Unter solchen Umständen dürfte Vietnam die Formulierung eines neuen Shanghai-Kommuniqués nicht unbegründet fürchten.

Der dritte größere Problembereich scheint der für die Zukunft konsequenzenreichste zu werden. Der chinesische Anspruch auf das Südchinesische Meer als einer chinesischen Patrimonialsee beschränkt sich nicht ausschließlich auf Indochina, sondern würde die gesamte politische Landkarte Südostasiens verändern.

Wenn China militärisch und ökonomisch in der Lage sein wird, seinen Anspruch auf den Golf von Tongking und die Inselgruppen im Südchinesischen Meer zu verwirklichen, dann würde es sich in einer zentralen geopolitischen Position befinden, von der aus es die gesamte südostasiatische Region bis zum Cengmu-Riff vor der Küste Kalimantans kontrolliert. Die Festlandstaaten Südostasiens müßten sich dann zwangsläufig auf eine Rolle im Rahmen eines chinesisch bestimmten regionalen Vertragswerkes beschränken.

Die Paracel-Inseln sind von China bereits seit 1974 militärisch besetzt, nachdem damalige südvietnamesische Einheiten zum Rückzug gezwungen worden waren. Die Spratlys hingegen sind teilweise von vietnamesischen Einheiten besetzt (April 1975), zu einem anderen Teil von den Philippinen und auch durch eine Taiwan-Garnison, die die Volksrepublik als "chinesisch" betrachtet.

Die entgegengesetzten Eigentumsansprüche sind sowohl von vietnamesischer als auch chinesischer Seite mit historischen Souveränitätsansprüchen begründet worden. Die Volksrepublik betont in diesem Zusammenhang regelmäßig den frühen chinesischen Einfluß im Raum des Südchinesischen Meeres und die Tatsache, daß chinesische Geschichtsquellen die Xisha- und Nansha-Inseln als Teil des chinesischen Kaiserreiches aufzählen (mindestens seit der Nördlichen Song-Dynastie 960-1127). Die vietnamesischen Ansprüche scheinen demgegenüber historisch weniger plausibel abgestützt, und sei es nur, weil die vietnamesische Geschichtsschreibung weniger voluminös als die chinesische war. Während der westlichen Kolonialzeitphase und des Zweiten Weltkrieges besetzten Frankreich und Japan die Inseln. 1951 legte Japan im Friedensvertrag von San Franzisko alle Ansprüche ab. Vietnam, das zu jener Zeit im Gegensatz zur VR China Vertragspartner war, beanspruchte die Inseln für sich. Die VR China ihrerseits denunzierte in einem offiziellen Statement die vietnamesischen Ansprüche als nicht gerechtfertigt und machte seine eigenen Souveränitätsansprüche geltend. Die Philippinen besetzten einen Teil der Inseln 1970-71, nachdem sie sie zuvor zur res nullius erklärt hatten, die jede Nation beanspruchen könne. Die Besetzung wurde sowohl von Vietnam als auch von China verurteilt.

Die gegensätzlichen Ansprüche hätten vermutlich kaum zu größeren Konflikten geführt, wenn sie nicht während des letzten Jahrzehnts im Rahmen der internationalen Seerechtskonferenz eine ständig wachsende Bedeutung für die Meeresressourcensuche erlangt hätten. In diesem Zusammenhang stellen sie eine territoriale Ausgangsbasis dar, um Wirtschaftszonen und Ressourcenregime auf dem Festlandschelf und der See selbst zu reklamieren.

Es erscheint dabei von Bedeutung, auf einige Konfliktbereiche der UN-Seerechtsdiskussionen hinzuweisen:

1. Die Inselstaaten der UN haben im Rahmen der Demarkierung von Wirtschaftszonen (200 Seemeilen) das Archipelprinzip vorgebracht. Von einer gedachten Linie zwischen den äußersten Punkten der äußeren Inseln des Staates wird als Grundlinie ausge-

gangen für die 200-Seemeilenzone. Das aus dieser Situation resultierende Problem ist die Frage, ob das Archipel-Prinzip nur für Archipelstaaten gilt oder auch für Archipele, die zu Festlandstaaten gehören. Die chinesische Position geht von der zweiten erweiterten Vorstellung aus. Hinsichtlich der Ausdehnung der Wirtschaftszonen im Umfeld solcher Archipele beweist das chinesische Arbeitspapier der UN-Seerechtskonferenz ein Hochmaß an nationaler "Souveränität". Es sagt aus, daß jeder Küstenstaat "berechtigt ist, die Breite angemessen zu bestimmen in Übereinstimmung mit seinen geographischen Bedingungen und den Notwendigkeiten seiner wirtschaftlichen Entwicklung und nationalen Sicherheit (6)". Das heißt, China behält sich das Recht vor, die Demarkierung selbst zu bestimmen.

2. Ein zweites wesentliches Demarkierungsprinzip ist das Prinzip des Festlandschelfs. Hier geht das chinesische Arbeitspapier davon aus, daß jeder Küstenstaat "eine exklusive Wirtschaftszone jenseits seiner Territorialgewässer angemessen bestimmen kann in Übereinstimmung mit seinen geographischen und geologischen Bedingungen, dem Stand seiner Naturressourcen und den Anforderungen der volkswirtschaftlichen Entwicklung".

Die Volksrepublik hat in diesem Zusammenhang die These aufgestellt, daß das Prinzip der natürlichen Verlängerung des Festlandschelfs in das offene Meer hinaus als Hauptkriterium angesehen werden soll und nicht das Kriterium der Wassertiefe (200 m).

Chinas Anspruch auf eine Wirtschaftszone um die Inselgruppen des Südchinesischen Meeres herum (unter Anerkennung des Anspruchs auf die Inseln selbst) steht in einem offensichtlichen Widerspruch zur Begründung des Anspruchs auf die im Ostchinesischen Meer gelegenen Diaoyutai-Inseln gegenüber Japan. Im letzteren Fall stützt sich der Anspruch auf das Prinzip der natürlichen Verlängerung des Festlandschelfs. Im ersten Fall hingegen wird offensichtlich ein Vorrang des Archipel-Prinzips gegenüber dem Schelf-Prinzip konstatiert, das die südostasiatischen Festlandstaaten zu ihren Gunsten anführen könnten.

Die unterschiedlichen seerechtlichen Positionen in der Wahrung unterschiedlicher Ansprüche legen den Schluß nahe, daß die Seerechtsprinzipien weder geeignet sind, die zukünftige Konfliktlösung zu erzielen, noch daß sie aus Lösungsmotiven heraus vorgebracht werden. China fühlt sich offensichtlich berechtigt, im Südchinesischen Meer "die Notwendigkeiten seiner wirtschaftlichen Entwicklung und nationalen Sicherheit" eigenständig zu definieren. Das heißt, daß Chinas wirtschaftlichen Interessen und zukünftigen Energieanforderungen die chinesische Führung zum Anspruch auf eine chinesische Patrimonialsee gebracht haben.

Das Südchinesische Meer ist eines der wenigen geschlossenen Seegebiete, die von entscheidender Bedeutung für alle großen Mächte sind. Die Inselgruppen, insbesondere die Spratlys, sind also von entscheidendem geopolitischen Wert. China wäre nicht nur in der Lage, Schiffsbewegungen zu kontrollieren, sondern es könnte ein zumindest begrenztes Maß an Kontrolle über die internationalen Verkehrslinien ausüben, die die Festlandstaaten Südostasiens mit der Außenwelt verbinden. Chinas vollständiger Mangel an Kompromißbereitschaft in dieser Frage und seine Ablehnung einer Verhandlungslösung sowohl gegenüber Vietnam als auch anderen südostasiatischen Staaten, seine Bereitschaft zu militärischem Mitteleinsatz, seine antisowjetischen Überlegungen sind Elemente, die auf die langfristige chinesische Absicht hindeuten, die gesamte Seeregion unter seine Kontrolle zu bringen.

Zusammenfassung

Chinas Interessenpolitik in Indochina wird von einer Mischung aus kurz- und langfristigen Zielsetzungen bestimmt.

Erstens ist die Volksrepublik nicht bereit, ein indochinesisches Machtsystem zu tolerieren, das gegen chinesische Sicherheits- und Regionalinteressen zu handeln in der Lage ist (Schlagwort: Keine Duldung eines "asiatischen Kuba").

Zweitens werden Chinas zukünftige Indochinaüberlegungen wesentlich darauf abgestellt sein, die Subregion dem sowjetischen Voreinfluß zu entziehen. Die konkreten politischen Taktiken werden in diesem Zusammenhang je nach Zeit und Entwicklungsstand des eigenen Machtpotentials variieren.

Drittens bildet der Anspruch auf das Südchinesische Meer den Ausgangspunkt einer langfristigen Kontrollpolitik gegenüber

Indochina sowie auch Gesamtsüdostasien, die China zur zentralen Ordnungsmacht auch auf dem Festland machen müßte.

Anmerkungen:

1) Beijing Rundschau, Nr.29, 1978. Zu einer Darstellung des gesamten chinesisch-vietnamesischen Verhandlungsablaufs siehe auch: Oskar Weggel, "Nach dem Erziehungsfeldzug nun das Erziehungsgespräch (chinesisch-vietnamesische Verhandlungen)", in CHINA aktuell, Mai 1979.
2) Renmin ribao, 23.März 1979.
3) VNA, BBC Summary of World Broadcasts, The Far East, 19.April 1979.
4) Xinhua, 26.April 1979.
5) Xinhua, 4.Mai 1979.
6) Entnommen aus: Chiu Hungdah, "South China Sea Islands: Implications for Delimiting the Seabed and Future Shipping Routes", The China Quarterly, Dezember 1977, S.1231-34.

Chinesische Gebietsansprüche im Südchinesischen Meer

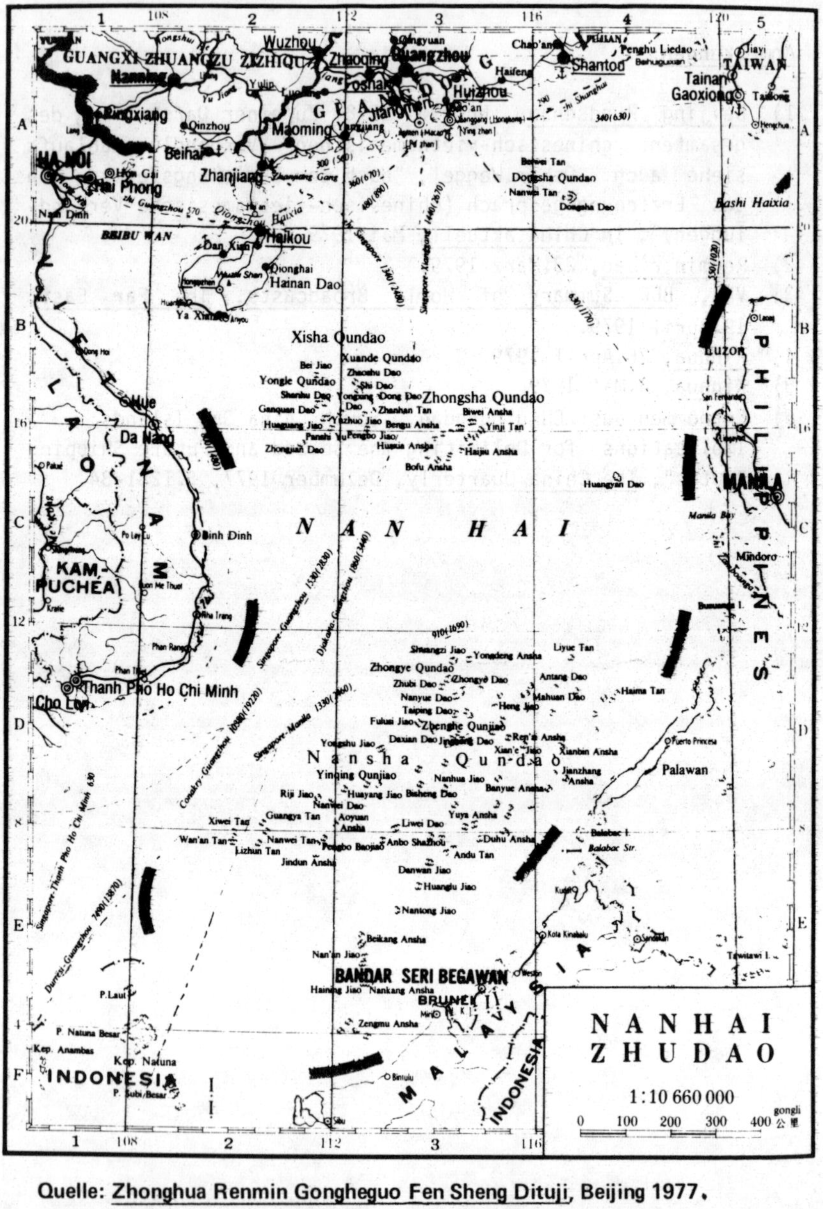

Quelle: <u>Zhonghua Renmin Gongheguo Fen Sheng Dituji</u>, Beijing 1977.

DIE INTERESSENLAGE DER UdSSR

IN INDOCHINA

Dieter Heinzig

"Indochina ist ein Land, das von der ganzen Welt vergessen zu sein scheint."
(Ein annamitischer Delegierter auf dem Sechsten Komintern-Kongreß 1928 in Moskau)

"Die UdSSR erweist Vietnam, Laos und Kambodscha allseitige Hilfe bei der Verteidigung von deren Unabhangigkeit und Sicherheit, sie leistet ihren Beitrag zur Festigung des Friedens und der Sicherheit in Südostasien."
(Der vietnamesische Außenminister Nguyen Co Thach 1980 gegenüber "Prawda")

Das Jahr 1978 brachte eine spektakuläre Verstärkung des sowjetischen Einflusses in Indochina mit sich. Vietnam beendete eine fast zwanzig Jahre dauernde Politik des Schaukelns zwischen Moskau und Peking und schloß sich durch den Beitritt zum COMECON und den Abschluß eines politischen Kooperationsvertrags eng an die Sowjetunion an. Über die vietnamesische Dominanz in den beiden anderen indochinesischen Staaten konnte Moskau einen ähnlich starken Einfluß in Laos und Kambodscha gewinnen.

Vor allem für die Nachbarstaaten Indochinas entsteht nunmehr die Frage, wie die UdSSR ihre neuetablierte Präsenz in Südostasien nutzen wird. Wer eine vietnamesische Expansion über die Grenzen Indochinas hinaus befürchtet, muß sich fragen, ob die Kremlführung solche Ambitionen Hanois bremsen oder unterstützen wird. Wer die globale Ausweitung der sowjetischen Militärmacht als eine Bedrohung ansieht, wird sich fragen, ob Moskau danach strebt, mit Hilfe Vietnams seine militärische Präsenz in Südostasien, im Pazifik und im Indischen Ozean auszubauen. Solche und ähnliche Fragen lassen sich heute noch nicht oder nicht endgültig beantworten. Eine Untersuchung der Ursachen und Motive der heutigen Präsenz der UdSSR in Indochina, wie sie im folgenden durchgeführt werden soll, kann indes zu Ergebnissen führen, die für die Beantwortung der gestellten Fragen herangezogen werden können.

In einem ersten Teil (Teil A) sollen einige Thesen aufgestellt werden, die sich summarisch mit der Frage beschäftigen,
- welches die Hauptziele der sowjetischen Außenpolitik sind,
- wo und wie diese Ziele verfolgt werden,
- wie sich Indochina in das so entstehende Raster einfügt und
- welche allgemeinen Schlußfolgerungen über die sowjetische Politik gegenüber Indochina sich hieraus ziehen lassen.

Im zweiten und dritten Teil sollen wesentliche Züge des sowjetischen Verhaltens gegenüber Vietnam (Teil B) sowie Kambodscha und Laos (Teil C) historisch-empirisch herausgearbeitet werden.

A. Hauptziele der sowjetischen Außenpolitik und die Rolle Indochinas

Hauptziel der sowjetischen Außenpolitik ist es, die Sicherheit der UdSSR gegenüber Einwirkungen von außen zu garantieren. An zweiter Stelle steht die Absicht, den Einfluß über die Grenzen der Sowjetunion und (seit den fünfziger Jahren) des sowjetischen Hegemonialverbands hinaus so weit wie möglich auszudehnen. Dieser Hegemonialverband besteht aus den Mitgliedern des Warschauer Pakts bzw. des COMECON und umfaßt gegenwärtig die folgenden zehn Staaten: Sowjetunion, Polen, DDR, Tschechoslowakei, Ungarn, Bulgarien, Rumänien, Mongolei, Kuba, Vietnam (seit 1978). Der Hegemonialverband, der im sowjetischen Sprachgebrauch "Sozialistische Gemeinschaft" (socialističeskoe sodružestvo) heißt, soll für die Zwecke dieser Arbeit aus Gründen der sprachlichen Vereinfachung "Sowjetblock" genannt werden.

Wir haben es also mit der Verknüpfung einer in Moskau als primär defensiv empfundenen Hauptaufgabe mit dem offensiv geführten Kampf um die Erhaltung bestehender und die Schaffung neuer Einflußsphären - vor allem in der Dritten Welt - zu tun. Beide Aufgabenbereiche lassen sich häufig schwer voneinander trennen, weil die Kremlführung ihre Definition der Sicherheit stark ausgeweitet hat (1). Daher spiegelt die bisweilen anzutreffende Behauptung, die sowjetische Intervention in Afghanistan seit Dezember 1979 sei defensiver Natur, genauso eine Teilwahrheit wider wie die weit häufiger vertretene Ansicht, diese Aktion sei offensiv zu verstehen. Gerade der Fall Afghanistan (2) scheint zu demonstrieren, daß sich hier defensive und offensive Motivationen miteinander vermischen.

I. Defensive Prioritäten

Bei dem Versuch der Durchsetzung dieser Ziele läßt die Sowjetunion im Rahmen der primär defensiven Aufgabenstellung die folgenden Prioritäten erkennen (3).

1. Politisch-militärische Abschirmung der Sowjetunion und des europäischen Sowjetblocks gegenüber Einwirkungen aus Westeuropa und Nordamerika (NATO-Staaten). Gegenüber Westeuropa werden u.a. Versuche der Abwerbung aus dem Bündnis mit den USA, der politischen Verunsicherung und militärischen Einschüchterung unternommen. Vorläufiges Ziel ist die Finnlandisierung wichtiger EG/NATO-Staaten, also die Erzeugung permanenten politischen Wohlverhaltens. Gegenüber der NATO und den USA versucht die Sowjetunion, einen Krieg zu vermeiden, die militärische Parität zu erhalten und möglichst eine Überlegenheit zu erringen. Zur Erreichung dieses Ziels ist sie u.a. bestrebt, ihr in der Dritten Welt bereits vorhandenes System von militärischen Stützpunkten auszubauen. In diesem Zusammenhang ist es als wahrscheinlich anzusehen, daß Moskau nach solchen permanenten Stützpunkten auch in Vietnam (Cam Ranh, Danang, Haiphong) und Kambodscha (Kompong Som) strebt, soweit sie diese nicht schon besitzt.

2. Vorantreiben der Integration innerhalb des Sowjetblocks, vor allem in Europa, mit dem Ziel der Verstärkung der Sicherheit der UdSSR. Angestrebt wird eine militärische, politische, wirtschaftliche und ideologisch-organisatorische Integration.

3. Politisch-militärische Abschirmung der Süd- und Südwestflanke der Sowjetunion und des europaischen Sowjetblocks. Hier bemüht sich Moskau u.a. um Marine- und Luftwaffenstützpunkte (Syrien und Libyen, eventuell Algerien, Malta, Jugoslawien, Albanien), strebt nach einer sicherheitspolitischen Neutralisierung der Türkei (umfangreichste Hilfszusagen von allen nichtkommunistischen Staaten zwischen 1954 und 1978), nach einer Verbesserung des Verhältnisses zu Jugoslawien (Maximalziel: Vollmitgliedschaft im COMECON, Assoziierung an den Warschauer Pakt) und zu Albanien (Maximalziel: Reintegration in den Sowjetblock) und nach dem Abschluß von politischen Kooperationsverträgen mit Libyen und Algerien. Solche Verträge bestehen bereits mit Irak (April 1972), Afghanistan (Dezember 1978), Süd-Jemen (Oktober 1979) und Syrien (Oktober 1980). Ein wichtiges Mittel der Einflußnahme auf die südlichen Nachbarstaaten (besonders die Türkei, den Irak, Syrien, den Iran, Afghanistan, Pakistan und Indien) ist die Wirtschafts- und Ausbildungshilfe. Auch Militärhilfe wird gezielt eingesetzt. Direkte militärische Aktionen wie in Afghanistan im Dezember 1979 sind bisher die Ausnahme. Die "Mongolisierung" Afghanistans (4) wirft die Frage auf, ob die UdSSR künftig häufiger außerhalb des Blocks direkt militärisch intervenieren wird (bisher nur indirekte Interventionen durch Truppen von Bündnisstaaten).

4. Politisch-militärische Abschirmung der Südostflanke der Sowjetunion, seit Anfang der sechziger Jahre vor allem gegenüber der VR China. Hierbei kann Moskau auf Bündnisverträge (Mongolei, Nord-Korea) und bündnisähnliche politische Kooperationsverträge (Indien 1971, Afghanistan 1978, Vietnam 1978 und vielleicht auch bald Kambodscha und Laos) zurückgreifen und baut seine militärische Präsenz in der Mongolei, in Afghanistan und in Indochina aus. In den neuen Bündnisverträgen von 1967 und 1970, die der Kreml mit Bulgarien, Ungarn, der Tschechoslowakei und Rumänien schloß, wurde die Bindung an den potentiellen Gegner Deutschland fallengelassen, so daß die UdSSR jetzt die militärische Hilfe dieser Mitglieder des Warschauer Pakts auch für Konflikte z.B. in Asien in Anspruch nehmen könnte.

In Südostasien unterstützt die UdSSR das expansive Engagement Vietnams in Laos und Kambodscha, um dadurch in zunehmendem Maße chinesische Energien nach Süden abzulenken. Die insbesondere seit 1969 zu beobachtenden Bemühungen um ein "Kollektives Sicherheitssystem für Asien" sind sowohl auf die Isolierung Chinas als auch auf die Etablierung eines ständigen sowjetischen Mitspracherechts in Asien gerichtet. Schließlich versucht Moskau, die sowjetisch-chinesischen Spannungen in bilateralen Verhandlungen zu reduzieren, wobei es den Abschluß von Normalisierungs- und Gewaltverzichtsabkommen vorschlägt.

II. Offensive Prioritäten

Im Rahmen der offensiven Aufgabenstellung geht es um die Konsolidierung und Erweiterung des Potentials prosowjetischer Staaten, Parteien und Bewegungen in aller Welt mit dem Ziel des "Sieges des Sozialismus im Weltmaßstab" (5). Dieses globale Ziel soll auf folgende Weise verfolgt werden:

1. Die politische, militärische und wirtschaftliche Integration des Sowjetblocks ist zu verstärken (vgl. oben I/2).

2. Die folgenden fünf Nicht-Block-Staaten, die von Moskau gegenwärtig als "sozialistisch" (6) anerkannt werden, sollen näher an den Sowjetblock herangeführt (z.B. durch politische Kooperationsverträge gebunden) oder in den Block (wieder) aufgenommen werden: Jugoslawien, Albanien, Nord-Korea, China, Laos. Letzteres gilt in sowjetischer Sicht seit 1977 als "sozialistischer" Staat (7).

3. Mit denjenigen Staaten, die von der sowjetischen Führung zwar nicht als "sozialistisch", aber doch immerhin als "Länder mit sozialistischer Orientierung" (strany socialističeskoj orientacii) (8) betrachtet werden, sind die bestehenden Beziehungen zu intensivieren. Ziel ist die Heranführung an den Sowjetblock (9), bevorzugtes Mittel der Abschluß von politischen Kooperationsverträgen, die mit sowjetischer Wirtschafts- und Militärhilfe einhergehen.

Als "Länder mit sozialistischer Orientierung" werden etwa 20 asiatische und afrikanische Staaten betrachtet (10), zu denen u.a. die folgenden gehören: Angola, Moçambique, Äthiopien, Afghanistan, Süd-Jemen, Irak, Syrien (mit diesen existieren bereits politische Kooperationsverträge), Birma, Libyen, Algerien, Tansania, Kongo-Brazzaville, Madagaskar und seit der Etablierung des Heng-Samrin-Regimes Kambodscha (11). Politische Kooperationsverträge werden allerdings auch mit ausgewählten

Staaten angestrebt, die zwar nicht als "Länder mit sozialistischer Orientierung", aber doch immerhin als "antiimperialistische", also generell antiwestliche Länder angesehen werden. So wurde der erste derartige Kooperationsvertrag 1971 mit Indien abgeschlossen.

4. "Fortschrittliche Kräfte" und "Befreiungsbewegungen" in anderen Entwicklungsländern sind zu unterstützen, wo sie sich auch zeigen. Diese Kräfte werden auch als "radikaler und linkszentristischer Flügel des antiimperialistischen Nationalismus" (12) bezeichnet. Hierbei handelt es sich um revolutionäre Potentiale entweder prosowjetischer oder zumindest nicht antisowjetischer Prägung. Die sowjetische Hilfe wird mit dem Etikett "Einheit der antiimperialistischen Kräfte der Welt" (13) versehen.

III. Die Rolle Indochinas im Prioritätensystem

Listen wir nunmehr auf, in welchen der angeführten Zielbereiche der sowjetischen Außenpolitik die indochinesischen Staaten eine wesentliche Rolle spielen. Einmal taucht Indochina in demjenigen Bereich auf, in dem die Abschirmung des Sowjetblocks gegenüber den NATO-Staaten (I/1) angestrebt wird, und zwar als eine Region, die militärische Stützpunkte zur Verfügung stellen soll.

In denjenigen Prioritätsbereichen (I/2, I/3), die die Integration des Sowjetblocks vor allem in Europa und die Abschirmung der Süd- und Südwestflanke der Sowjetunion betreffen, spielt Indochina kaum eine oder keine Rolle.

Erst im Bereich der Priorität, die der Abschirmung der Südostflanke der UdSSR gewidmet ist (I/4), tauchen die indochinesischen Staaten wieder auf. Hier wird ihnen zusammen mit der Mongolei und - seit einiger Zeit - Afghanistan eine wichtige Hilfsfunktion im Rahmen der sowjetischen Eindämmungspolitik gegenüber der VR China zugewiesen.

Schließlich hat Indochina, vor allem aber Vietnam, im Bereich derjenigen Prioritäten, die auf die globale Ausbreitung des sowjetischen Einflusses gerichtet sind (II), eine wichtige Rolle übernommen. Vietnam wurde bereits im Juni 1978 durch die

Aufnahme in den COMECON zwar nicht militärisch, aber doch wirtschaftlich in den Sowjetblock integriert. Der am 3.November 1978 mit Moskau geschlossene "Vertrag über Freundschaft und Zusammenarbeit" (14) führte es sowohl politisch als auch - durch die beistandsähnliche Klausel in Artikel 6 - militärisch enger an die UdSSR heran. Laos und Kambodscha sind zwar bisher weder in den COMECON aufgenommen worden, noch gibt es bisher politische Kooperationsverträge mit der UdSSR. Die Tatsache aber, daß im Februar 1980 die Tschechoslowakei mit Laos und im März 1980 die DDR mit Kambodscha derartige Verträge schlossen (15), läßt vermuten, daß es auch demnächst zu sowjetischen Verträgen mit diesen beiden Staaten kommen wird. Ost-Berlin hatte bereits vorher im Hinblick auf Vietnam eine Vorreiterfunktion übernommen, als es im Dezember 1977, also ein Jahr vor Moskau, einen politischen Kooperationsvertrag mit Hanoi abschloß. Doch auch ohne derartige Verträge ist der sowjetische Einfluß in Laos und Kambodscha gesichert, und zwar über den Transmissionsriemen der vietnamesischen Vorherrschaft in Vientiane und Phnom Penh. Formell drückt sich dieser Zustand in politischen Kooperationsverträgen aus, die Vietnam im Juli 1977 mit Laos und im Februar 1979 mit dem Heng-Samrin-Regime in Kambodscha abschloß (16).

Welche Schlußfolgerungen lassen sich aus den unter III getroffenen Feststellungen zur Rolle der indochinesischen Staaten im außenpolitischen Kalkül der UdSSR ziehen?

Zum einen ist ihnen im Rahmen der sowjetischen Defensivplanung eine instrumentale Aufgabe zugedacht. Sie werden von Moskau als Gehilfen eingesetzt

- in der Auseinandersetzung mit vor allem Nordamerika und Westeuropa im Prioritätsbereich I/1 und
- in der Auseinandersetzung mit der VR China im Prioritätsbereich I/4. In dem primär defensiv ausgerichteten Gesamtbereich (I) erscheint also die Indochina-Politik - wenn überhaupt - lediglich als eine Funktion der jeweiligen sowjetischen Politik gegenüber den USA, Westeuropa und China.

Im Rahmen der offensiven Aufgabenstellung (II) wird hingegen die instrumentale Bindung an die Politik gegenüber anderen Staaten teilweise fallengelassen. Indochina erscheint zum einen als Objekt des sowjetischen Expansionismus oder, ideologisch formuliert, des sowjetischen Kampfes um den "Sieg des Sozialismus im Weltmaßstab". Zum anderen aber ist Vietnam gegenwärtig zur Hauptbasis für die Erweiterung des sowjetischen Einflusses in Südostasien geworden. Hierbei könnte es im längerfristigen Kalkül der Kremlführung liegen, durch einen Zugriff auf die Straße von Malakka dem Ziel einer Finnlandisierung Japans und der Zerstörung des japanisch-amerikanischen Bündnisses näherzukommen. Die Kontrolle dieser Meerenge, die für den Fall einer sich verstärkenden sowjetischen Präsenz in Indochina in den Bereich des möglichen rückt, könnte Moskau in die Lage versetzen, Tokyo mit wirtschaftlicher Strangulation zu drohen, da Japan zu mehr als 90% durch die Straße von Malakka mit Öl versorgt wird.

B. Die sowjetische Politik gegenüber Vietnam

Im folgenden zweiten Teil soll in einem groben Überblick dargestellt werden, wie sich die sowjetische Vietnam-Politik vom Desinteresse bis hin zu dem heute vorhandenen massiven Einfluß entwickelte. Hierbei wird sich herausstellen, daß die heute erreichte Präsenz in Indochina nicht das Ergebnis einer zielstrebig verfolgten Politik des "grand design" ist, sondern daß die Kremlführung sich eher zögernd und überwiegend als Reaktion auf französisches, amerikanisches, chinesisches und - last not least - vietnamesisches Verhalten zu einem aktiven Engagement entschloß. Hierbei spielten die folgenden Faktoren eine wichtige Rolle:

- Die Bildung einer kommunistisch dominierten Regierung in Vietnam nach dem II.Weltkrieg;
- der Rückzug Frankreichs aus Vietnam nach der Genfer Konferenz von 1954;
- der seit dem Ende der fünfziger Jahre einsetzende sino-sowjetische Konflikt;
- der Beginn des eigentlichen amerikanischen Engagements in Vietnam 1964/65;
- die militärische Zuspitzung des Konflikts mit Peking ("Ussuri-Konflikt") und der Beginn des amerikanischen Degagements vom asiatischen Festland (Nixon-Doktrin) im Jahre 1969;
- der endgültige Rückzug der USA aus Vietnam, die Machtübernahme Hanois in ganz Vietnam, die "Vietnamisierung" von

Laos und Kambodscha, die mangelnde Bereitschaft des Westens zu einer großangelegten wirtschaftlichen Unterstützung Nachkriegsvietnams sowie der Bruch zwischen Peking und Hanoi im Jahre 1978.

I. 1917 - 1954: Schwaches Engagement

Will man sich einen historischen Überblick über die Entwicklung des sowjetischen Engagements in Indochina verschaffen, so muß man als erstes feststellen, daß dieses Engagement im Sinne von materieller Unterstützung erst nach Stalins Tod einsetzte. Diese Feststellung trifft insgesamt für die sowjetische Politik gegenüber Asien und überhaupt gegenüber den Entwicklungsländern zu. Die einzigen Ausnahmen hiervon bilden eine kurze Periode sowjetischer Präsenz im China der zwanziger Jahre, die mit einem Fehlschlag endete, und die Hilfe an die koreanischen und chinesischen Kommunisten nach dem Ende des II.Weltkriegs bzw. der Gründung der Volksrepublik China.

Das zunächst vorhandene Desinteresse, das die Bolschewiki nach der russischen Oktoberrevolution den Entwicklungsländern entgegenbrachten, läßt sich leicht erklären: Nach den Vorstellungen ihres Lehrmeisters Karl Marx mußte die proletarische Revolution, das Hauptziel der Kommunisten in aller Welt, in den wirtschaftlich am meisten entwickelten Staaten ausbrechen, also in den Industriestaaten des Westens. Hieraus ergab sich zwangsläufig eine eurozentrische Betrachtungsweise.

Nachdem jedoch die erwarteten Revolutionen in Europa ausblieben und der Vormarsch der Roten Armee im Sommer 1920 vor Warschau zum Stillstand gekommen war, verlagerte sich das weltrevolutionäre Interesse Moskaus nach Asien. Zum Hauptobjekt dieses Interesses entwickelte sich China. Endziel des sowjetischen Engagements (Militärhilfe, Wirtschaftshilfe) war die proletarische Revolution in China mit Hilfe einer Guomindang, die durch die chinesischen Kommunisten und sowjetischen Berater "bolschewisiert" werden sollte (17).

Die sowjetische Strategie scheiterte am Widerstand der von Chiang Kai-shek geführten rechten Guomindang. Das Debakel in China im Jahre 1927 war vor allem eine Niederlage Stalins, der sich in der Auseinandersetzung mit Trotzkij bis zuletzt für die

Beibehaltung des Bündnisses mit der Guomindang eingesetzt hatte. Diese Katastrophe hatte auf Stalin eine solch traumatische Wirkung, daß er sich nunmehr von Asien völlig degagierte, sich innenpolitischen und europäischen Problemen zuwandte und bis zum Ende des II.Weltkriegs keiner einzigen asiatischen kommunistischen Partei mehr besonderes Interesse schenkte. Dies galt auch für die im Februar 1930 gegründete "Kommunistische Partei Vietnams", die sich im Oktober desselben Jahres auf Grund einer Empfehlung der Komintern in "Kommunistische Partei Indochinas" (KPIC) umbenannte (18).

In den dreißiger Jahren erhielt die KPIC Weisungen aus Moskau, die dem wechselhaften Kurs der Komintern-Politik entsprachen (19). 1933 empfahl die Komintern-Führung, für die Unabhängigkeit Indochinas zu kämpfen, 1936 wurde diese Empfehlung zurückgezogen. Nach dem Abschluß des Ribbentrop-Molotow-Pakts im August 1939 rief Moskau erneut zur Verfolgung eines antifranzösischen Kurses auf, was zum Verbot der KPIC führte. Sowjetische Verlautbarungen bezogen sich hierbei fast ausschließlich auf Vietnam, während Laos und Kambodscha als Hinterland Vietnams betrachtet wurden, in dem eigene kommunistische Bewegungen nicht existierten.

Im Mai 1941 gründete die KPIC den Vietminh (Liga für die Unabhängigkeit Vietnams), der alle wichtigen Gruppierungen zusammenfaßte, die - unter kommunistischer Führung - die Vertreibung der Japaner und Franzosen sowie die Gründung einer unabhängigen Republik zum Ziel hatten. Die Gründung erfolgte offenbar unabhängig von Moskau. Wir wissen nicht, was die sowjetische Führung hierüber dachte. Der Vietminh besetzte, seit Herbst 1944 von chinesischen Basen in Guangxi und Yunnan aus operierend, bis zum August 1945 viele Landesteile, und am 2.September rief Ho Chi Minh in Hanoi die Gründung der "Demokratischen Republik Vietnam" aus.

Damit war zum ersten Mal in Asien ohne sowjetische Hilfe ein Staat entstanden, der unter kommunistischer Führung stand. In Europa liegt der Vergleich mit Jugoslawien nahe. In Asien bilden die Mongolei und Nord-Korea die Gegenbeispiele. Titos, Ho Chi Minhs und Mao Zedongs Selbstbewußtsein erklärt sich nicht zuletzt aus der Tatsache, nicht auf den Spitzen sowjetischer Bajonette zur Macht gekommen zu sein.

Stalin schenkte dem neuen kommunistischen Regime in Südostasien nur wenig Aufmerksamkeit und erkannte die Regierung Ho Chi Minhs diplomatisch nicht an. Hierfür waren offenbar mehrere Gründe maßgebend (20):

- Das China-Trauma von 1927 schien noch immer nachzuwirken und hielt Stalins Mißtrauen gegenüber der Effizienz asiatischer kommunistischer Parteien wach.
- Moskau unterschätzte die Stärke des Vietminh, wie es zur selben Zeit die Schlagkraft der von ihm kaum unterstützten chinesischen Roten Armee unterbewertete.
- Stalin schätzte es nicht, wenn Kommunisten außerhalb der Reichweite sowjetischer Geschütze an die Macht kamen.
- Die sowjetische Hauptaufmerksamkeit war auf Westeuropa gerichtet, wo sich der Kreml große Hoffnungen auf eine legale Machtergreifung der Kommunisten in Frankreich (und Italien) machte.

Die Unterstützung der französischen Kommunisten erforderte es, gegenüber dem Vietminh, mit dem Paris im März 1946 einen Kompromiß geschlossen hatte, auf Distanz zu gehen. Die französische KP war damals stärkste Partei in Frankreich und zwischen November 1945 und Mai 1947 an der Regierung beteiligt. Sie mußte sich an die allgemeine Stimmung in der französischen Wählerschaft anpassen, die gegen einen Verzicht auf die Kolonien gerichtet war. Nachdem im Dezember 1946 der Krieg Frankreichs gegen den Vietminh ausgebrochen war, ging der Opportunismus der französischen KP so weit, daß im März 1947 die erforderlichen Kriegskredite vom französischen Parlament mit allen Stimmen der kommunistischen Fraktion bewilligt wurden und Parteichef Maurice Thorez als Stellvertretender Minister den Angriffsbefehl gegen das kommunistische Vietnam gegenzeichnete.

Die entsprechende Zurückhaltung gab man in Moskau erst auf, nachdem die französischen Kommunisten im Mai 1947 aus der Regierung ausgeschieden waren. Allerdings beschränkte sich die sowjetische Unterstützung, die nunmehr dem Vietminh gewährt wurde, genau wie diejenige durch die französischen Kommunisten auf verbale Solidaritätsbekundungen.

Eine neue Situation entstand für den Vietminh und auch für die Sowjetunion durch den Sieg der chinesischen Kommunisten und die Gründung der Volksrepublik China im Oktober 1949. Es scheint, daß dieses Ereignis in Moskau mit gemischten Gefühlen zur Kenntnis genommen wurde, weil es künftige Rivalitäten vorausahnen ließ, die sich besonders in Asien auswirken würden. Liu Shaoqi erklärte bereits im November 1949 den chinesischen Weg zum Sozialismus zum Modell für viele Entwicklungsländer. Seine Ausführungen wurden - wenn auch mit fast zweimonatiger Verspätung - in der sowjetischen Presse abgedruckt (21). Sie blieben in Moskau öffentlich genauso unwidersprochen wie Äußerungen anderer chinesischer Führungspersönlichkeiten (22), die Anfang der fünfziger Jahre den chinesischen Weg als besonders geeignet für die Länder Asiens herausstellten, dürften aber damals schon von Stalin als Herausforderung des sowjetischen Anspruchs auf die führende Rolle im Weltkommunismus empfunden worden sein. Moskau sah sich zu einem stärkeren Engagement in Asien, nicht zuletzt in Vietnam, gedrängt.

Zu einer diplomatischen Anerkennung Hanois fand sich die UdSSR allerdings erst am 30.Januar 1950 bereit - zwei Wochen, nachdem Ho Chi Minh in einer Botschaft an alle Regierungen der Welt hierum ersucht hatte, und zwölf Tage nach der Anerkennung Vietnams durch die VR China (23). Die publizistische Unterstützung Hanois durch die UdSSR und durch das im September 1947 gebildete Kominform intensivierte sich seither. Doch zu umfangreicher militärischer Hilfe an das bedrängte kommunistische Vietnam konnte man sich in Moskau während des Krieges gegen Frankreich offenbar nicht entschließen (24). Peking hingegen, das Anfang 1950 von Ho Chi Minh während eines Geheimbesuchs in China hierum gebeten worden war, leistete allem Anschein nach in einem so beachtlichen Maße Wirtschafts- und Militärhilfe, daß diese kriegsentscheidend wurde (25). So soll Le Duan 1957 festgestellt haben: "Ohne Chinas Hilfe hätten wir Frankreich nicht besiegen können" (26).

Westliche Beobachter stimmen im großen und ganzen darin überein (27), daß Ho Chi Minh vor allem durch sowjetischen Druck zur Unterschrift unter das Genfer Abkommen vom Juli 1954 veranlaßt wurde, das den Ersten Vietnamkrieg beendete. Ho hätte aufgrund seiner militärischen Erfolge mehr erwarten können als die Teilung des Landes und die Beschränkung seines Herrschaftsbereichs auf Nord-Vietnam. Moskau erstrebte offenbar vor allem deswegen ein baldiges Ende des Krieges, weil es ein starkes Interesse daran hatte, das Zustandekommen der Europäischen Verteidigungsgemeinschaft (EVG) zu verhindern. Nachdem ein entsprechendes

Tauschgeschäft, das Molotow seinem französischen Kollegen Bidault bereits im Februar 1954 angeboten hatte, gescheitert war, bot sich Moskau eine letzte Chance: Der EVG-Gegner Mendès-France bildete im Juni eine neue Regierung und machte deren Schicksal von der Unterzeichnung eines Waffenstillstandsabkommens über Vietnam binnen eines Monats abhängig. Zhou Enlai, der offenbar nach dem Korea-Krieg eine neue militärische Konfrontation mit den USA vermeiden wollte, verhielt sich kooperativ. Das Tauschgeschäft kam nunmehr zustande: Das Genfer Abkommen wurde unterzeichnet, und die EVG scheiterte am französischen Einspruch. Zum zweiten Mal hatte Moskau die Solidarität mit den vietnamesischen Genossen seinen europäischen Interessen geopfert.

II. 1955 - 1964: Gemäßigtes Engagement

Auch in den verbleibenden fünfziger Jahren zeigte sich die Kremlführung wegen ihres vorrangigen Engagements in Europa, Nahost und China an Nord-Vietnam nicht sonderlich interessiert. Als die im Genfer Abkommen vorgesehenen Wahlen in Gesamtvietnam nicht stattfanden, protestierte Moskau zum Ärger Hanois (28) nur schwach. Allerdings begann die UdSSR ab 1955, mit Hanoi einen sich stetig ausweitenden Handel zu treiben und in zunehmendem Maße Hilfe zu leisten (29).

Nach dem Verlust der "Reisschüssel" in Süd-Vietnam mußte Nord-Vietnam eine eigene Industrie aufbauen, um durch Exporte die nötigen Devisen für die Einfuhr von Reis zu gewinnen. Da China im industriellen Bereich nichts zu bieten hatte, wandte sich Hanoi um Hilfe an die Sowjetunion und deren europäische Verbündete. Der Umfang dieser Wirtschaftshilfe läßt sich nicht genau bestimmen, da offizielle Zahlen der beteiligten Staaten fehlen. Im Hinblick auf die Sowjetunion lassen sich gewisse Anhaltspunkte dem jeweiligen Umfang der unausgeglichenen Handelsbilanz entnehmen (30). Nach westlichen Schätzungen betrug die sowjetische und die chinesische Wirtschaftshilfe zwischen 1955 und 1964 je etwa US$ 500 Mio. (31).

Das sowjetische Interesse an Indochina verstärkte sich, als der Konflikt mit China um 1960 in ein akutes Stadium trat. Hierbei geriet Chruschtschow allerdings in ein Dilemma. Um dem chinesischen Einfluß in Nord-Vietnam entgegenzuwirken, mußte er den

Wünschen Hanois entgegenkommen. Soweit es um Wirtschaftshilfe ging, die Moskau in der Tat 1960 verstärkte (32), gab es keine Probleme. Soweit aber Hanois Streben nach einer Verschärfung des Konflikts mit Saigon betroffen war, sah sich der Kreml gehalten, mit Rücksicht auf seine Bemühungen um Entspannung mit den USA Zurückhaltung zu üben. Das Ergebnis war eine Politik des Lavierens.

Hanoi nutzte seinerseits den sowjetisch-chinesischen Konflikt aus, indem es eine Schaukelpolitik zwischen Moskau und Peking betrieb. 1963/64 kam es zu einer vorübergehenden Abkühlung des sowjetisch-vietnamesischen Verhältnisses, als Hanoi, auf der chinesischen Linie operierend, das Teststopabkommen ablehnte. Chruschtschow gewann in der ersten Hälfte des Jahres 1964 offenbar den Eindruck, daß Nord-Vietnam in das chinesische Lager abgedriftet war, denn er schien bereit zu sein, sich aus Indochina zu degagieren, den sowjetischen Ko-Vorsitz in der Internationalen Kontrollkommission niederzulegen und die Wirtschaftshilfe an Hanoi drastisch zu kürzen.

III. 1965 - 1975: Starkes Engagement

Nach Chruschtschows Sturz (Oktober 1964) beendete die neue Kreml-Führung die Zurückhaltung gegenüber den vietnamesischen Kommunisten. Hauptgrund war offenbar das verstärkte Engagement der USA, das bereits nach den Zwischenfällen im Golf von Tongking (August 1964) einsetzte und die Sowjetunion dazu veranlaßte - auch mit Rücksicht auf die chinesische Konkurrenz -, Beweise ihrer Solidarität zu liefern. Ein zusätzliches Interesse an einer Präsenz in der Region ergab sich aus dem seit der Niederlage in der Kuba-Krise feststellbaren Bestreben, die sowjetische Flotte zielstrebig auszubauen und auch im Indischen Ozean ständig Einheiten zu stationieren.

Die UdSSR räumte nunmehr der NLF eine ständige Vertretung in Moskau ein (33) und verstärkte nach der Landung amerikanischer Bodentruppen (Anfang 1965) und der Aufnahme systematischer Bombardierungen Nord-Vietnams durch die amerikanische Luftwaffe (Februar 1965) die Lieferung von Waffen, besonders von Flugabwehrsystemen. Gleichzeitig bemühte sich Moskau mit Rücksicht auf die Entspannungspolitik gegenüber Washington um eine Verhandlungslösung. So schlug die Sowjetführung im Februar 1965

Peking und Hanoi die Abhaltung einer neuen internationalen Indochina-Konferenz vor (34). China lehnte offenbar sofort ab, Nord-Vietnam später (35).

Ebenfalls am Widerstand Pekings scheiterte ein von Hanoi akzeptierter sowjetischer Vorschlag vom April 1965, ein sowjetisch-chinesisch-vietnamesisches Gipfeltreffen abzuhalten, auf dem offenbar ein koordiniertes Vorgehen in der Vietnamfrage beraten werden sollte (36). Außerdem entstanden in der Frage der sowjetischen Waffenlieferungen zwischen Moskau und Peking Schwierigkeiten. Die Sowjets warfen den Chinesen Behinderung des Transports durch chinesisches Territorium vor. Peking bestritt dies und erklärte, das sowjetische Material sei teilweise veraltet und beschädigt.

Diese Vorgänge konnten jedoch nichts daran ändern, daß ab 1965 die sowjetisch-vietnamesische Zusammenarbeit immer enger wurde. Die sowjetische Wirtschaftshilfe, vor allem aber die Militärhilfe, wurde beachtlich gesteigert. Gesicherte Angaben können hierzu nicht gemacht werden, da Moskau und Hanoi keine Zahlen veröffentlicht haben, die einen Gesamtüberblick erlauben. Nach westlichen Schätzungen (37) ergibt sich zur Wirtschaftshilfe, in runden Zahlen ausgedrückt, folgendes Bild:

1955 - 1964	US$ 0,5 Mrd.
1965 - 1975	US$ 1,6 Mrd.
1976 - 1980	US$ 2,5 Mrd.

Die Wirtschaftshilfe, die Moskau zwischen 1955 und 1964 Nord-Vietnam zusagte, betrug etwa 7% der für den gleichen Zeitraum kommunistischen Ländern und etwa 10% der nichtkommunistischen Entwicklungsländern zugesagten Hilfe (38). Dies erscheint nicht viel, besonders wenn man bedenkt, daß das kommunistische Bruderland Nord-Vietnam in jener Periode ungefähr sieben Jahre lang Krieg führte. In der folgenden Dekade stieg die Vietnam-Hilfe auf etwa 20% der den nichtkommunistischen Entwicklungsländern zugesagten Wirtschaftshilfe (39). Von 1966 auf 1967 stieg der sowjetisch-vietnamesische Handel sprunghaft an und verharrte in den darauffolgenden Jahren auf diesem Niveau (40). Nach sowjetischen Angaben kamen zwischen 1967 und 1970 80% der Wirtschaftshilfe aus der UdSSR (41).

Die Militärhilfe, die die Sowjetunion zwischen 1965 und 1975 an

Vietnam leistete, betrug nach westlichen Schätzungen rund US$ 5 Mrd. (42). Damit machte diese Hilfe etwa 20% der globalen von Moskau im gleichen Zeitraum geleisteten Militärhilfe und 1/3 der an nichtkommunistische Entwicklungsländer geleisteten Militärhilfe aus (43). Die gesamte Militärhilfe, die das kommunistische Vietnam zwischen 1965 und 1970 erhielt, stammte offenbar zu 65% aus der Sowjetunion und zu 25% aus China (44).

Zwar stieg die sowjetische Wirtschaftshilfe nach 1965 und wurde durch das wertmäßig mehr als Dreifache an Militärhilfe ergänzt. Auch verzichtete Moskau kurz nach dem Abschluß des Pariser Friedensvertrags auf die Rückzahlung der Hanoi gewährten Darlehen (45). Doch insgesamt kann man, wie der obige Vergleich mit den Hilfeleistungen an andere Staaten zeigt, nicht von einer massiven oder gar dramatischen Hilfe an Vietnam sprechen. Diese Feststellung wird auch im Hinblick auf die Tatsache getroffen, daß Vietnam das einzige kommunistische "Bruderland" war, das in der betrachteten Periode einen Krieg führte. Die Vermutung liegt nahe, daß Moskau genauso viel und nicht mehr Hilfe leistete, wie es für erforderlich hielt, um gegenüber dem chinesischen Rivalen bestehen zu können und Hanoi von einem Abdriften in das chinesische Lager abzuhalten. Peking beziffert seine zwischen 1950 und 1978 an Vietnam geleistete Hilfe auf "mehr als 20 Mrd.US$" (46). Wenn diese Zahl zutrifft - und offensichtlich wurde sie von Hanoi bisher nicht bestritten -, so würde dies bedeuten, daß die VR China dem kommunistischen Vietnam insgesamt etwa doppelt so viel an Hilfe leistete wie die Sowjetunion.

Die seit 1965 feststellbare sowjetische Tendenz, sich stärker in Vietnam zu engagieren, erhielt weiteren Auftrieb, als Nixon 1969 die "Vietnamisierung" des Krieges und den bevorstehenden Rückzug der USA vom asiatischen Festland verkündete (Nixon-Doktrin vom Juli 1969). In Moskau witterte man ohne Zweifel eine gute Chance, das entstehende Vakuum zu füllen. Als Indiz hierfür kann gelten, daß Breshnew etwa gleichzeitig ein "System der kollektiven Sicherheit für Asien" (47) inaugurierte - ein bis heute nicht gelungener Versuch, ein permanentes Mitspracherecht der (territorial zu 75% asiatischen) Sowjetunion in Asien zu etablieren und so - besonders nach dem "Ussuri-Konflikt" (März 1969) - bessere Voraussetzungen für eine stärkere Eindämmung der Volksrepublik China zu schaffen.

Auf der anderen Seite zeigte sich Moskau darum bemüht, den Gesprächsfaden mit Washington nicht abreißen zu lassen. Ohne Rücksicht auf den Unwillen Hanois (48) empfing Breshnew im Mai 1972 Nixon im Kreml. Ebenfalls dem Fortgang der Entspannung mit den USA zuliebe drängte die UdSSR Anfang 1973 gegen den Widerstand der vietnamesischen Führung auf einen schnellen Abschluß der Pariser Friedensverhandlungen. Eine vietnamesische Hinwendung nach China brauchte Moskau dennoch nicht zu befürchten, weil Hanoi auf die sowjetischen Waffenlieferungen, besonders die Lieferung von Luftabwehrsystemen, mehr denn je angewiesen war und die vietnamesische Verärgerung über die chinesische Annäherung an Washington (Nixon-Besuch in Peking im Februar 1972) tief saß.

IV. 1975 - 1978: Moskau gewinnt einen neuen Bündnispartner

1978 begann mit der Aufnahme Hanois in den COMECON die Periode des bisher stärksten sowjetischen Einflusses in Vietnam (und Indochina). Wiederum wird man kaum behaupten können, daß diese Entwicklung das Ergebnis genialer sowjetischer Langzeitplanung war (49). Hier spielte vielmehr das Zusammenwirken unterschiedlicher Faktoren eine Rolle, von denen die folgenden als besonders wichtig anzusehen sind:

1. Der vollständige Rückzug der USA aus Indochina am Ende des Zweiten Vietnam-Kriegs.
2. Die Verschlechterung der sino-vietnamesischen Beziehungen bis hin zur Einstellung der chinesischen Hilfe an Vietnam.
3. Das Ausbleiben genügender Wirtschaftshilfe seitens nichtkommunistischer Industriestaaten, besonders seitens der USA.
4. Die gleich nach dem Ende des Krieges erklärte Bereitschaft der Sowjetunion, im großen Maßstab beim Wiederaufbau Vietnams zu helfen.
5. Der Fehlschlag der sowjetischen Bemühungen, die Annäherung zwischen Tokyo und Peking zu verhindern.

Auf die Ursachen des sino-vietnamesischen Konflikts kann hier nicht im einzelnen eingegangen werden (50). Die chinesische Führung scheint jedoch schon im Sommer 1975 zu der Einschätzung gelangt zu sein, daß Hanoi bereit sein würde, sich auf eine enge wirtschaftliche Zusammenarbeit mit der Sowjetunion als dem potenteren Geberland einzulassen, obwohl Hanoi noch im Mai 1975 erklärt hatte, es werde im sino-sowjetischen Konflikt nicht Partei ergreifen (51). Im August 1975 unterzeichneten nämlich Vietnam und die UdSSR ein Protokoll über die Koordination der beiderseitigen Volkswirtschaftspläne für die Periode 1976-1980 (52). Die Chinesen betrachteten dieses Protokoll offenbar - und nicht ganz zu Unrecht - als die Schaffung erster Voraussetzung für eine Aufnahme Vietnams in den kommunistischen Wirtschaftsblock. Dies könnte auch ein Grund dafür gewesen sein, warum China Wirtschaftshilfe in Höhe von offenbar nur je 300 Mio.US$ für 1976 und 1977 zusagte (53) (die sowjetischen Zusagen für das gesamte Planjahrfünft betrugen offenbar mindestens 2,5 Mrd.US$) und warum Peking wenig Neigung zeigte, den kommenden Konflikten mit Hanoi aus dem Wege zu gehen, bis es im Juni 1978 die Einstellung der Wirtschaftshilfe an Vietnam und den Rückzug der chinesischen Techniker verkündete (54). Ein weiterer Grund war sicher, daß China seine Ressourcen für das inzwischen angelaufene Programm der "Vier Modernisierungen" selbst dringend benötigte.

Für die Bereitschaft der Kremlführung zu einem stärkeren Engagement in Vietnam war es sicher auch von Bedeutung, daß im Frühjahr 1978 ihre Absicht fehlschlug, Japan durch einen Vertrag über gute Nachbarschaft und Zusammenarbeit enger an sich zu binden und einen sino-japanischen Friedens- und Freundschaftsvertrag zu verhindern, der dann im August 1978 zustande kam (55).

Die vietnamesische Führungsspitze wollte direkt nach dem Kriegsende offenbar eine einseitige Bindung an die Sowjetunion vermeiden. Hiervon zeugen Hanois Beitritt zum Internationalen Währungsfonds und zur Weltbank (Ende 1976), die Mitarbeit in der Asiatischen Entwicklungsbank sowie das besonders 1977 sichtbare Bestreben, möglichst viel Wirtschaftshilfe von den USA, Westeuropa, Kanada und Japan zu erhalten (56). Insbesondere Pham Van Dongs Idealvorstellung war es offenbar, den Wirtschaftsaufbau Vietnams je zur Hälfte durch Hilfe einerseits seitens der UdSSR und Chinas und andererseits seitens der genannten nichtkommunistischen Industrieländer zu finanzieren (57). Dieser Plan scheiterte an der Zurückhaltung der westlichen Länder, insbesondere der USA.

Vietnam sah sich nunmehr mit der Sowjetunion alleingelassen.

Moskau seinerseits war mit einer bis dahin kaum vorhersehbaren günstigen Gelegenheit konfrontiert, endlich in Südostasien direkt Fuß zu fassen, ohne ein größeres Risiko (z.B. die direkte Konfrontation mit den USA) einzugehen.

Wegen der großen geographischen Entfernung braucht Vietnam nicht zu befürchten, ein Opfer der "brüderlichen Hilfe" der UdSSR zu werden, wie dies unlängst dem sowjetischen Nachbarland Afghanistan widerfuhr. Andererseits hat die sowjetische Hilfsbereitschaft ihre Grenzen, nämlich zum Beispiel dort, wo eine große kriegerische Auseinandersetzung mit China droht. Dies hat sich deutlich an des Kremls Zurückhaltung während des sino-vietnamesischen Krieges vom Februar 1979 gezeigt.

In Moskau dürfte der Beschluß, Vietnam in den COMECON einzuverleiben, der auf dessen 22.Tagung (27.-29.Juni 1978) fiel (58), gegen den Widerstand vieler sowjetischer Ökonomen und der osteuropäischen Verbündeten gefaßt worden sein. Denn Vietnam mußte (zusammen mit Laos) angesichts der desolaten Wirtschaftslage, die inzwischen durch den Krieg im Kambodscha noch weiter verschlechtert wurde, als ein Faß ohne Boden erscheinen. So soll Moskau 1978 und 1979 insgesamt für etwa 1 Mrd.US$ Rüstungsgüter an Vietnam geliefert haben; die seit Ende 1979 geleistete gesamte zivile und militärische Hilfe wird auf täglich 2,5 Mio.US$ geschätzt (59).

Doch für die Kremlführung war die machtpolitische Versuchung, den Sowjetblock um ein "Kuba" in Südostasien zu erweitern, die sowjetische Position in der globalen Rivalität mit den USA zu stärken und gleichzeitig China wirkungsvoller eindämmen zu können, zu groß, um ihr aufgrund rein ökonomischer Überlegungen widerstehen zu können.

V. Ausblick

Die sowjetisch-vietnamesische Allianz scheint festgefügt zu sein. Ihr formeller Ausdruck ist der bündnisähnliche politische Kooperationsvertrag vom 3.November 1978 (60). Man mag einwenden, daß Moskau mit China sogar einen echten Bündnisvertrag und mit Ägypten und Somalia politische Kooperationsverträge schloß, daß diese Verträge gute Beziehungen nur für jeweils zehn, fünf und drei Jahre sichern konnten und daß zwischen den Vertragspartnern seither Kalter Krieg herrscht. Man sollte aber auch bedenken, daß keiner der drei genannten Staaten in den COMECON aufgenommen worden war. Die langfristige wirtschaftliche Koordination mit dem Sowjetblock und der offenbar langfristig angelegte sino-vietnamesische Konflikt gestatten es, der Achse Moskau-Hanoi eine vergleichsweise lange Lebensdauer vorauszusagen. Außerdem: Solange Hanoi seine expansionistischen Pläne in Indochina weiter verfolgt, ist es auf sowjetische Hilfe angewiesen.

Sollte Hanoi über die Grenzen des heutigen Indochina hinaus expandieren wollen, so wird es von Moskau dann nicht hierzu ermuntert werden, wenn dies die Gefahr einer militärischen Konfrontation der UdSSR mit China oder den USA mit sich bringen würde. Sollte sich andererseits eine Konstellation ergeben (Annäherung an die USA und/oder Entspannung mit Peking), die es den selbstbewußten, auf Unabhängigkeit bedachten Vietnamesen gestattet, die einseitige Bindung an die Sowjetunion zu lockern oder zu lösen, so wird die Kremlführung keine Macht haben, Hanoi hieran zu hindern. Die sowjetische Hilfe, gedacht als politisch-strategische Waffe gegenüber China und den USA sowie als Mittel zum Ausbau der sowjetischen Präsenz in Südostasien, würde dann ihren Wert verloren haben. Massive Investitionen wären sinnlos vertan - wie in den Fällen China, Indonesien, Ägypten und Somalia. Insofern birgt das starke Engagement in Indochina längerfristig für die Sowjetunion kein geringes Risiko.

C. Die sowjetische Politik gegenüber Kambodscha und Laos

Es mag auf den ersten Blick verwundern, daß in den bisherigen Ausführungen fast nur von Vietnam die Rede war. Mit den Augen der sowjetischen Außenpolitiker gesehen, ist dies indes voll gerechtfertigt. Denn Moskau richtete bis zum Ende des II.Vietnam-Krieges sein Interesse, sofern ein solches überhaupt erkennbar war, auf Vietnam als auf die einzige indochinesische Region, in der seit den dreißiger Jahren eine vergleichsweise starke kommunistische Partei unter dem Patronat der Komintern existierte, der es im II.Weltkrieg gelungen war, sich an die Spitze einer antikolonialistischen Befreiungsbewegung zu setzen.

Gegenüber Laos und Kambodscha (61) betrieb die UdSSR eine im großen und ganzen zurückhaltende Politik. Diese war auf die Erreichung bzw. Erhaltung einer Neutralität gerichtet, die möglichst wenig amerikanischen und (seit dem Ende der fünfziger Jahre) chinesischen Einfluß zuließ. Soweit die Sowjetunion überhaupt Aktivität entfaltete, war diese außerdem darauf gerichtet, Hanoi gegenüber Solidarität zu demonstrieren. Die Gesamthaltung der Kremlführung ging offenbar - völlig zu recht - von dem Kalkül aus, das Schicksal der beiden Staaten werde vom Ausgang des Vietnam-Kriegs abhängen. Nachdem dieser von Hanoi gewonnen worden war, vergrößerte sich der sowjetische Einfluß in Laos und Kambodscha sozusagen automatisch in dem Maße, in dem Hanoi dort dominant wurde.

I. Kambodscha

Die Sowjetunion nahm 1956 diplomatische Beziehungen zu Kambodscha auf und schloß einen Freundschaftsvertrag ab. Gleichzeitig begann sie, technische Hilfe zu leisten und einen bescheidenen, sich kaum ausweitenden Handel zu treiben (62). Auf die 1951 als Ableger der Kommunistischen Partei Indochinas gegründete, auch von Peking unabhängige Kommunistische Partei Kambodschas (Pracheachon) scheint Moskau kaum einen Einfluß ausgeübt zu haben.

Nachdem Sihanouk 1967 die NLF Südvietnams anerkannt hatte, unterstützte die UdSSR in zunehmendem Maße kambodschanische Forderungen nach Garantie der territorialen Integrität Kambodschas. Im sino-sowjetischen Konflikt ergriff Sihanouk in der Regel die Partei Pekings, da er China als die einzige Macht ansah, die die befürchtete Expansion Vietnams nach Westen verhindern konnte. Nachdem sich die sowjetische Position in Phnom Penh nach 1968 etwas gefestigt hatte, entschied sich Moskau nach der Absetzung Sihanouks für Long Nol.

Auch als Moskau Sihanouks Exilregierung im Oktober 1973 anerkannte, brach es nicht alle Beziehungen zum Long-Nol-Regime ab und unterhielt bis zur Einnahme Phnom Penhs durch die Khmer Rouge (17.April 1975) dort eine Botschaft, wenn auch mit reduzierter Besetzung. Dies führte dazu, daß die sowjetischen Diplomaten die kambodschanische Hauptstadt genauso verlassen mußten wie ihre westlichen Kollegen. Die sowjetische Botschaft wurde von Soldaten der Khmer Rouge verwüstet. Die eindeutig prochinesische Haltung des Pol-Pot-Regimes schloß - trotz intensiven sowjetischen Werbens - zunächst jedweden Einfluß der UdSSR in Kambodscha aus.

Die änderte sich erst, nachdem Phnom Penh am 7.Januar 1979 durch Truppen Hanois und der provietnamesischen "Einheitsfront für die Rettung Kambodschas" eingenommen worden war. Das Heng-Samrin-Regime wurde unmittelbar nach seiner Etablierung von der Sowjetunion als "einzige legale Regierung Kambodschas" anerkannt (63). Der Abschluß von politischen Kooperationsverträgen mit Hanoi (18.Februar 1979) (64) und Ost-Berlin (18.März 1980) (65) symbolisierte den (indirekten) Anschluß eines "vietnamisierten" Kambodscha an den Sowjetblock.

II. Laos

Auch im Hinblick auf Laos, mit dem die Sowjetunion seit 1960 diplomatische Beziehungen unterhält, war sie bis zum Ende des Vietnam-Kriegs vor allem um die Herstellung bzw. Erhaltung von Neutralität und Unabhängigkeit - insbesondere in Bezug auf Washington und Peking - bemüht. Zwar unterstützte Moskau die Pathet Lao, den militärischen Arm der laotischen Kommunisten, mit Waffen. Doch die Sowjets waren genauso wie die Amerikaner, die der Regierung in Vientiane Militärhilfe leisteten, darauf bedacht, ihr Engagement nicht bis zu einem Punkt auszuweiten, bei dem eine direkte Konfrontation mit der jeweils anderen Großmacht drohte.

Die UdSSR wirkte an der Durchführung der Genfer Konferenz von 1961/62 mit, die mit einer Einigung über die Neutralisierung von Laos endete. Das im Februar 1973 zwischen der laotischen Regierung und der linken "Patriotischen Front von Laos" abgeschlossene Protokoll über die Bildung einer Koalitionsregierung wurde von Moskau begrüßt, weil es der bisher vorhandenen Doppelbödigkeit der sowjetischen Politik (diplomatische Beziehungen zu Vientiane bei gleichzeitiger militärischer Unterstützung der Pathet Lao) einen legitimen Anstrich verlieh.

Als die laotischen Kommunisten im Dezember 1975 die "Laotische Volksdemokratische Republik" ausriefen, wurden sie sowohl von Moskau als auch Peking beglückwünscht. Mehrere hundert sowjetische Techniker begannen, die abziehenden Amerikaner zu ersetzen. Allerdings waren im Norden auch noch die Chinesen mit etwa 15.000 Soldaten präsent, die dort im Straßenbau eingesetzt waren. Als Garanten für den Einfluß Hanois blieben etwa 30.000 vietnamesische Soldaten in Laos.

Vietnam gewährte Laos für 1978-1980 zinsfreie Darlehen. Zum Hauptgeberland für Wirtschaftshilfe entwickelte sich allerdings die Sowjetunion, die nach westlichen Schätzungen im Jahre 1977 Schenkungen und Kredite in Höhe von 30-40 Mio.US$ sowie Militärhilfe zusagte. Als formeller Ausdruck der verstärkten Abhängigkeit von Vietnam (und der UdSSR) kann der vietnamesisch-laotische politische Kooperationsvertrag gelten, der am 18.Juli 1977 abgeschlossen wurde (66).

1978 verschlechterten sich die laotischen Beziehungen zu China im Gefolge des beginnenden Krieges zwischen Vietnam und Kambodscha. Die Zahl der im Straßenbau eingesetzten chinesischen Soldaten wurde auf 1.000-2.000 verringert, die Baumaßnahmen kamen praktisch zum Erliegen. Zur gleichen Zeit verstärkte sich die sowjetische Hilfe. Nach dem sino-vietnamesischen Krieg vom Februar 1979 sah sich Laos schließlich gezwungen, seine scheinbare Neutralität gegenüber Peking aufzugeben und China offen anzugreifen. Die "schleichende Vietnamisierung" hatte damit außenpolitisch ihren Höhepunkt erreicht. Die Schaffung einer sowjetisch-laotischen Wirtschaftskommission (Februar 1979) (67) und der Abschluß eines politischen Kooperationsvertrags mit der Tschechoslowakei (Februar 1980) (68) deuten darauf hin, daß der Prozeß der Heranführung von Laos in den Sowjetblock kontinuierlich fortschreitet.

Handel der UdSSR mit Indochina

(in Mio.Rubel)

	mit dem komm. Vietnam			mit Kambodscha			mit Laos		
	Einfuhr	Ausfuhr	Bilanz	Einfuhr	Ausfuhr	Bilanz	Einfuhr	Ausfuhr	Bilanz
1946-54									
1955	3.3	0	3.3						
1956	5.2	1.2	4.0						
1957	8.7	2.9	5.8						
1958	7.4	8.9	-1.5	1.6		1.6			
1959	17.9	14.0	3.9	1.2		1.2			
1960	22.0	20.8	1.2	1.9	2.7	-0.8			
1961	37.2	23.1	14.1	1.4	5.6	-4.2			
1962	49.2	27.2	22.0	2.0	5.5	-3.5			
1963	51.0	31.8	19.2	2.9	1.9	1.0			
1964	42.9	31.3	11.6	1.6	0.7	0.9			
1965	67.4	27.5	39.9	2.6	1.1	1.5			
1966	61.4	22.8	38.6	2.2	0.5	1.7			
1967	132.9	18.8	114.1	1.2	0.6	0.6			
1968	143.3	16.1	127.2	0.6	1.9	-1.3			
1969	170.4	15.2	155.2	0.6	0	0.6			
1970	166.5	16.7	149.8	0.3	1.4	-1.1			
1971	139.3	21.5	117.8	0.1	0	0.1			
1972	94.2	22.6	71.6						
1973	142.9	36.9	106.0						
1974	192.3	43.4	148.9						
1975	158.7	47.8	110.9						
1976	232.5	63.6	168.9				10.6	0	10.6
1977	274.2	129.8	144.4				22.6	0	22.6
1978	305.5	152.3	153.2				11.6	0.2	11.4
1979	446.2	147.6	298.6	?	?	?	25.0	0.2	24.8

Quellen: Vnešnaja torgovlja SSSR, 1918-1966 gg., Moskau 1967; Vnešnaja torgovlja SSSR, Ausgaben 1967 bis 1978, Moskau 1968 bis 1979; Außenhandel (Moskau), Jg.1980, Nr.3

Anmerkungen:

1) Hierzu Robert A.Scalapino, Asia and the Major Powers, Stanford, California, 1972, S.52.
2) Vgl. zum Fall Afghanistan Heinrich Vogel (Hrsg.), Die sowjetische Intervention in Afghanistan, Schriftenreihe des Bundesinstituts für ostwissenschaftliche und internationale Studien, Bd.8, Baden-Baden 1980 (zu den sowjetischen Interventionsmotiven besonders die Beiträge von Wolfgang Berner, Astrid von Borcke, Helmut Dahm, Gerhard Simon und Gerhard Wettig, passim).
3) Bei der Darstellung der außenpolitischen Prioritäten hat sich der Verfasser u.a. von einem unveröffentlichten Arbeitspapier seines Kollegen Wolfgang Berner anregen lassen.
4) Vgl. zur "Mongolisierung" Afghanistans Dieter Heinzig, Afghanistan: eine neue Qualität sowjetischer Außenpolitik, Aktuelle Analysen des Bundesinstituts für ostwissenschaftliche und internationale Studien, Nr.3/1980, S.2 f.
5) R.A.Ul'janovskij, "Idei velikogo oktjabrja i sovremennye problemy nacional'no-osvoboditel'nogo dviženija",in: Novaja i novejšaja istorija (Moskau), Jg.1977, Nr.3, S.25.
6) Meždunarodnyj ežegodnik, Politika i ėkonomika, vypusk 1977 g., Moskau 1977, S.318.
7) Ebenda, vypusk 1976 g., Moskau 1976, S.309; ebenda, vypusk 1977 g., Moskau 1977, S.294.
8) Zu Begriff und Bedeutung vgl. Helmut Dahm, Das Unternehmen Afghanistan als Lehrstück der politischen und militärischen Doktrin Sowjetrußlands, Berichte des Bundesinstituts für ostwissenschaftliche und internationale Studien, 9-1980, S.41 ff.
9) R.A.Ul'janovskij, "O stranach socialističeskoj orientacii", in: Kommunist (Moskau), Jg.1979, Nr.11, S.123.
10) Ebenda, S.117.
11) Spravočnik propagandista-meždunarodnika, Moskau 1979, S.116.
12) R.A.Ul'janovskij, "Idei velikogo..." (s.o. Anm.5), S.13,16.
13) Ders., "Dvadcatyj vek i nacional'no-osvoboditel'noe dviženie",in: Narody Azii i Afriki (Moskau), Jg.1980, Nr.2, S.8.
14) Russischer Originaltext: Pravda, 4.November 1978, S.1; deutsche Fassung: Europa-Archiv, Folge 6/1979, D 157 ff. - Ein ausführlicher Kommentar zum Vertrag findet sich bei Lau

Teik Soon, "The Soviet-Vietnamese Treaty" (vorgesehen für: Southeast Asian Affairs 1980, Singapore 1980).

15) Tschechoslowakisch-laotischer Vertrag vom 17.Februar 1980, Text: Radio Vientiane, Inlandsdienst, 19.Februar 1980, Summary of World Broadcasts FE/6350/A2/7-9; Vertrag zwischen der DDR und Kambodscha vom 18.März 1980, Text: Neues Deutschland, 22./23.März 1980, S.1.

16) Vietnamesisch-laotischer Vertrag vom 18.Juli 1977, Text: Radio Hanoi, Inlandsdienst, 19.Juli 1977, Summary of World Broadcasts FE/5567/A3/9-11; vietnamesisch-kambodschanischer Vertrag vom 18.Februar 1979, Text: VNA auf englisch, 18.Februar 1980, ebenda, FE/6047/A3/14-16.

17) Zu den sowjetischen Motiven im einzelnen Dieter Heinzig, Sowjetische Militärberater bei der Kuomintang 1923-1927, Schriftenreihe des Bundesinstituts für ostwissenschaftliche und internationale Studien, Bd.1, Baden-Baden 1978, S.289 ff.

18) M.P.Isaev, A.S.Cernyšev, Sovetsko-v'etnamskie otnošenija, Moskau 1975, S.30-33.

19) Vgl. Charles B.McLane, Soviet Strategies in Southeast Asia, Princeton, New Jersey, 1966, S.164, 216-220.

20) Vgl. Donald S.Zagoria, Vietnam Triangle, New York 1967, S.35-37.

21) Pravda, 4.Januar 1950, S.3.

22) Lu Dingyi, in: Narodnyj Kitaj (Peking), Bd.IV, Nr.1-2 (Juli 1951), S.14.

23) Zhonghua renmin gonghe-guo duiwai guanxi wenjian ji, Bd.1, Peking 1957, S.24 f.; Pravda, 31.Januar 1950, S.2.

24) Vgl. Jeoffrey Jukes, The Soviet Union in Asia, Sydney 1973, S.206.

25) Ebenda; McLane, a.a.O. (s.o. Anm.19), S.441; Hoang Van Hoan, in: Beijing Review, Jg.1979, Nr.49, S.12.

26) Ebenda, S.13.

27) Vgl. Adam B.Ulam, Expansion & Coexistence, The History of Soviet Foreign Policy, London 1968, S.698; Jukes, a.a.O. (s.o. Anm.24), S.207; Zagoria, a.a.O. (s.o. Anm.20), S.40.

28) Ebenda, S.42.

29) Vgl.die Tabelle am Schluß und die Schätzungen auf S. 11 dieser Arbeit.

30) Vgl. die Tabelle am Schluß dieser Arbeit.

31) Vgl. die Schätzungen auf S. 11 dieser Arbeit; Zagoria, a.a.O. (s.o. Anm.20), S.270, Anm.16; Lawrence H.Theriot und JeNelle Matheson, "Soviet Economic Relations with Non-Euro-

pean CMEA: Cuba, Vietnam, and Mongolia", in: Soviet Economy in a Time of a Change, A Compendium of Papers Submitted to the Joint Economic Committee, Congress of the United States, Bd.2, Washington, D.C., 10.Oktober 1979, S.569 (hier etwas abweichende Angaben).

32) Zagoria, a.a.O. (s.o. Anm.20), S.43.

33) Pravda, 23.Januar 1965, zit. nach: Heinz Brahm, "Der sowjetisch-chinesische" Konflikt, in: Dietrich Geyer (Hrsg.), Osteuropa-Handbuch, Sowjetunion, Außenpolitik II, Köln/Wien 1976, S.515.

34) Renmin ribao, 11.November 1965, zit. nach Brahm, a.a.O. (s.o. Anm.33).

35) Vgl. Brahm, a.a.O. (s.o. Anm.33).

36) Schreiben des ZK der KPdSU an einige kommunistische Parteien vom Februar oder März 1966, in: Ost-Probleme, Jg.1966, S.231.

37) Schätzungen der EG-Botschaften in Hanoi, vgl. Oskar Weggel, in: CHINA aktuell, November 1978, S.727; John C.Donnel, "Vietnam 1979: Year of Calamity", in: Asian Survey, Januar 1980, S.26 f.; Neue Zürcher Zeitung, 2./3.Juli 1978, S.1; Handbook of Economic Statistics, Central Intelligence Agency, National Foreign Assessment Center, o.O. 1979, S.120; Lawrence H.Theriot und JeNelle Matheson, a.a.O. (s.o. Anm.31). - Interpolationen d. Verf. dieser Arbeit.

38) Handbook of Economic Statistics, ... (s.o. Anm.37), S.116; ebenda, 1978, S.73, 75. - Interpolationen d. Verf. dieser Arbeit.

39) Ebenda, S.73.

40) Vgl. die Tabelle am Schluß dieser Arbeit.

41) Radio Frieden und Fortschritt (Moskau), franz., für Asien, 6.Januar 1973, zit. nach Fritz Opitz und Gerd Linde,"Asienpolitik", in: Dietrich Geyer (Hrsg.), a.a.O. (s.o. Anm.33), S.585.

42) World Military Expenditures and Arms Transfers 1967-1976, U.S. Arms Control and Disarmament Agency, Washington, D.C., 1978, S.154; Schätzung des amerikanischen Verteidigungsministers Melvin Laird von 1971, wiedergegeben in: Melvin Gurtov, "The Soviet Presence in Southeast Asia: Growth and Implications",in: Conflict and Stability in Southeast Asia, hrsg. von Mark W.Zacher und Stephen Milne, Garden City, New York, 1974, S.278. - Interpolationen d. Verf. dieser Arbeit.

43) Handbook of Economic Statistics, ... (s.o. Anm.37), 1978,

S.75; World Military Expenditures ... (s.o. Anm.42), S.149.

44) Melvin Gurtov, a.a.O. (s.o. Anm.42), S.278.

45) Neue Zürcher Zeitung, 2./3.Juli 1978, S.1.

46) Renmin ribao, 21.November 1979, sowie Beijing Review, Jg.1979, Nr.48, S.11; China News Analysis, 4.April 1980, S.6 f. - Das Pekinger Außenministerium hatte jedoch vorher gegenüber einem ausländischen Wissenschaftler die Summe von 10 Mrd.US$ genannt, vgl. Golam W.Choudhury, "New International Patterns in Asia", in: Problems of Communism, März/April 1979, S.19.

47) Meždunarodnoe soveščanie kommunističeskich i rabočich partij, Dokumenty i materialy, Moskva, 5-17 ijulja 1969 g., Moskau 1969, S.91. - Vgl. hierzu Eberhard Schneider, Nach der KSZE das KSA?, Berichte des Bundesinstituts für ostwissenschaftliche und internationale Studien, 41-1976.

48) Nhan Dan, 21.Mai 1972, International Herald Tribune, 15.Juni 1972.

49) Vgl. zur sowjetischen Vietnam-Politik zwischen 1972 und 1976 Eberhard Schneider, Berichte des Bundesinstituts für ostwissenschaftliche und internationale Studien, Nr.22-1974, 12-1975, 26-1978; vgl. auch Hans Jürgen Mayer, Die sowjetische Südostasienpolitik seit dem Ende des Vietnamkrieges, ebenda, Nr.26-1978.

50) Hierzu ders., Zu den Ursachen des chinesisch-vietnamesischen Krieges von Februar/März 1979, ebenda, Bericht Nr.16-1980.

51) The Times, 12.Mai 1975.

52) Meždunarodnyj ežegodnik 1976 g., Politika i ėkonomika, Moskau 1976, S.89.

53) Neue Zürcher Zeitung, 2./3.Juli 1978, S.1.

54) Statement of the Chinese Foreign Ministry of June 9, 1978, in: Peking Review, Jg.1978, Nr.24, S.15.

55) Hierzu Joachim Glaubitz, Schwerpunkte sowjetischer Japan-Politik 1978-1980, Berichte des Bundesinstituts für ostwissenschaftliche und internationale Studien, Nr.26-1980, S.5, 9-12; ders.,"Der chinesisch-japanische Friedens- und Freundschaftsvertrag", in: Europa-Archiv, Folge 20/1978, S.649 ff.

56) Robert C.Horn, "Soviet-Vietnamese Relations and the Future of Southeast Asia", in: Pacific Affairs, Winter 1978-79, S.588; Derek Davies, "Carter's Neglect, Moscow's Victory," in: Far Eastern Economic Review, 2.Februar 1979, S.17.

57) Ebenda.

58) Izvestija, 1.Juli 1978, S.4. - Hierzu Hans Bräker, Die Aufnahme Vietnams in den RGW und die Politik der Sowjetunion und der VR China in Südostasien, Berichte des Bundesinstituts für ostwissenschaftliche und internationale Studien, Nr.7-1979.

59) Angaben des thailändischen Ministerpräsidenten und des Stellvertretenden Generalsekretärs des thailändischen Nationalen Sicherheitsrats, nach: Xinhua (engl.) aus Bangkok, 10.November 1979, Ostinformationen des Presse- und Informationsamtes der Bundesregierung, 10.November 1979, sowie AFP aus Bangkok am 6.August 1980, Frankfurter Allgemeine Zeitung, 7.August 1980.

60) Text s.o. Anm.14.

61) Zur Nachkriegsentwicklung in Laos und Kambodscha vgl. die Beiträge von Holger Dohmen und Rüdiger Machetzki in: Werner Draguhn (Hrsg.), Politik und Wirtschaft in Südostasien, Mitteilungen des Instituts für Asienkunde Hamburg, Nr.86, S.65 ff., 85 ff.

62) Vgl. die Tabelle am Schluß dieser Arbeit.

63) Pravda, 10.Januar 1979, S.1.

64) S.o. Anm.16.

65) S.o. Anm.15.

66) S.o. Anm.16.

67) Radio Moskau, Inlandsdienst, 9.Februar 1979, Summary of World Broadcasts, SU/6040/A3/4.

68) S.o. Anm.15.

Die Gefahren einer Ausweitung des Indochinakonflikts auf Thailand und Südostasien

Rüdiger Machetzki

I. Potential und Politik der vietnamesischen Expansion

Die Frage nach der Möglichkeit eines thailändisch-vietnamesischen Konflikts als Folge des Indochina-Konflikts und der vietnamesischen Präsenz in Kambodscha, d.h. die Frage nach einem Andauern des vietnamesischen Expansionsdrangs, hängt in ihrer Beantwortung von mehreren komplexen Faktoren und Einzelfragen ab.

So muß sich ein erster Fragebereich auf die Fähigkeit des vietnamesischen Staates beziehen, eine weitere Expansion militärisch und ökonomisch tragen zu können. Dabei ergeben sich mehrere Einzelfragen:

Wie weit belasten die gegenwärtige Indochina-Politik und das aus ihr resultierende militärische Engagement in Laos und Kambodscha bereits die Wirtschaftskraft Vietnams? Ist sie mittels schärferer Kontroll- und Abschöpfungsmechanismen weiter belastbar?

Wie weit spielen Kräftekonstellationen außerhalb Vietnams eine entscheidende Rolle, z.B. die VR China, die Sowjetunion und insbesondere die ASEAN-Staaten?

Ein zweiter Fragenbereich erstreckt sich auf die Bereitschaft und den Expansionswillen der vietnamesischen Führungsgesellschaft. Er beinhaltet u.a. die Frage, ob die Führung bereit ist, die innere Entwicklung nachhaltig und langfristig der äußeren Expansionspolitik unterzuordnen. Wenn ja, wie weit sind die Grenzen einer solchen Bereitschaft gesteckt? Gibt es konkrete politische Anzeichen einer Bereitschaft, expansive Zielsetzungen über den indochinesischen Raum hinaus zu verfolgen? Wenn ja, in wie weit setzen die ökonomisch-militärischen Möglichkeiten Vietnams diesen Zielsetzungen und dem Mitteleinsatz bestimmte Schranken?

Ausgehend von diesen Fragen, soll zuerst eine Bewertung des wirtschaftlichen Potentials und seiner Entwicklung während des letzten Jahrfünfts erfolgen.

Eine allgemeine Bewertung der volkswirtschaftlichen Grunddaten weist Vietnam als ein Entwicklungsland aus, das vor strukturellen Problemen steht, die typisch für viele asiatische Staaten sind (1). Atypisch hingegen scheint der Weg, den Vietnam zur Lösung dieser Probleme eingeschlagen hat.

Das Land erstreckt sich über rund 330.000 qkm, vorausgesetzt, daß sich die kambodschanisch-vietnamesische Grenze seit Anfang 1979 nicht wesentlich verschoben hat. Gewisse Anzeichen hierfür bieten offiziöse kartographische Veränderungen, u.a. im Gebiet des bekannten "Papageienschnabels" (Provinz Long An). Ca.40% des Territoriums stellen eine Waldreserve dar, und 16-17% entfallen auf die nationale agrarische Anbaufläche (5,1-5,6 Mio.ha 1978-80). Auf dieser Fläche muß eine geschätzte Gesamtbevölkerung von 53-54 Millionen Einwohnern (1980) versorgt (2) und ein Großteil der Akkumulationsmasse für den Aufbau des Landes erwirtschaftet werden. Typisch für ein Entwicklungsland ist die relativ hohe natürliche Wachstumsrate der Bevölkerung, die für das letzte Jahrzehnt auf durchschnittlich 2,5-2,7% geschätzt wurde. Aus diesen Tatbeständen ergibt sich auf den ersten Blick eine extrem ungünstige Boden/Bevölkerungsrelation von rd.0,1 ha/Einw. sowie eine noch ungünstigere Relation Boden/ländliche Arbeitskraft. Bei annähernd 15 Millionen ländlichen Arbeitskräften lautet das Verhältnis ca. 0,35 ha/ländl.Erwerbstätiger. Beide Relationen entsprechen in etwa denen der VR China. Tatsächlich jedoch sind die grundlegenden Entwicklungsvoraussetzungen Vietnams weit weniger ungünstig, als die vorangehenden Daten suggerieren. Zum einen weist das Land ein insgesamt günstiges agrarisches Klima auf. Die zur Verfügung stehenden Wasserressourcen ermöglichen auf nationaler Basis eine weitflächige Irrigationswirtschaft. Die Steigerung des jährlichen Mehrfachanbauindex ließe daher, ohne den Rahmen des ökonomisch Sinnvollen zu durchbrechen, eine Verdoppelung der jährlich bebauten Fläche (gegenüber der Grundanbaufläche) auf 11-12 Mio.ha in einem angemessenen Zeitraum zu. Ein Versorgungsproblem langfristiger Art dürfte Vietnam unter normalen Entwicklungsbedingungen daher nicht kennen, es sei denn das Bevölkerungswachstum setze sich in der gegenwärtigen Höhe unabsehbar fort.

Auf der kurz- und mittelfristigen Sollseite werden als Hauptentwicklungshindernisse in nahezu ritueller Rhetorik die Kriegsfolgen und die Verzerrungen der "neokolonialistischen Entwicklung" im Süden bis 1975 angeführt. Beide Argumente erscheinen auf den ersten Blick plausibel, sind jedoch verzerrt. Zum einen sind während des Kriegsjahrzehnts, insbesondere im Süden, Verbesserungen der Infrastruktur (Verkehr, Transport, Energiewesen usw.) vorgenommen worden, die als günstige Voraussetzungen einer gemeinsamen ergänzenden Entwicklung des Südens und Nordens genutzt werden könnten. Zum anderen vermag die "neokolonialistische" Industriestruktur des Südens (Schwerpunkt: konsumgüterindustrielle, exportorientierte Entwicklung) im Zusammenhang mit dem agrarisch und leichtindustriell beengten Norden ein gesamtwirtschaftlich ausgleichender Faktor zu sein. Drittens hatte der Krieg im Süden nicht nur zur Herausbildung einer "parasitären" Gesellschaftsschicht städtisch-kommerzieller Art geführt, sondern auch zu einem potentiellen Reservoir an technisch-fachlich ausgebildeten Kräften. Viertens ergänzen sich der Süden und Norden von ihrer jeweiligen Ressourcenbasis (Norden: Rohstoffe mineralischer Art, Energieressourcen und Wasserkraft; Süden: agrarische Reserve und forstwirtschaftliches Potential) her in vorteilhafter Weise.

Eine ähnliche Situationsbeurteilung muß auch die politisch-wirtschaftliche Führung des Landes 1975-76 vorgenommen haben. Nach der Eroberung des Südens 1975 und der formellen Vereinigung 1976 beschloß der IV.Parteitag der Kommunistischen Partei Vietnams im Dezember 1976 einen ersten gesamtnationalen Fünfjahresplan zur Entwicklung der Volkswirtschaft, der von extrem hohen Erwartungen getragen war. Die gesellschaftliche Struktur des Südens schien nicht geeignet, eine forcierte Bewegung "sozialistischer Produktionsverhältnisse" einzuleiten. Die Kommunistische Partei war dort kaum verwurzelt. Die große Mehrheit der bäuerlichen Bevölkerung bestand nicht aus Landarbeitern und

Pächtern, sondern aus selbständigen Kleinbauern. Hinzu kam die Reserviertheit der chinesischen und kambodschanischen Minderheiten sowie die offene Feindschaft starker buddhistischer Sekten wie Hoa Hao und Cao Dai. Ausgangspunkt der südlichen Entwicklungslinie des Fünfjahresplans war deshalb die "Kombination der Transformation mit dem Aufbau, wobei der Aufbau der Hauptaspekt ist" (3).

Der Plan sah also den vorrangigen Aufbau des Südens im agrarischen und konsumgüterindustriellen Bereich vor. Die Schaffung einer sozialistischen Wirtschaftsordnung sollte nur graduell erfolgen. Im Norden sollte die Entwicklung auf den Aufbau der Produktions- und Investitionsgüterindustrien konzentriert bleiben. Insgesamt wies der Plan eine starke Betonung der ländlichen Wirtschaftssphäre und eine Unterstützungsrolle der Industrie auf. Die innere Entwicklung sollte durch eine beschleunigte Öffnung im außenwirtschaftlichen Bereich abgestützt werden. Wichtige Eckdaten des Plans waren u.a. folgende:

Landwirtschaft: Steigerung der Anbaufläche 1976-80 auf 10 Mio.ha, davon 2 Mio.ha durch Erhöhung des Mehrfachanbaus (angegebene Grundfläche 1976: 7 Mio.ha); Steigerung der Getreideernte bis 1980 auf 21 Mio.t (davon 18 Mio.t Reis).

Im Bereich der Industrie waren 1975-76 Wachstumsergebnisse von 34% (staatliche Industrie), 10% (örtliche Industrie) und 9% (Handwerk) registriert worden - Ergebnisse, die insgesamt eine vielversprechende Ausgangsbasis für den Fünfjahresplan darstellten. Die tatsächliche Entwicklung seit 1977-78 nahm jedoch einen grundsätzlich anderen Verlauf, wie aus den nachfolgenden Schätzdaten hervorgeht:

1. Die Sozialistische Republik Vietnam hat weder Zahlen zum Bruttosozialprodukt (BSP) noch zum Nationaleinkommen oder anderen makroökonomischen Aggregaten veröffentlicht. Fest steht jedoch aufgrund der industriellen und landwirtschaftlichen Entwicklungstrends der letzten Jahre, daß das vietnamesische BSP nicht nur stagnierte, sondern sank. Optimistische Schätzungen gehen für 1979 von einer Größenordnung von rd. 8 Mrd.US$ aus. Pro Kopf der Bevölkerung ist ein klarer Rückgang zu verzeichnen. Vietnams BSP/Kopf liegt danach z.Zt. unter der 200-US$-Grenze (4). Nach der internationalen Klassifikation der OECD gehört Vietnam damit zur Gruppe der "Low Income Developing

Countries", die im journalistischen Sprachgebrauch auch als Vierte Welt bezeichnet werden. Nach anderen Schätzungen liegt das gegenwärtige BSP/Kopf sogar nur bei gut 120 US$ (4), eine Größenordnung, die wesentlich unter dem sogenannten Bedarfsminimum (minimum maintenance level of consumption) liegt und weitverbreitete Unterernährung sowie Hunger beinhaltet. Eine solche Bewertung wird durch die absoluten Zahlen der Landwirtschaft während der letzten Jahre bestätigt.

2. Die Getreideproduktion, die in der vietnamesischen Landwirtschaft den zentralen Produktionsbereich darstellt, zeigt folgende Ergebnisse:

1976: 13,7 Mio.t (Reis 12,5 Mio.t)
1977: 13 Mio.t (Reis 11,3 Mio.t)
1978: geplant 16-16,5 Mio.t
tatsächlich 11 Mio.t (Reis 9 Mio.t)
1979: geplant 16-16,5 Mio.t
tatsächlich 11,9 Mio.t (Reis 9,2 Mio.t)
1980: geplant (Fünfjahresplan 1976-80) 21 Mio.t
geplant (Jahresplan 1980) 13,3 Mio.t
vorläufige Schätzung (Okt.1980) 12 Mio.t

Das als Bedarfsminimum angesehene Produktionsziel liegt bei 15 Mio.t. Vietnam weist also seit Jahren ein Versorgungsdefizit von rd. 3 Mio.t Getreide auf. 1978-79 wurden allein aus der Sowjetunion 2,1 Mio.t importiert (6).

3. Die geschätzten Wachstumsindices der Industrie und Landwirtschaft zeigen folgendes Bild:
Landwirtschaft 1976: 100, 1977: 95, 1978: 80, 1979: 87, 1980: 90.
Industrie 1976: 100, 1977: 110, 1978: 120, 1979: 120, 1980: 120 (die Schätzungen 1979-80 lassen die Zerstörungen des Konfliktes mit der VR China außer acht) (7).

Auf der Grundlage einer derart stagnierenden "Nichtentwicklung" und eines extrem niedrigen Wirtschaftsniveaus wird die Akkumulationsrate auf über 20% geschätzt. Das heißt, der Konsumtionsanteil liegt unter 80%, wovon wiederum rund die Hälfte auf den öffentlichen Konsum (Staat), einschließlich militärischer Ausgaben, fallen dürfte.

4. Es ergibt sich für die einzelnen Wirtschaftssektoren ein Anteilsverhältnis an der Erstellung des BSP von Landwirtschaft: ca.40%, Industrie: ca.35%, Tertiärsektor: ca.25% (8).

Die Aufteilung der Arbeitsbevölkerung zeigt folgendes Bild: Landwirtschaft: ca.15 Mio., Industrie: ca.3 Mio., Militär: ca.2 Mio., Rest: ca.1,5 Mio., gesamt: ca.21,5 Mio. Erwerbstätige (9).

Die geschätzte Zahl des Militärs umfaßt neben den Angehörigen der Armee auch alle Kräfte, die in irgendeiner Weise mit der Armee verbunden sind und einen Teil ihres Arbeitseinsatzes militärischen Belangen zur Verfügung stellen. Allein diese Zahl macht die zentrale Bedeutung der Armee innerhalb der Sozialistischen Republik Vietnam deutlich. Dies scheint um so bemerkenswerter, als ein BSP/Kopf unterhalb des Bedarfsminimums einen derart großen militärischen Komplex nur durch ein System der Zwangskontrolle, -leitung und -planung zuläßt. Aber auch ein solches System muß an seine Grenzen stoßen: "The results were low when compared with their potential and the targets set at the beginning of the year. To date no province has achieved its target for agricultural tax, the main cause being the weakness of guidance provided by the central level... The state grain policy had not been understood by the masses." (10)

Der ernüchternde Kontrast zwischen der Realität der Jahre 1978-80 und den Planzielen des Fünfjahresplans 1976-80 konnte durch die Führung propagandistisch nicht fortdiskutiert werden. Sie fiel statt dessen auf die in der Vergangenheit bewährte Argumentationskette zurück: Wetter, falsche Ausführung durch die Basiskader, Überbleibsel der Vergangenheit (strukturelle Defizite), Kapitalmangel, Intervention von außen. Eine solche Argumentationskette läßt sich jedoch nicht mit der faktischen Entwicklung in Einklang bringen. So lagen die Getreideernten des Nordens und des Südens während der frühen siebziger Jahre - d.h. während der Hochphase des Krieges - nicht niedriger (zum Teil höher) als die heutigen Leistungen (z.B. Reis 1970: 10,7 Mio.t, 1974: 11,5 Mio.t, 1979: 9,2 Mio.t). Insbesondere der Süden wies während jener Zeit Getreideleistungen auf, die weit über den heutigen liegen. Extrem widrige Witterungsverhältnisse lassen sich nur für das Jahr 1978 als Teilursache finden, nicht jedoch für 1979 und 1980. Das Argument der arbeitsintensiven Entwicklung (Kollektivierung der südlichen

Landwirtschaft und Massenumsiedlung in die "Neuen Wirtschaftszonen") wegen vorherrschenden Kapitalmangels ist nur insofern richtig, als der staatlichen "Schwerindustrie" ein Investitionsvorrang eingeräumt wird, den sie in vergleichbaren Entwicklungsländern aus ökonomischer Rationalität nicht einnimmt.

Die irrationale Ausführung der agrarischen Politik der Partei durch die Basiskader ist ein Faktum, ohne jedoch die Ursachen der Stagnation zu erklären. So wurden in den ersten Jahren nach der Vereinigung rd. 20.000 Armeekader auf die 500 Kreise des Südens verteilt (ca. 60 Kader je Kreis) (11), um die "Transformation" der Landwirtschaft voranzutreiben. Anzahl und fachliche Qualifikation dieser Kader waren unzureichend, und ihr "nördlich-militärisches" Auftreten erzeugte weitreichende "Okkupationsgefühle" unter der südlichen Bauernbevölkerung. Ihr Einsatz wäre jedoch nicht notwendig gewesen, wenn nicht 1977-78 die beschleunigte Kollektivierung der Landwirtschaft und des kommerziellen Sektors eingeleitet worden wäre. Die ökonomischen Ergebnisse dieser Politik waren voraussehbar und zwangsläufig. Sie stellten eine exakte Kopie früherer, bis heute nachwirkender Vorgänge im Norden dar. Nicht zuletzt aus diesen Gründen hatten sich 1975 vorübergehend Befürworter einer gemäßigten, graduellen Linie teilweise durchgesetzt. Seit Ende 1976, spätestens ab Mitte 1977 jedoch hatte sich das Schwergewicht zu Gunsten einer "harten" sozialistischen Linie verschoben. Von diesem Zeitpunkt an läßt sich vor allem in der Landwirtschaft der deutliche Abschwung feststellen.

Ausländische Faktoren (chinesische Hilfeeinstellung, militärischer Druck im Grenzbereich) wurden frühestens Mitte 1978 fühlbar, und erst Ende 1978 nahmen sie an Intensität zu. 1975-76 hatte Vietnam offensichtlich einen Kurs der internationalen Hilfeeinbettung zum Aufbau des Landes eingeschlagen. Ende 1976 erfolgte der Beitritt zum IMF und zur Weltbank. Man schien um eine Neutralisierung verschiedener Einflüsse (China, Sowjetunion, westliche Hilfeländer) bemüht zu sein. 1977 jedoch verhärtete sich der Kurs zu Gunsten einer allmählichen einseitigen Ausrichtung auf die Sowjetunion. Die formelle Anbindung erfolgte zwar erst 1978 (COMECON-Beitritt Juni 1978, Vertrag für Freundschaft und Zusammenarbeit November 1978), aber die Ansätze waren bereits vorher erkennbar.

Aus dieser Entwicklungsfolge läßt sich schlußfolgern, daß die vietnamesische Führung - d.h. die "harte" Strömung, die sich spätestens 1977 durchsetzte - bewußt bereit war, die ökonomische Entwicklung des Landes einer Politik der umfassenden Kontrolle und Organisation im Rahmen der landwirtschaftlichen Kollektivierung unterzuordnen. Eine solche Prioritätensetzung wiegt um so schwerer, als der ökonomische Entwicklungsstand des Landes extrem niedrig war (und ist) und die Mindestversorgung der Bevölkerung nicht garantiert werden kann. Die Führung hat ferner einen nach wirtschaftlichen Gesichtspunkten irrational überladenen Militärapparat aufrechterhalten, bzw. dieser Apparat ist ein wesentlicher Bestandteil der politischen Führung selbst.

Als Fazit liegt die Vermutung nahe, daß Vietnam bereits seit 1977 entschlossen war, seine Indochinapolitik in letzter Konsequenz auch militärisch durchzusetzen. Eine solche Linie machte nach außenhin die Unterstützung durch die Sowjetunion unerläßlich, da chinesisch-vietnamesische Interessendivergenzen bereits im Rahmen der vietnamesischen Laos-Politik sichtbar geworden waren. China mußte als ein ernsthafter Widersacher angesehen werden. Nach innen machte die absehbare militärische Expansion eine verschärfte Kontrolle, vor allem des Südens, erforderlich, da der Bevölkerung erhöhte Belastungen auferlegt werden mußten. 1979 wurde dieser Tatbestand indirekt bestätigt. So erklärte Landwirtschaftsminister Vo Chi Cong, "it was necessary to push the movement in the South... in order to stabilize production and to organize the rural population for the purpose of strengthening national defense" (12). Im Mai 1979 äußerte General Vo Nguyen Giap vor der Nationalversammlung, daß alle wirtschaftlichen Aspekte der nationalen Verteidigung unterzuordnen seien. Das System des staatlichen Getreideaufkaufs müsse intensiviert werden, um die städtische Bevölkerung zu unterhalten und das Militär zu versorgen (13). Sicherlich können die Aussagen im Zusammenhang mit dem gerade beendeten vietnamesisch-chinesischen Grenzkrieg gesehen werden, aber die Ausgangssituation war bereits mit der Bereitschaft zu einer militärischen Lösung der Indochina-Frage gegeben.

Das heißt, die Führung der Sozialistischen Republik Vietnam scheint bereit, expansionspolitische Ziele mit einem hohen militärischen Konfrontationsrisiko und militärischem Mitteleinsatz zu verfolgen. Sie ist ferner bereit, wirtschaftliche Entwicklungsziele einer solchen Politik eindeutig unterzuordnen und den Lebensstandard der eigenen Bevölkerung auch längerfristig unter dem Bedarfsminimum zu tolerieren. Diese Kombination von Faktoren hat dazu geführt, daß Vietnam zumindest im Rahmen Indochinas trotz seiner schwachen ökonomischen Basis die Kosten einer solchen Expansionspolitik tragen konnte. Diese Kosten beinhalten u.a. auch die Unterhaltung von zwei Besatzungsarmeen in Laos (ca. 50.000) und Kambodscha (ca. 250.000). Schätzungen setzen diese Kosten allein für die Okkupation Kambodschas auf rund 2 Mio.US$ täglich, d.h. ca. 700-800 Mio. jährlich an (14). Das entspräche mindestens 10% des vietnamesischen Sozialprodukts. Die ökonomische Situation dieser beiden Länder ist eher schlechter als die vietnamesische, nicht zuletzt aufgrund eines andauernden Widerstands größerer Guerillaeinheiten. So fand im November 1979 in Laos die bisher letzte "Säuberung" innerhalb der vietnamabhängigen Führung statt. Die innere Sicherheit des Landes ist zweifach gefährdet. Zum einen kämpfen antikommunistische Untergrundeinheiten bis heute weiter. Zum anderen scheint seit 1979 eine chinesischorientierte Guerillabewegung in den Grenzprovinzen zu China an Intensität zuzunehmen (15). Es heißt, die gesäuberten Führungsmitglieder hätten angesichts dieser Entwicklung auf einen "neutraleren" Kurs gedrängt. Es stellt sich die Frage, ob die zukünftige Aufrechterhaltung der vietnamesischen Indochina-Politik ohne die massive sowjetisch-osteuropäische Hilfe möglich ist.

Die Beantwortung dieser Frage wird nicht zuletzt vom jeweiligen nationalen Widerstandswillen in Laos und Kambodscha abhängig sein. Letzterer ist wiederum, zumindest teilweise, abhängig von der Politik Thailands und - in abgestuftem Ausmaß - der anderen ASEAN-Staaten. Die Rolle Thailands wird in der vietnamesischen Indochina-Politik also von zunehmender Bedeutung sein. Die Lasten der Besetzung Kambodschas und der chinesische Druck an der eigenen Nordgrenze zwingen Vietnam gegenwärtig dazu, eine Verhandlungslösung anzustreben (Vorschlag der entmilitarisierten Grenzzone, Konferenz der drei Indochinastaaten, Juli 1980 in Vientiane). Sollte eine Verhandlungslösung nicht erreichbar sein, könnte sich die vietnamesische Führung gezwungen sehen, ihrem Hang zu militärischem Mitteleinsatz nachzugeben.

Ist Vietnam willens zu einer Expansion in den ASEAN-Bereich? Eine wesentliche Strömung westlicher Indochina-Fachleute (insbesondere gaullistischer Herkunft) haben quasi als Anwälte der vietnamesischen Position die Überzeugung verbreitet, die vietnamesische Indochina-Politik sei ihrem Wesen nach zutiefst eine defensive Sicherheitspolitik (16). Es fehle ihr an starken expansionistischen Elementen. Zwei Einwände lassen sich gegen eine solche Beurteilung einwenden. Zum einen haben die gleichen Fachleute vor 1975 eine ähnliche Position vertreten, nur daß sie damals die Wiedervereinigung als letztes Ziel darstellten und von einer Hinwendung zum inneren Aufbau nach Erreichung dieses Ziels überzeugt waren. Zum anderen basiert das Sicherheitsargument (offene geographische Flanken) auf einem logischen Fehlschluß. Sicherheitsdenken dieser Art und ein Sicherheitsgürtel indochinesischen Ausmaßes sind erst dann notwendig, wenn nach außenhin eine Politik verfolgt werden soll, die ein hohes Konfrontationsrisiko beinhaltet und somit die Sicherheit notwendig macht, die ohne sie erläßlich wäre.

Die ASEAN-Staaten hatten sich seit dem Bali- Gipfel 1976 um ein kooperatives Sicherheitsverhältnis zu Vietnam bemüht in der Hoffnung, daß das Land sich nach nahezu drei Jahrzehnten des Krieges auf seinen inneren Aufbau konzentrieren würde. Der chinesisch-vietnamesische Konfrontationszustand war keine historisch zwangsläufige Erscheinung, sondern zumindest teilweise das Ergebnis der vietnamesischen Variante der "Sicherheitspolitik". Unruhen, wie sie seit 1977 in Laos (Bergvölker) und seit 1979 in Kambodscha bekämpft werden müssen, sind ebenfalls das Ergebnis und nicht die Ursache dieser "Sicherheitspolitik". Ist Indochina also langfristig eine territoriale Basis, die nach deutlicher Unterordnung wirtschaftlicher Entwicklungsziele stabilisiert werden soll, um einer weiteren Ausdehnung des vietnamesischen "Sicherheitsbewußtseins" in den ASEAN-Raum hinein zu dienen?

Das vietnamesische Gegenkonzept einer "Zone of Genuine Independence, Peace and Neutrality" (ZOGIPAN) zur malaysischen Formel einer "Zone of Peace, Freedom and Neutrality" (ZOPFAN) von 1971 impliziert, daß Vietnam langfristig andersartige Ordnungsvorstellungen für den gesamtsüdostasiatischen Raum vertritt als die ASEAN-Länder. Das ZOGIPAN-Konzept ist Ausdruck eines vietnamesischen regionalpolitischen Ordnungsanspruchs, der durch territoriale Ansprüche im Südchinesischen Meer (einschließlich der indonesischen Natuna-Inseln) verstärkt wird. Die äußerliche Zurückstellung dieses eigenen Ordnungskonzeptes zu Gunsten der ASEAN-Formel seit Ende 1978 ist zu eindeutig durch das Diktat einer Verhandlungslösung für Kambodscha bestimmt, als daß sie einen grundlegenden Wandel des nationalen vietnamesischen Selbstverständnisses auszudrücken vermag (17). Ähnlich ist das verbale Abrücken der vietnamesischen Außenpolitik von kommunistischen Untergrundbewegungen in den ASEAN-Ländern (insbesondere Thailand) eher als Bestandteil der Rivalität zu China zu sehen denn als Ausdruck einer neuen "Introvertiertheit". Der Anspruch und die politische Zielsetzung, langfristig über die indochinesische Subregion hinaus auf ganz Südostasien im expansiven Sinne einzuwirken, dürften daher mehr sein als bloße subjektive Befürchtungen der ASEAN-Staaten.

Ist Vietnam fähig, diesen Anspruch durchzusetzen? Die obige Analyse der vietnamesischen ökonomischen Situation und der militärischen Belastung durch die Besetzung der beiden kleineren Indochinastaaten sowie der massiven chinesischen Präsenz an der Nordgrenze ist davon ausgegangen, daß Vietnam kurzfristig bis an die Grenzen seiner Belastbarkeit gegangen ist und bei langfristigem Andauern dieses Zustandes über diese Grenzen hinaus. Vietnam benötigt die Anerkennung seines indochinesischen Satellitenverbandes als fait accompli. Wird es im Falle eines Scheiterns der Verhandlungspolitik zu einer vietnamesischen Invasion Thailands kommen?

Die ökonomische Potenz Vietnams läßt einen langen, totalen Krieg nicht zu. Anders sieht die Situation im Falle eines in der Zeitdauer als kurz konzipierten "Beugungskrieges" aus. Der Einsatz eines Teils der kambodschanischen Besatzungsarmee von rd. 250.000 Soldaten könnte im kurzfristigen Zeitraum erwogen werden, ohne eine dauerhafte Gefährdung vietnamesischer Positionen in Kambodscha nach sich zu ziehen. Wie weit könnte Thailand einem solchen Vorgehen entgegentreten? Ein rein quantitativer Vergleich militärischer Personalstärke ist immer ein nur begrenzt aussagekräftiger Faktor. Dennoch läßt sich nicht übersehen, daß Vietnam auf einen Bestand von rund einer Million Soldaten zurückgreifen kann, der durch ein Reservoir einer weiteren Million abgestützt wird. Demgegenüber beläuft sich die Personalstärke der thailändischen Armee auf nur knapp 150.000 und eine Reserve von 500.000 Mann. Der internationale Ruf der vietnamesischen Armee basiert in erster Linie auf Erfolgen der Guerillakriegstaktik und einem nationalen Selbstbehauptungskrieg im eigenen Land. Der Wert der gleichen Armee in einem konventionellen Krieg auf fremdem Territorium dürfte mit Sicherheit geringer sein. Auf der anderen Seite läßt sich ebensowenig über die Kampfkraft der Thai-Armee aussagen. Auch läßt sich nicht genau abschätzen, ein wie großer Teil dieser Armee im Konfliktfall praktisch verfügbar wäre. Ein nicht unwesentliches Hindernis stellt der innere Sicherheitsfaktor des Landes dar. Die großen Unruhegebiete der Grenzregionen des Nordens, Nordostens und Südens dürften große Teile der Armee binden.

Ein weiterer nicht exakt kalkulierbarer Faktor ist die Haltung der restlichen vier ASEAN- Staaten. Seit dem ASEAN-Gipfel auf Bali im Februar 1976 haben die ASEAN-Regierungen gemeinsame Sicherheitsinteressen stärker betont. Zuletzt wurde auf der Außenministerkonferenz in Kuala Lumpur (Juni 1980) der innere Zusammenhang zwischen der Sicherheit Thailands und der anderen vier ASEAN-Staaten nachdrücklich bestätigt. Andererseits sind die frei verfügbaren Armeestärken dieser Länder ebenfalls nur gering, da mit Ausnahme Singapurs ein Teil der Streitkräfte durch innere Unruheregionen gebunden ist. Ein militärischer Einsatz von ASEAN-Truppen könnte daher selbst für den Fall, daß er tatsächlich erwogen werden sollte, kaum mehr als begrenzten Charakter haben.

Risikoreicher für Vietnam - und damit auch für Thailand faktisch bedeutsamer - erscheint ein militärischer Entsatz durch die VR China. Ein nördlicher Grenzkrieg würde die Masse der vietnamesischen Truppen in Vietnam binden und könnte Thailand die notwendige Zeit gewähren, im größeren Maßstab zu mobilisieren. Damit wüchse die Möglichkeit, daß Vietnam die Initiative über einen solchen Krieg verlöre. Schließlich stellt sich die Frage nach der Rolle der Sowjetunion, die in Südostasien ihre eigene Großmachtpolitik gegenüber China und den USA verfolgt, in deren Rahmen ein starkes Vietnam mit Herrschaftsausübung über das kontinentale Südostasien nicht zwangsläufig von Vorteil ist. Die Summe dieser Faktoren macht einen offenen vietnamesisch-thailändischen Krieg im Großmaßstab zumindest unwahrscheinlich.

Eine derartige Aussage bedeutet jedoch nicht zwangsläufig, daß Vietnam auf den Einsatz militärischer Mittel gegenüber Thailand verzichten wird, um seine machtpolitischen Zielsetzungen in Indochina und möglicherweise in ganz Südostasien durchzusetzen. Unterhalb der Schwelle eines offenen Krieges bietet sich eine Skala verschiedener militärisch-politischer Taktiken an, die über lange Zeiträume hinweg die thailändische Position schwächen könnten:

1. Logistische Unterstützung der Untergrundbewegungen im Norden und Nordosten mit einem möglichen Einsatz von "Guerillasoldaten" aus dem laotischen Grenzbereich heraus. Eine Intensivierung dieser Bewegungen wäre langfristig sowohl ökonomisch als auch politisch eine nicht unwesentliche Belastung für Thailand.

2. Taktik der systematischen, zeitlich und räumlich begrenzten Grenzgefechte mit Thailand unterhalb der Schwelle eines offenen Krieges, die das Risiko des Eingreifens anderer Mächte gering hält.

3. Ein weiteres Gefahrenpotential stellt die Lösung des Flüchtlingsproblems allgemein dar. So führte die unter thailändischem Druck eingeleitete "freiwillige Repatriierungsbewegung" eines Teils der auf 600.000 geschätzten Flüchtlinge im Juni 1980 zu einem "act of aggression by Vietnam along the Thai-Kampuchean border and the intrusion of their troops into Thai territory... The nature of these attacks demonstrates clearly that they were premeditated and coordinated... The Foreign Ministers (ASEAN, R.M.) were gravely concerned that these attacks would obstruct the repatriation of Kampuchean civilians carried out on a voluntary basis... They reaffirmed that it is the legitimate right of these people to return to their homeland to resume their livelihood." (18)

Augenscheinlich ist Vietnam nicht bereit, eine Rückkehrbewegung mehrerer hunderttausend Kambodschaner zu tolerieren, sei es aus versorgungstechnischen Schwierigkeiten, aus Sicherheitserwägungen oder aus langfristigen taktischen Kalkulationen heraus, Thailand in seinen Grenzgebieten mit einer permanenten Flüchtlingsfrage zu belasten. Ein Vorbild hierfür wären die rund 40.000 Vietnamesen, die während des vietnamesisch-französischen Indochinakrieges 1947-54 in den Nordosten Thailands flüchteten und dort seither ein Rekrutierungsreservoir der Guerillabewegungen darstellen. Zu seinen großen Unruheregionen könnte Thailand dann ungewollt eine vierte hinzugewinnen.

Es läßt sich ausmalen, welche sicherheitspolitische und wirtschaftliche Belastung eine Kombination dieser drei taktischen Hauptmöglichkeiten Vietnams für Thailand beinhaltet. Ähnliche

Befürchtungen scheinen auch den politischen Konsultations- und Entscheidungsprozeß der fünf ASEAN-Regierungen seit Anfang 1979 mitbestimmt zu haben.

II. Divergierende Linien in der Indochinapolitik der ASEAN-Staaten

"The Foreign Ministers (ASEAN) registered their grave concern at the failure of the Vietnamese leaders to honour their repeated pledges to respect the sovereignty and territorial integrity of Thailand. These latest acts of aggression have further undermined Vietnam's own credibility and have seriously undercut the trust and confidence which ASEAN has patiently attempted to forge with Vietnam... The Foreign Ministers agreed that any incursion of foreign forces into Thailand directly affects the security of the ASEAN member states and endangers peace and security in the whole region".

Das gemeinsame Kommuniqué der ASEAN-Außenministerkonferenz vom 25.Juni 1980 in Kuala Lumpur wurde nur zwei Tage nach dem Eindringen vietnamesischer Einheiten in thailändisches Grenzgebiet (Provinz Prachinburi) und anhaltenden Kämpfen zwischen vietnamesischen und thailändischen Militäreinheiten herausgegeben. Es macht zweierlei deutlich. Zum einen ist die politische Glaubwürdigkeit Vietnams in der südostasiatischen Region auf einen kaum zu unterbietenden Tiefpunkt gelangt. Eine mögliche gesamtsüdostasiatische Krisenlösung scheint angesichts eines "vertragsunfähigen" vietnamesischen Systems nach annähernd zweijähriger Konfliktdauer in Indochina weiter entfernt denn je. Zum anderen spiegelt die offizielle Kommuniqué-Sprache eindeutig den resolutionspolitischen Vorrang Thailands in dieser Frage wider. Hinter dem anerkannten thailändischen Sicherheitsbedürfnis sind nationale Positionen der einzelnen Mitgliedsstaaten zurückgestellt worden. Dennoch bleibt die Frage offen, welchen Belastungen die neu gefundene Konflikteinheit standhalten kann und welchen Zeitraum sie zu überdauern vermag.

Eine journalistische Sprachformel bezeichnet Thailands regionale Position griffig als "Frontstaat". Tatsächlich stellt die Grenze zwischen dem "Land der Freien" und dem vietnamesisch-indochinesischen Satellitenstaat der "Volksrepublik Kampuchea" nicht nur die Nahtstelle zwischen zwei antagonistischen Gesellschaftssystemen dar, sondern auch die gegenwärtige Grenze zwischen zwei traditionell rivalisierenden Reichen und Machtkonstellationen.

"Thai suspicions and even antagonisms towards Vietnam have their roots in history. The competition for domination among the myriad of succeeding kingdoms and empires over mainland Southeast Asia eventually left Vietnam and Thailand the major contestants for power and influence... When the Thais assisted the US war effort against Hanoi she was not simply fighting an ideological war to preserve a way of life. She was also putting a traditional rival at bay." (19)

Der amerikanische Rückzug aus Vietnam, die erfolgreiche Machtübernahme der kommunistischen Bewegungen in Vietnam, Laos und Kambodscha sowie die Eingliederung der beiden kleinen Staaten in den vietnamesischen Okkupationsverbund haben die regional- und sicherheitspolitischen Optionen Thailands nachhaltig reduziert. Jede thailändische Lagebeurteilung muß von "drei Instabilitäten" ausgehen, die den eigenen Handlungsraum begrenzen.

Zum einen sind die politische Führungsgesellschaft und der nationale Entscheidungsprozeß des Landes durch eine zumindest gegenwartsgeschichtlich inhärente Instabilität geschwächt. Rund ein Dutzend neuer Verfassungen, ein permanentes Wechselkarussel zwischen zivilen Kurzregierungen und militärischen coup d'état-Regimes sowie ein unüberblickbares Spektrum cliquenprinzipiell orientierter Parteien und Militärfraktionen verwirrten das Bild der politischen Landschaft während des letzten halben Jahrhunderts. Auch die jetzige Regierung des Armeeoberkommandierenden General Prem Tinsulanonda wird in ihrer Handlungsfähigkeit durch die politischen Spannungen des alljährlichen militärischen Retournements und die Labilität ihrer Parteienkoalition (Social Action Party - Finanz- und Handelsinteressen, Chart Thai Party - Großindustriegruppen, Democrat Party, Siam Democrat Party) beeinträchtigt.

Die innere Sicherheit des Landes und ihre bereits erwähnte Bedrohung von den großen Grenzregionen her machen den zweiten Instabilitätsbereich aus. Zwar existierte eine vietnamesisch und chinesisch inspirierte Kommunistische Partei Thailands bereits seit 1928, aber einen sicherheitsgefährdenden Nährgrund fanden revolutionäre Bewegungen erst seit den mittsechziger

Jahren im Zuge des eskalierenden US-Indochinakrieges.

Im Norden (Provinzen Nan, Chiang Rai, Phitsanulok) haben die von Meo-Bergstämmen getragenen Minderheitsunruhen seit der Mitte der siebziger Jahre nachgelassen. Möglicherweise besteht ein direkter Zusammenhang mit den Entwicklungen im Meo-Rückzugsgebiet Laos und der dortigen vietnamesischen "Befriedungspolitik" gegenüber den bergvölkischen Minderheiten. Im Unterschied zum Norden dauerten die Guerillabewegungen im Nordosten (Isan-Provinzen Nakhon Phanom, Sakhon Nakhon, Udorn, Loei, Petchaboon) auch nach 1975 kaum vermindert an. Hier leben rund acht der insgesamt elf Millionen Thais, deren Existenz offiziell unterhalb der absoluten Armutslinie eingestuft wird (20). Konzertierte Entwicklungsbemühungen verschiedener Thai-Regierungen und US-Hilfsorganisationen (Accelerated Rural Development Program) während der letzten fünfzehn Jahre haben nur unwesentlich zum Wandel des thailändischen "Armenhauses" beigetragen. Erschwerend wirkt die Tatsache, daß China und Vietnam um Einfluß auf die dortigen Guerillabewegungen (2500-3000 Mann) rivalisieren. So hat zwar der in der südwestchinesischen Provinz Yunnan stationierte Sender der Kommunistischen Partei Thailands "Stimme des Volkes von Thailand" seit Juni 1979 seine feindlichen Propagandasendungen eingestellt und zur Bildung einer antivietnamesischen Einheitsfront aufgerufen (21), aber grundsätzlich scheint die VR China nicht bereit, den vorteilhaften Unterstützungshebel kommunistischer Untergrundbewegungen aus der Hand zu geben. Zuletzt weigerte sich der chinesische Außenminister Huang Hua im März 1980, diese Frage mit den ASEAN- Regierungen zu diskutieren (22). Darüber hinaus müßte sich eine völlige Distanzierung der VR China von diesen Bewegungen nahezu zwangsläufig negativ auswirken, wie auch Chinas einflußreicher Spitzenführer Deng Xiaoping bereits 1978 gegenüber dem damaligen thailändischen Ministerpräsidenten Kriangsak Chomanan ausführte. Laut Deng könne eine solche Politik nur in der völligen einseitigen Abhängigkeit der Bewegungen von der vietnamesisch-sowjetischen Machteinheit enden (23).

Auch die dritte Unruheregion im Süden (Grenzprovinzen Pattani, Yala, Narathiwat) belastet den politischen Handlungsraum der Zentralregierung in Bangkok. Das Nebeneinander von Untergrundbewegungen der alten Malayan People's Liberation Army (jetzt als Malaysian Communist Party firmierend), neu entstandener (Sino-)Thai-Revolutionsgruppen und der moslemischen Pattani

Liberation Front erinnert in mehrerer Hinsicht an die Entwicklungen der südphilippinischen Mindanao-Insel (24).

Der dritte große Instabilitätsfaktor rührt, wie bereits erwähnt, aus der indochinesischen Flüchtlings- und Rückzugsbewegung her, die aus thailändischer Sicht zu einem "Überschwapp-Effekt" und einer direkten vietnamesisch-thailändischen Militärkonfrontation führen könnte. Dies gilt insbesondere für die Khmer-Rouge-Bewegung, die als Regierung des "Demokratischen Kampuchea" von thailändischen Operationsbasen aus einen antivietnamesischen Guerillakrieg führt. Die anhaltende Duldung und/oder logistische Unterstützung der Bewegung schließt aus vietnamesischer Sicht den "Kollaborationskreis" zwischen China und Thailand.

Innerhalb der durch die "drei Instabilitäten" diktierten Grenzen bewegt sich die thailändische Sicherheitspolitik nach einem Handlungsbewußtsein, dessen geschichtliche Kontinuität auffallend erscheint:

1. Diplomatisch-bündnispolitisches Arrangement mit der jeweilig vorherrschenden Großmacht seit dem späten 13.Jahrhundert, als das junge Sukhothai-Reich erstmals eine tributäre Bindung mit dem chinesischen Kaiserreich des Mongolenherrschers Kublai Khan einging und als loyaler "Außenstaat" anerkannt wurde. Seither hat die Folge gewechselt: China, England, Frankreich, Japan, USA, China.

2. Existenzwahrung eines abhängigen oder zumindest neutralen Pufferstaates Kambodscha in der Geschichte des thailändisch-vietnamesischen Rivalitätsverhältnisses.

Die Existenz eines vietnamesisch dominierten Satellitenstaates Kambodscha stellt im thailändischen Sicherheitsdenken die vorrangige Gefahrenquelle dar. Dementsprechend hat sich das bilaterale Verhältnis zu China dem Zustand einer Halballianz genähert, deren Ziel aus thailändischer Sicht die Eindämmung des vietnamesischen Expansionsdrangs ist. Der taktische Aktionsrahmen wird seit Ende 1978 durch einen auffällig beschleunigten Delegationsverkehr ständig neu abgestimmt. Allein im Zeitraum Januar 1979 - Juli 1980 betrug die Gesamtzahl aller thailändischen China-Delegationen 62, die aller chinesischen Thailanddelegationen 22 (8).

Innerhalb der ASEAN ist es der thailändischen Regierung gelungen, ihre sicherheitspolitische Grundkonzeption (regionale Hauptgefahrenquelle Vietnam, Koordination mit der VR China) als Handlungslinie der gesamten ASEAN-Indochinapolitik durchzusetzen. Die von Thailand unterschwellig geförderte Grundlage dieses (vorübergehenden) Primats scheint die politpsychologisch nach wie vor weiterwirkende "Domino"- Furcht zu sein, obgleich sich deren Denkansatz - Einheit des Machtkommunismus - als historisch falsch erwiesen hat. Hypothetisch könnte von einer umgekehrten Domino-Theorie zu Lasten Chinas gesprochen werden, in deren Folge jede Revolution im östlichen Asien mit Wahrscheinlichkeit zu einem neuen antichinesischen Staatswesen führt. Die vier ASEAN-Staaten fühlen sich um der Einheit willen gezwungen, Thailands Chinapolitik zögernd zu tolerieren und die "harte" Vietnamposition nachzuvollziehen.

Langfristig dürfte zumindest für Indonesien eine solche Unterordnung des eigenen nationalen Sicherheitsdenkens inakzeptabel sein; denn die indonesische Regionalpolitik wird von einem konträren Handlungsbewußtsein bestimmt. Ihre sicherheitspolitischen Lagebeurteilungen der südostasiatischen Gesamtregion sind überwiegend von der langzeitlichen "Gefahrendeterminante China" geprägt. Im Rahmen solcher Szenarien werden Vietnams subregionale Expansionspolitik und die indochinesische Krisensituation implizit als kurz- und mittelfristige Entstabilisierungsfaktoren eingeordnet. Zumindest bis 1978 waren indonesische Politiker und Militärs wiederholt bereit, "nationalhistorische" Affinitäten zu Vietnam zu erkennen, die nicht zuletzt in vermeintlich ähnlichen Erfahrungen der politischen Selbstbehauptung gegenüber Kolonial- und Großmachtherrschaften lagen (26). Sie führten in Teilen der politischen Gesellschaft Indonesiens bis zu einer Drei-Stufen-Klassifizierung des Kommunismus nach "Bösartigkeitskriterien" in der negativen Reihenfolge Chinesischer Kommunismus (aggressiv) - Sowjetkommunismus - Vietnamesischer Kommunismus (defensiv).

Aufgrund des Intra-ASEAN-Spannungsfeldes sind die Bewegungsmöglichkeiten der indonesischen Sicherheits- und Regionalpolitik taktisch gegenwärtig eingeengt. Eine koordinierte Anti-China-Politik, d.h. eine Politik, die den wachsenden chinesischen Ordnungsanspruch in der südostasiatischen Region neutralisieren soll, müßte nahezu zwangsläufig auf ein vietnamesisch-indonesisches Rapprochement ausgerichtet sein, wenn nicht auf die Bildung einer sicherheitspolitischen Sperrachse Jakarta-Hanoi. Symptomatisch für die taktische Einengung der indonesischen Linie waren u.a. Kommentare der indonesischen Medien zur diplomatischen Reise des chinesischen Außenministers Huang Hua in die drei ASEAN-Staaten Malaysia, Singapur und die Philippinen (März 1980). Huang bemühte sich während seines Besuchs um die Aufwertung der Khmer Rouge-Bewegung in Form einer offiziellen Einladung des "Ministerpräsidenten des Demokratischen Kampuchea" Khieu Samphan in die ASEAN-Hauptstädte. Zur Vergeblichkeit der chinesischen Politik meinten die indonesischen Medien, Chinas Aktionen seien als "konterproduktiv" einzustufen. Trotz der Bedrohung durch Vietnam und die Sowjetunion werde China seine eigenen Ziele nicht erreichen. Gleichzeitig waren die Medien gezwungen, die einen Monat später erfolgende diplomatische ASEAN-Reise des vietnamesischen Außenministers Nguyen Co Thach im voraus als ebenso "konterproduktiv" zu bewerten (27).

Die politische Wahrscheinlichkeit spricht dafür, daß Indonesien mit zunehmender Zeitdauer eine politische Konfliktlösung in Indochina akzeptieren wird, die deutlich unterhalb der thailändischen Maximalposition des vollständigen vietnamesischen Desengagements in Kambodscha und der Wiederherstellung eines neutralen Pufferstaates liegt. Das vietnamesische Machtpotential ist unerläßlich für eine antichinesische Sperrpolitik in Südostasien. Vorstellungen dieser Art sind noch nicht zu offiziell geäußerten regionalpolitischen Argumentationen herangereift. Nicht zuletzt die sowjetische Präsenz in Indochina und die engen ökonomisch-politischen Zwangsbindungen Vietnams erschweren jede praktische Verfolgung einer solchen Linie. Dennoch dürfte Indonesien im Rahmen der internen ASEAN-Beratungsprozesse zunehmend Druck in Richtung einer Détentepolitik ausüben und sich mit vietnamesischen Teilkonzessionen zufriedengeben. Es ist zu erwarten, daß sich Malaysia und die Philippinen aus ihren jeweiligen nationalpolitischen Interessen heraus der möglichen indonesischen Position anschließen. Als insularer Staat mit dem zusätzlichen Schutzschirm der beiden US-Basen Clac und Subic Bay fühlen sich die Philippinen nicht von Vietnam bedroht.

Ferner betonen alle offiziellen Aussagen der ASEAN die Tatsache, daß der andauernde Konflikt die sozio-ökonomische Entwicklung der Mitgliedsstaaten nachhaltig beeinträchtigen kann. Dies gilt insbesondere für den sicherheitsempfindlichen Bereich der internationalen wirtschaftlichen Zusammenarbeit. Es muß daher eine baldige "politische Lösung" des Kambodscha-Problems gefunden werden (28). Besonders beispielhaft für solche Sicherheitsbedenken ist naturgemäß Japan, dessen ökonomisches Engagement in Südostasien neben dem der USA stark ausgeprägt ist. In japanischen Geschäftsüberlegungen wird Thailand gegenwärtig als "risikoreiches Land" eingestuft und auch Malaysias Position ist aufgrund des Konflikts als verschlechtert ausgewiesen (29).

Über wirtschaftliche Entwicklungsbedenken hinaus hat Malaysia zudem seit 1975 konsequent versucht, seine 1971 formulierte Konzeption einer "Zone of Peace, Freedom and Neutrality" (ZOPFAN) als Bindeglied zwischen Indochina und der ASEAN zu realisieren. Zwar hatte Vietnam diese Konzeption bis 1979 als inakzeptabel abgelehnt und ihr sein eigenes Modell einer "Zone of Genuine Independence, Peace and Neutrality" entgegengesetzt. Es machte damit seinen eigenen Mitsprache- und Ordnungsanspruch in Südostasien geltend. Aber seit längerer Zeit ist die vietnamesische Führung zumindest verbal bereit, das malaysische ZOPFAN-Konzept als mögliche Basis für ein gesamtregionales Arrangement anzuerkennen. Darüber hinaus haben auch Indonesien und Singapur divergierende Vorstellungen von der praktischen Realisierbarkeit des malaysischen Modells hervorgebracht.

"Malaysia has been the forward strategist for improved relations between ASEAN and Vietnam. Its anti-communist stand internally did not prevent her initiation of a proposal for a zone of peace, freedom and neutrality... Her response to Vietnam after 1975 has been consistently one of conciliation and in line with her new orientation towards neutrality... It would appear that Malaysia's underlying distrust of Chinese intentions fed by her domestic experience with an insurgent communist movement backed by the CCP... has predisposed her to favour Vietnam as the counterweight to an active role in the long term." (30)

Malaysia hat seine selbstverstandene Mittlerposition trotz der Verschärfung des Konflikts seit Ende 1978 aufrechterhalten. So betonte zuletzt Ministerpräsident Datuk Hussein Onn in der Eröffnungsrede der ASEAN-Außenministerkonferenz vom 25./26.Juni 1980 in Kuala Lumpur: "Malaysia... will continue to have dialogues with Vietnam as she believes that this is important to ASEAN's efforts in finding a peaceful solution to the Kampuchea problem." (31)

Am nachhaltigsten hat bisher Singapur die "harte" thailändische Indochinaposition gestützt. Sein realpolitisch gefärbter Ausblick steht in einem gewissen Gegensatz zu den "naiven" zehnjährigen Entspannungsbemühungen Malaysias. Singapur hat eigene Vorstellungen zur Verwirklichung des malaysischen ZOPFAN-Modells entwickelt. Eine solche "Zone" kann danach allenfalls dann ein reales Profil gewinnen, wenn sie durch die ständige Präsenz aller großen Mächte auf einem "checks and balances"-Prinzip aufbaut. Malaysias Ideal einer international vertraglichen Regelung unter Absenz aller großen Mächte wird faktisch als aussichtslose "Vakuum"-Politik bewertet. Singapur ist als regionales und internationales Entrepot- und Finanzzentrum in seiner Entwicklung extrem abhängig vom internationalen Vertrauen in die Sicherheit Südostasiens. Die wirtschaftliche und politische Präsenz der großen Mächte ist aus seiner Sicht nicht teilbar. Es scheint daher zumindest fraglich, ob Singapurs "harte" Indochina-Haltung einen indonesisch inspirierten Kurswechsel innerhalb der ASEAN überdauern würde. Dies gilt um so mehr, als sich im Vollzug des politischen Generationenwechsels eine neue politische Führungsschicht zu gestalten beginnt, deren Bewußtsein nahezu ausnahmslos durch Karrieren im Economic Development Board des Stadtstaates gefärbt worden ist. In den Medien ist bereits das Schlagwort von der "EDB-Mafia" aufgetaucht (32).

Die Wahrscheinlichkeit eines indonesisch bestimmten ASEAN-Kurswechsels ergibt sich aus dem national-psychologischen Selbstverständnis der indonesischen Führungsgesellschaft. Die außenpolitischen Leitlinien dieses Selbstverständnisses haben seit ihrer erstmaligen Formulierung 1948 (33) eine ungebrochene Konstanz bewiesen. In Gestalt des Prinzips einer "unabhängigen und aktiven Außenpolitik" haben sie nicht nur die innenpolitischen Bewegungen des Archipelstaates überlebt, sondern ihrerseits letztere zumindest teilweise mitbestimmt. Historisch kennzeichnend für die "Unabhängigkeit und Aktivität" Indonesiens ist die kompromißlose Ablehnung jeglicher übergeordneter Allianzsysteme in der südostasiatischen Region. Dies galt für das "demokratische und antikommunistische" USA-SEATO-System ebenso wie für den sowjetischen Konstruktionsversuch eines Kollektiven Sicherheitssystems in Asien wie auch für die Asien-Pazifik-Vorstellungen der australischen Whitlam-Regierung während der frühen siebziger Jahre. Allianzsysteme müßten zwangsläufig die eventuelle Ordnungsrolle Indonesiens einengen, die das Land in Südostasien für sich beansprucht und die es in der Vergangenheit im Rahmen panmalaiischer Konstellationen (MAPHILINDO) zu realisieren versuchte. Der äußere Stützrahmen dieser Konstellation sollte im politischen Konstruktionsversuch der "New Emerging Forces"(NEFO)-Achse Jakarta-Hanoi-Peking-Pyongyang erstellt werden, um die US-Containment-Allianz zu entstabilisieren. Das Doppelkonzept der "panmalaiischen Einheit" und der NEFO-Achse ist während der letzten zehn Jahre durch den Kooperationsrahmen der ASEAN als innerem Perimeter und das ZOPFAN-Konzept als äußerer Grenzlinie überlagert worden. Beide Begriffe stecken vom Anspruch her das indonesische Ordnungsfeld ab. Die regionale Neumacht Vietnam bildet in diesem Feld den vorgegebenen nördlichen Gegenpol gegenüber dem (konstatierten) Vormachtanspruch der VR China.

Dieser Anspruch wird aus indonesischer Sicht zum einen auf die imperiale chinesische Tradition zurückgeführt, in deren tributärer Weltschau die Länder Südostasiens nur durch die Bezugsachse China ihre "Nanyang"-Identität gewinnen konnten (34). Zum anderen äußert er sich in chinesischen Forderungen gegenüber dem gesamten Südchinesischen Meer bis zu den indonesisch-malaysischen Territorialgewässern als einer naturgegebenen und historischen chinesischen Patrimonialsee mit ausschließlichem chinesischen Ressourcenregime (35).

Das Problem der ethnisch-chinesischen Minderheiten in Indonesien und Malaysia ist in diesem Zusammenhang zwar nicht ursächlich für Indonesiens antichinesische Grundtendenz, es verschärft jedoch die innere Entscheidungssituation des Landes. Die führungspolitische Stabilität ist durch die internationale Reislamisierungsbewegung (Herrschaftsanspruch konservativ-moslemischer Parteien, z.B. Nahdatul Ulama) Belastungen unterworfen worden. Der politische Islam Indonesiens ist seit den Unterdrückungsaktionen gegen die Moslem-Masjumi-Bewegung der fünfziger Jahre antichinesisch orientiert. Das innenpolitische Risiko einer, wenn auch nur indirekt mit China koordinierten Indochina-Politik ist daher gegenwärtig nicht angemessen kalkulierbar.

Die Bewertung der nationalen Interessenpositionen der einzelnen ASEAN-Mitgliedsstaaten läßt zwangsläufig ein Bild der politischen Heterogenität und Divergenz entstehen. Die konsequente Verfolgung einer gemeinschaftlichen Linie über lange Zeiträume hinweg wird entsprechend unwahrscheinlich. Diese Hypothese muß jedoch in zweierlei Richtung qualifiziert werden.

Zum einen läßt sich die Frage nach der Zeitdauer des Konflikts und danach, auf wessen Seite die Zeit arbeitet, nicht ohne weiteres beantworten. Auf den ersten Blick sprechen der relativ geschlossene Charakter des vietnamesischen Machtsystems und die historisch bewiesene Bereitschaft Vietnams, seine politischen Grundziele auch in Form langandauernder Kriege zu verfolgen, für sich. Andererseits sind weder die internationale noch die innere Situation Vietnams 1980 mit der Position des US-Indochina-Krieges zu vergleichen. Die Dimensionen der Veränderung können hier nicht im einzelnen nachvollzogen werden. Zum einen ist mit der VR China ein äußerer Feind erwachsen, der langfristig wesentlich existenzgefährdender erscheint, als es die transozeanischen Mächte Frankreich und die USA jemals sein konnten. Die ökonomische Situation Vietnams ist z.Zt. destabilisierter als 1975-76, und die Aufrechterhaltung eines gewaltigen Besatzungsapparates jenseits der eigenen Grenzen ist von der Motivation der eigenen Bevölkerung her nicht mit einem nationalen Selbstbehauptungskampf zu vergleichen.

Zum zweiten haben die ASEAN-Staaten während der letzten beiden Krisenjahre in ihrer Indochina-Politik eine Fähigkeit zu koordiniertem Handeln bewiesen, die gerade wegen der unterschiedlichen nationalen Ausgangspositionen ein Maß an gewachsenem Gemeinsamkeitsbewußtsein beweist, das während der frühen siebziger Jahre allen Beobachtern unvorstellbar erschien. Insbesondere auf der internationalen Ebene hat die ASEAN konsequent eine Linie verfolgt, die das Prestige Vietnams wesentlich geschwächt hat. Diese Linie setzte mit der Notkonferenz der ASEAN-Außenminister vom 12.Januar 1979 in Bangkok ein. Sie läßt sich weiter über die UN-Resolutionen zu Kambodscha vom September und November 1979 verfolgen. Die spätere Verbindung dieser Resolutionen mit der UN-Resolution ES-6/2 (Afghanistan) war über die Außenministerkonferenz der Islamischen Staaten (Islamabad, Januar 1979), an der Indonesien und Malaysia teilnahmen, vorbereitet worden. Im März 1980 folgte die zweite Außenministerkonferenz der ASEAN und EG, in der die ASEAN-Haltung ebenfalls abgestützt wurde. Im Vergleich erscheint die Handlungseinheit der ASEAN-Staaten in der Kambodscha-Frage geschlossener als die der EG in der Afghanistan-Frage. Die Möglichkeiten einer weiteren expansiven Südostasien-Politik Vietnams dürften sich nicht zuletzt wegen der gestiegenen regionalen Handlungsfähigkeit der ASEAN verschlechtert haben.

Anmerkungen:

1) Zahlen, wenn nicht besonders erwähnt, entnommen und errechnet aus folgenden Quellen: CHINA aktuell 1979-80; Übersichten Asien; Far Eastern Economic Review, Asia 1980 Yearbook; The Economist Intelligence Unit (JEU), Quarterly Review of Indochina: Vietnam, Laos, Cambodia, 1.-3.Quartal 1980 sowie Annual Supplement 1980.
2) Laut Zensusdaten vom Oktober 1979 wuchs Vietnams Bevölkerung 1975-79 um 5 Mio. auf 53 Mio. Einwohner. Der Anteil der städtischen Bevölkerung sank um rund 1,5% (Süden allein 4%).
3) Siehe William S.Turley, "Hanoi's Domestic Dilemma", in: Problems of Communism, July-August 1980.
4) JEU, Annual Supplement 1980, S.6.
5) Far Eastern Economic Review, Asia 1980 Yearbook, The Region, Indicators, S.10.
6) William S.Turley, S.51.
7) Eigene Berechnung nach Daten; Quellen siehe Anm.1.
8) Far Eastern Economic Review, Asia 1980 Yearbook, S.303.
9) JEU, Annual Supplement 1980, S.5.
10) Radio Hanoi, 17.9.80, in SWB, WER, FE/W 1103/A/31, 8.10.80.
11) Zusätzlich zu den Armeekadern wurden rd. 10.000 nördliche Kader mit einer Universitätsausbildung in den Süden geschickt.
12) Entnommen aus: William S.Turley, S.46.
13) Ebenda, S.52.
14) JEU, 2nd Quarter, S.7.
15) JEU, 1st Quarter 1980, S.14.
16) Beispielhaft hierfür ist Ph.Devillers, An Analysis of Vietnamese Objectives in Indochina, Paper zur internationalen Konferenz über "Indochina and Problems of Security and Stability in Southeast Asia", Bangkok, Juni 1980.
17) Noch 1976 wurde während der Konferenz der Blockfreien Staaten in Colombo die Erwähnung des malaysischen ZOPFAN-Ideals

durch Laos und Vietnam scharf abgelehnt. Erst mit dem Besuch des vietnamesischen Ministerpräsidenten Pham Van Dong im September/Oktober 1978 in den ASEAN-Staaten zeigte sich ein äußerlicher Wandlungsansatz.

18) Joint Statement on the Situation on the Thai-Kampuchean Border Issued at ASEAN Ministerial Meeting in Kuala Lumpur on 25 June, 1980.

19) Chan Heng Chee, The Interests and Role of ASEAN in the Indochina Conflict, International Conference on "Indochina and Problems of Security and Stability in Southeast Asia", held at Chulalongkorn University, Bangkok, June 19-21, 1980 (Konferenzpapier).

20) John Stirling, "Thailand and ASEAN in a Dangerous World", Asian Affairs, Nr.5, 1980, S.317.

21) CHINA aktuell, Juli 1979, Übersicht 5.

22) CHINA aktuell, März 1980, Übersicht 14.

23) Far Eastern Economic Review, 17. und 24.November 1978.

24) Siehe Oskar Weggel, "Philippinen, Beobachtungen eines Ritts auf dem Tiger" (China und die Philippinen), CHINA aktuell, September 1973, S.519-522.

25) Zusammengestellt aus "Foreign Delegations to China" und "Delegations to Foreign Countries", CHINA aktuell, Januar 1979 bis Juli 1980.

26) Außenminister Mochtar Kusumaatmadja, Far Eastern Economi- Review, 17.Dezember 1978.

28) The Second ASEAN-EEC Ministerial Meeting, Kuala Lumpur, 7 March, 1980, Joint Statement on Political Issues.

29) ASEAN Business Environment Risk Index, Mainichi Shimbun, 4.Februar 1979.

30) Siehe Fußnote 19.

31) Joint Communiqué of the Thirteenth ASEAN Ministerial Meeting, Kuala Lumpur, 25th and 26th June, 1980.

32) ASEAN Forecast, Oktober 1980.

33) Lie Tek Tjeng, Indonesia's Foreign Policy 1949-1977: A Perspective from Jakarta, Jakarta 1980, ".58.

34) Siehe Rüdiger Machetzki, "Intranational and Supranational Problems of Political Regionalism in Southeast Asia", in Bernhard Dahm, Werner Draguhn, Eds., Politics, Society and Economy in the ASEAN States, Wiesbaden 1975.

35) Chiu Hungdah, "South China Sea Islands: Implications for Delimiting the Seabed and Future Shipping Routes, The China Quarterly, Dezember 1977, S.1231-34.

The Position of ASEAN on the Indochina Conflict

Chiang Hai Ding

I.

ASEAN was established in 1967. The ASEAN Declaration, also called the Bangkok Declaration, is brief. There are seven clauses. Two of them read as follows:

> 1. To accelerate the economic growth, social progress and cultural development in the region through joint endeavours in the spirit of equality and partnership in order to strengthen the foundation for a prosperous community of Southeast Asian Nations;
>
> 7. To maintain close and beneficial cooperation with existing international and regional organisations with similar aims and purposes, and explore all avenues for even closer cooperation among themselves.

Three examples of what was achieved by a collective approach to regional problems can be given.

First, we can look at the situation among the five countries before and after the formation of ASEAN in 1967.

Before 1967 there had been a total lack of harmony between four of the five countries. Indonesia "confronted" Malaysia when it was formed in 1963, and also Singapore, which separated in 1965. The Philippines severed diplomatic relations with Malaysia at this time.

Today, leaders of the five countries work very closely together, from Heads of Government, Foreign, Economic and other

Ministers through to ambassadors in overseas capitals. ASEAN leaders brief each other and coordinate their position when their collective interest is concerned. Both Vietnam's Prime Minister Pham Van Dong and China's Vice-Premier Deng Xiaoping found this out when they visited the region in 1978.

The ASEAN economies are among the fastest growing economies in the world. Between 1965 and 1973, Singapore was the fastest growing non-oil producing economy in the world. Even the Philippines, which enjoyed an annual rate of growth of 5.8%, was in the top third of the world's growth league. These high rates of growth continued even during and after the 1973 and 1974 recession. It is projected that in the 1980s the ASEAN countries will have some of the fastest growing economies in the world.

Second, we can see how the ASEAN Foreign Ministers jointly reacted to the rapid political changes that took place in the region after 1967. The British decided in 1968 to withdraw from "East of Suez". In the same year the Americans elected a President who promised to end the war in Vietnam. However, that war widened when American planes bombed Cambodia (as Kampuchea was then known) in 1970. The Chinese by this time made it plain that they considered the Russians a greater threat, clearing the path towards establishing a relationship with America. In the middle of 1971 it was announced that Nixon would visit China.

The ASEAN Foreign Ministers met in November 1971 at the invitation of Malaysian Prime Minister Tun Razak.

The Kuala Lumpur Declaration was ASEAN's hope for Southeast Asia: " a Zone of Peace, Freedom and Neutrality, free from any form or manner of interference by outside Powers" (ZOPFAN).

Third, we can look at ASEAN's joint reaction to the climactic events in the Indochinese peninsula in 1975. In April, South Vietnam fell to North Vietnam and Saigon was renamed Ho Chi Minh City. In that same month, the communist Khmer Rouge forces had captured control of Phnom Penh and all Cambodia, which was renamed Democratic Kampuchea. Laos had been theoretically neutral but in August Vientiane fell to communist forces. In December Laos became a People's Democratic Republic.

The first-ever ASEAN Heads of Government meeting was held in Bali in February 1976. The Bali Declaration, or Declaration of ASEAN Concord, called for the "strengthening of political solidarity by promoting the harmonisation of views, coordinating position and, where possible and desirable, taking common actions" (Clause 7).

The Heads of Government also signed a Treaty of Amity and Cooperation in Southeast Asia. Under Article 2, the signatories undertook to be guided by the following fundamental principles:

a. Mutual respect for the independence, sovereignty, equality, territorial integrity and national identity of all nations;
b. The right of every State to lead its national existence free from external interference, subversion or coercion;
c. Non-interference in the internal affairs of one another;
d. Settlement of difference or disputes by peaceful means;
e. Renunciation of the Threat or use of force;
f. Effective cooperation among themselves.

Article 18 contains this provision, "It shall be open for accession by other States in Southeast Asia".

The other states in Southeast Asia were Burma, Brunei (which was not yet independent), and the three states of Indochina.

II.

The question that was asked by many in 1975 was: was Vietnam a threat to the security of Southeast Asia? In the first place, there was the long-standing "domino theory". Now, South Vietnam, Kampuchea and Laos had fallen to the communists. Would the other non-communist states in Southeast Asia also fall? Secondly, the North Vietnamese had a victorious battle-hardened army which now came into possession of an enormous quantity of weaponry and military bases left by the Americans to the South Vietnamese. Would the Vietnamese use the momentum of victory and the new material, estimated at US$5 billion then, to press on further? (1) We can appreciate just how much fire-power the Vietnamese acquired if we remember that the defence expenditure of East Germany in 1975 was only half that amount, at US$2.5 billion (2).

Vietnam soon answered the question. It showed by its actions that it was a threat in at least three ways:

i) by questioning the independence of the ASEAN states
ii) by expelling "boat people" which threatened to destabilize ASEAN
iii) by invading and occupying Kampuchea, thus immediately posing a threat to Thailand.

Let us deal briefly with the first. Vietnam sent a Deputy Foreign Minister (Phan Hien) to visit four of the five ASEAN states in 1976. But it soon reversed this friendly gesture later that year during the Non-Aligned Summit meeting in Colombo, Sri Lanka. Laos, supported by Vietnam, blocked a Malaysian attempt to include a reference to ZOPFAN in the meeting's final communique. Instead, Laos supported by Vietnam, called for the "genuine independence" of the countries of Southeast Asia. Singapore's response was to ask whether the communist states intended to assist such states to achieve so-called genuine independence. Vietnam sent its Foreign Minister (Nguyen Duy Trinh) to visit four of the ASEAN states (not Singapore) early in 1978. When Prime Minister Pham Van Dong followed up by visiting all the ASEAN states in September and October 1978, he offered to endorse ZOPFAN, provided the "zone of peace, freedom and neutrality" was amended to "zone of peace, independence and neutrality".

When the Foreign Minister of Laos, Vietnam and the puppet Kampuchea regime met in Vientiane in July 1980 they too repeated the call for a "zone of peace, independence and neutrality".

The second way in which Vietnam threatened ASEAN was by expelling its "boat people", which made headline news throughout the world. The international community was outraged and held a UN-sponsored conference in Geneva in July 1979 which was attended by 65 countries.

At private meetings in Geneva the figure of up to two million so- called Vietnamese undesirables was freqently heard.

Apart from about 200,000 who crossed into China before the border was closed, the other Vietnamese "undesirables" made their way by sea to Hongkong and ASEAN. These people were prepared to abandon almost everything they had and to risk their lives and those of their families in small, frequently unseaworthy boats to try to get to anywhere else.

It is not known for certain how many people actually set sail. Total arrivals of "boat people" so far reached 400.000. One estimate states that 800,000 set out, indicating that about half the "boat people" perished at sea. The prospect of yet another million "boat people" heading for Hongkong and ASEAN was horrifying.

ASEAN objected vigorously. First, such a practice by Vietnam to expel its so-called undesirables, without regard to the consequences to other countries and contrary to all norms of civilized international behaviour, threatened to create a dangerous precedent. Other countries too would be tempted to "solve" their problems this way. That this was no imaginary danger was proven when Cuba did the same in 1980.

Secondly, ASEAN pointed out that Vietnam's action threatened to and was intended to de-stabilize its non-communist neighbours. It is not questioned that the government of Vietnam was involved in the expulsion of the "boat people". ASEAN comprises five developing countries whose economies could not cope with the strain of the enormous number of refugees. (Even the Americans cried halt to the Cuban refugee influx in 1980!) Furthermore, some ASEAN countries have ethnic Chinese minorities. The arrival of many ethnic Chinese among the "boat people" threatened to upset the delicate racial balance in these countries.

Thirdly, ASEAN was concerned as Vietnam's action threatened the security of ASEAN. Because there was no immigration screening of any kind there was no knowing for certain that there were no Vietnamese agents infiltrating into ASEAN among the "boat people".

I would like to refer to a fourth threat. The Vietnamese action threatened the good relations between ASEAN and its Western friends. Some sections of the Western press criticised ASEAN for not receiving all "boat people" on humanitarian grounds.

The private meetings between ASEAN and some Western delegations before the conference opened in Geneva in July 1979 became quite heated at times. Every now and again someone would say words to the effect "Let us remember that we are friends trying to solve a problem that none of us created".

There were no "boat people" fleeing Vietnam during the Vietnam war which ended in 1975. The "boat people" who stirred the conscience of the world were victims of political persecution by their own government, which was involved in pushing them out of Vietnam.

The communist countries took no "boat people" at all although Vietnam had become a member of Comecon (or CMEA) in June 1978. But the Russians and the Vietnamese participated in the Geneva conference in July 1979 and the flood of "boat people" was turned off.

Why did the two communist states participate? A Thai scholar has noted that before the Geneva conference, President Brezhnev met President Carter at the Salt II Summit in Vienna in June and Prime Minister Kosygin met Prime Minister Pham Van Dong in Moscow in early July. He speculates that the Russians bowed to world opinion on the "boat people" because Russia could not afford to antagonise the Western countries from which it desired economic and technological cooperation. Furthermore, Russia did not want to tarnish its image in the Third World (3).

A Singapore Scholar adds this refinement. Vietnam wanted to ward off criticisms from the Third World before the Non-aligned Summit Meeting scheduled in Havana later that year (4).

III.

The third way in which Vietnam threatened ASEAN is by its invasion and occupation of Kampuchea. If Vietnam's aggression is condoned then a principle is established which can be extended to other countries in Southeast Asia. They can be invaded and occupied under the pretext of liberating them from "oppressive" governments. For this reason, ASEAN refuses to accept the Vietnamese occupation of Kampuchea. Prime Minister Lee Kuan Yew of Singapore succintly summed it up before Kampuchea was attacked: "When one subverts a non-communist neighbour, it's called 'liberation'. When one subverts a communist neighbour, it's called 'salvation'."

Of the 200.000 Vietnamese troops in Kampuchea, about 100.000 are ranged along the Thai-Kampuchean border. And the Vietnamese forces actually attacked across that border on June 23, 1980, although officially it was denied.

In July 1980, when the Foreign Ministers of Laos, Vietnam and the puppet regime in Kampuchea met in Vientiane, they proposed the demilitarization of the Thai-Kampuchean border. ASEAN naturally rejected this proposal since the war is not between Thailand and Kampuchea but between Vietnam and Kampuchea. The militarization proposal, in ASEAN's view, should apply to the Vietnam-Kampuchea border.

ASEAN, through its chairman Foreign Minister Romulo of the Philippines, circulated its position to the UN and the world press on September 20, 1980:

> The armed conflict in Kampuchea, particularly the intensified fighting close to the Thai-Kampuchean border, has resulted in repeated violations of Thailand's sovereignty and territorial integrity. In the spirit of ASEAN solidarity, the ASEAN member- states reaffirm their strong support for Thailand and will resist any attempt to isolate her.

Vietnam's aggression in Kampuchea touched off a movement of "land people" who fled their homes in Kampuchea for Thailand. Their enormous numbers imposed the most severe economic and security pressures on Thailand.

ASEAN rallied round its threatened member-state. It mobilised its friends to hold a UN-sponsored international conference in Geneva in May 1980 for humanitarian aid to the Kampuchean people, attended by 59 countries. By this time there were 170,000 Kampucheans inside Thailand, another 200,000 along the Thai-Kampuchean border and further 600,000 to 700,000 close to the border.

Unlike the "boat people" conference, the "land people" conference was boycotted by both Russia and Vietnam, not withstanding their lofty claims that the Vietnamese moved into Kampuchea to save the Kampucheans. One may speculate that in May 1980, after the universally condemned Russian invasion and occupation of Afghanistan and the punitive measures of America and its allies, Russia did not find it worthwhile to attend this conference. As for Vietnam, while the Cuban chairman at unilaterally excluded Democratic Kampuchea from the Nonaligned meeting in 1979, the United Nations General Assembly that followed voted to let Democratic Kampuchea retain its seat. Thus Vietnam too had little incentive to attend the land people conference in May 1980.

Let us turn now to some of the principal arguments put forward by the Vietnamese to justify their action in Kampuchea.

i) Pol Pot, the Prime Minister of Democratic Kampuchea was a mass murderer of his people
ii) The Vietnamese are in Kampuchea because of Treaty arrangements
iii) The Vietnamese are in Kampuchea to prevent the Chinese from over-running all of Southeast Asia.

It is very easy to expose the hyprocrisy of the first argument. In September 1978 the UN Commission on Human Rights met in Geneva. Britain submitted a resolution asking for an enquiry into violations of human rights in Kampuchea and requesting that the matter be given the highest priority. A total of 15 members of the Commission voted in favour, two abstained and three voted against. The negative votes were by communist states including Russia. Yet three months later, Vietnam and sundry other Russian friends, were loudly protesting about the atrocities committed in Kampuchea in order to justify Vietnamese aggression.

ASEAN has never condoned the actions of the Democratic Kampuchea government. Nor does ASEAN work to restore Pol Pot to power.

What ASEAN seeks to do is to demand that aggression against one independent country of the UN and against Charter principles be ended. Until this is done, ASEAN's endeavours are to deny legitimacy to the puppet Heng Samrin regime installed by the Vietnamese. As Foreign Minister Romulo stated too on September 20, 1980:"The ASEAN member-states also cannot accept that a country should enjoy the fruits of its aggression".

It is also very easy to refute the Vietnamese argument that they were in Kampuchea because of Treaty arrangements.

The chronology of events is thus. Some three weeks before the invasion the Vietnamese sponsored an organisation calling itself "The Kampuchean National United Front for National Salvation" (KNUFNS).

On December 25, 1978 a massive attack was launched against Kampuchea by Vietnamese troops. At that time the Vietnamese denied that their forces were involved, to give the impression that it was an uprising by the Kampucheans themselves.

On December 26 the Central Committee of KNUFNS issued a statement declaring that it would not enter into any military alliance or allow any country to set up bases on its territory or bring military equipment into Kampuchea or use its territory for intervention against other countries. The fact that all the tenets of this declaration were being flouted by Vietnamese troops at the time the statement was issued reveals clearly the powerlessness of this "Front".

Phnom Penh was captured in Janurary 7, 1979 and Heng Samrin was installed the next day as Head of Government. It was he, on Februrary 18, 1979, who signed the Treaty of Friendship and Cooperation, that is almost two months <u>after</u> the Vietnamese invasion.

IV.

The third argument the Vietnamese use to justify their aggression is the Chinese threat.

We need only note the terrible irony: the Vietnamese have deprived the Kampucheans of their freedom and have starved about one million people in order to save them from the Chinese. As to the Vietnamese argument that they are fighting the Chinese on behalf of all Southeast Asia, one can only pray that Heaven preserve ASEAN from such friends!

We can also legitmately question the credentials of ASEAN's would-be Vietnamese saviour. ASEAN at least treated China with circumspection because all of us have communist insurgency problems and some of us, ethnic Chinese minorities. But not Vietnam. After the Vietnamese victory, as late as in November 1977, Mr. Le Duan, Secretary-General of the Vietnamese Communist Party, sang this fulsome praise of China at a banquet given in his honour by Chairman Hua Guofeng in Peking:

> Vietnam and China share mountains and rivers...For many decades our two peoples have shared weal and woe, constantly supporting and assisting each other and building a great and militant solidarity both as comrades and brothers. When the Vietnamese revolution was in its infancy, our esteemed President Ho and many other Vietnamese patriotic militants lived and worked on Chinese soil, enjoying the whole-hearted protection and assistance of the Communist Party and fraternal people of China...The Vietnamese people will always remember the heartfelt words of Chairman Mao Tsetung. The 700 million Chinese people provide a powerful backing for the Vietnamese people; the vast expanse of China's territory is their reliable rear area... The Vietnamese people's victory is closely associated with the vigorous support and great assistance provided by the party, the government and the fraternal people of China. The Vietnamese people will remember this selfless aid forever.

We can ask whether there is a Chinese threat. Any country can be a threat if it decides to become one and has reasonable means to implement its intentions. But how is the invasion and occupation of Kampuchea an act of self-defence against China? In what way is the Chinese threat removed?

We need, however, to ask whether the Indochina conflict only involves ASEAN states. Most assuredly not. Russia is deeply involved.

Five days after the Vietnamese installed Heng Samrin, he was recognized by Vietnam and Russia, plus nine other communist states, namely, Ethiopia, Hungary, Poland, East Germany, Mongolia, Afghanistan, Laos, Bulgaria and Czechoslovakia. A few more days passed and Heng Samrin was recognized by Cuba, Angola and South Yemen. It is unlikely that Vietnam could have mustered this line-up without Russian support.

The communist states that did not recognize Heng Samrin were China, Yugoslavia, Romania and North Korea.

The ASEAN position to continue to recognize Democratic Kampuchea, and therefore not to recognize Heng Samrin, won increased support in the UN, from 71 to 74 countries between 1979 and 1980. The ASEAN resolution calling for first, Vietnamese withdrawal, second, an international conference on Kampuchea and third, Kampuchean self-determination, won increased support in the UN, from 91 to 97 countries between 1979 to 1980.

All nine of the European Community supported the ASEAN resolution, as indeed all of Western Europe with the exception of Finland.

The increased support for the ASEAN position and resolution is due to the Russians exposing themselves blatantly in their invasion and occupation of Afghanistan which took place in the last days of 1979.

The parallels in Kampuchea and Afghanistan are striking. They are not a coincidence, as is argued in some detail in a booklet by the Singapore government entitled From Phnom Penh to Kabul. The two countries, communist, though members of the non-aligned movement, were not spared by their communist neighbours who used similar excuses. The Vietnamese point to a Treaty signed after their invasion.

The Russians claim they responded to calls by one Babrak Karmal who was not even in Afghanistan when they invaded.

As a result of these two invasions the Russians strengthened their global position very considerably. They had signed a Treaty of Peace, Friendship and Cooperation with the Vietnamese in November 1978, just before the Vietnamese invasion of Kampuchea. As a result, the Russians now had an important position in Southeast Asia, access to the military base facilities in Danang and Cam Ranh Bay, and were better placed to extend their military power into the Pacific as well as the Indian Oceans, and most important of all, the South China Sea into which the ships from the Straits of Malacca must enter if moving in an easterly direction. The implications for Japan are ominous.

In occupying Afghanistan, the Russians have reached within easy striking distance of the oil-rich states of the Middle East. They are now better placed to threaten the jugular vein of the economies of America, Western Europe, Japan and all other countries that depend on oil from that region.

The Foreign Ministers of ASEAN and the European Community have recognized this common threat, as evident from this pronouncement when they held their second meeting in Kuala Lumpur in March 1980. In a joint political statement:

> The Foreign Ministers of the ASEAN member-states and the Foreign Ministers of the European Community expressed great concern over open armed interventions by foreign powers against two non- aligned countries in Asia, namely the continuing Vietnamese intervention in Kampuchea and the Soviet military intervention in Afghanistan.They strongly deplored the armed interventions against these two countries, which have as a common denominator the imposition of will on small independent states by foreign powers through the use of force in open violation of international law, thereby threatening international peace and security....
>
> The Foreign Ministers of the ASEAN member-states and the Foreign Ministers of the member-states of the European Community deplored the denial of self-determination to the peoples of Kampuchea and Afghanistan who should be allowed to decide their political future without foreign interference, coercion or intimidation....

V.

The conference theme implicitly posed the question, whether the Indochina conflict was permanent. Or, to put it another way, is there a way out for Vietnam, out of its present predicament?

Most assuredly yes. But it is up to Vietnam to take the necessary steps to extricate itself. It cannot do so if it continues to proclaim that the situation in Kampuchea is "irreversible and non-negotiable", while it continues to defy world opinion as expressed through the UN.

1. Vietnam must free itself from both Russia and China. That would be in its own best interests and that of Southeast Asia. Whatever be its justification for alignment, Vietnam has introduced the Sino-Soviet conflict into our region. It has compromised its own independence.

Vietnam's desire for independence goes back 2000 years to the legendary Trung Sisters who led an anti-Chinese revolt in AD 41. Vietnam's independence dates back over 1000 years, to AD 938, when King Ngo Quyen defeated a Chinese army. Vietnam had defeated the French and the Americans to gain its independence. Now it has become totally dependent on the Russians.

Throughout the war with America, Vietnam adroitly avoided taking sides with either Russia or China as the two communist giants competed for influence. Vietnam obtained massive aid from both which it used tellingly against the Americans. As late as November 1977, Vietnam was still on good terms with China. Then abruptly, and inexplicably, it plunged into total commitment to the Russian cause. In December 1977 Vietnam signed a cooperation treaty with East Germany which is generally regarded as "an outrider for the Soviet hegemonial power" (5). Vietnam joined Comecon (CMEA) in June 1978 and signed a Friendship Treaty with Russia in November 1978. It invaded Kampuchea the following month.

2. Vietnam must withdraw from Kampuchea. ASEAN seeks nothing in Kampuchea except that Kampucheans be allowed to exercise their right to determine their own future. This they cannot do while 200.000 Vietnamese troops occupy their country.

In the meantime, ASEAN seeks, in cooperation with other concerned countries, to keep the Kampuchean race alive.

ASEAN has proposed an international conference on Kampuchea to be held as early as possible in 1981, open to all parties in the conflict and others concerned. There should be no pre-conditions for its convening. The purpose is to find a comprehensive political settlement which, in ASEAN's view, must include the following seven elements:

a) Total withdrawal of foreign troops from Kampuchea within a specific time frame to be verified by the United Nations;
b) Measures by the United Nations to ensure law and order and the observance of the fundamental principles of human rights in Kampuchea;
c) Measures by the United Nations to ensure non-interference by outside powers in the internal affairs of Kampuchea;
d) United Nations-supervised free elections in Kampuchea;
e) Guarantees against the introduction of any foreign forces in Kampuchea;
f) Guarantees to respect the sovereignty, independence and territorial integrity of Kampuchea;
g) Guarantees that an independent and sovereign Kampuchea will not be a threat to its neighbours.

3. Vietnam must rebuild its economy. ASEAN would like to see a Vietnam that is independent and prosperous. ASEAN has expressly communicated to Vietnam its willingness to help in economic re-construction. There is a great deal that ASEAN can offer as the five countries have made economic progress while Vietnam was convulsed by war, for example, rubber technology in Malaysia and rice in the Philippines, both vitally important to Vietnam.

ASEAN is not bothered that Vietnam is communist. ASEAN would not object to an Indochinese Federation provided it is one brought about by the free consent of its peoples and not imposed by invading garrison troops.

ASEAN comprises five free-enterprise economies which have fruitful on-going "dialogues" with six Western countries - America, Canada, Japan, Australia, New Zealand and the European Community.

ASEAN is confident that it has an economic system infinitely superior to the economic system of Vietnam. We believe we can come out ahead in any competition to raise the standard of living of our people and to improve their quality of life. We need only see the difference between Western Europe and Eastern

Europe, between Western and Eastern Germany, to know that we are on the right path.

But ASEAN needs more than to know that it is right. ASEAN needs its friends.

What can the West, including the European Community, and specifically the Federal Republic of Germany, do?

First, the West can join ASEAN to convince Vietnam to accept the ASEAN resolution. The Vietnamese are not invulnerable. In fact they are acutely vulnerable because of their total dependence on Russia.

Second, the West can speak to the Russians, who are after all, the chief backer of Vietnam. The Russians have a two-way traffic with the West. The Foreign Ministers of ASEAN in June 1980 asked Chancellor Schmidt to express their concern over the Indochina conflict to President Brezhnev when the two leaders met in Moscow that month-end.

Third, the West can undertake to clarify for their publics the stakes and the principles involved in the Indochina conflict. The communist propaganda line, that the Vietnamese went in to save the Kampuchean race from their genocidal ruler Pol Pot must be exposed. The West must draw the attention of their publics to the far-reaching consequences of developments in Kampuchea, as well as those in Afghanistan.

To date, the Federal Republic of Germany has always taken cognizance of the ASEAN position and the Indochina conflict. I believe this is astute because

i) ASEAN is part of the Southeast Asian region
ii) there are five of us
iii) we have to live with the consequences if we make a mistake in our judgement
iv) so far our judgement on the Indochina conflict has been endorsed by the overwhelming majority of 26 out of a total of 38 countries in Asia: five voted against ASEAN while four abstained.

ASEAN's objective is as was laid down when it was founded in 1967 in Bangkok: "a prosperous and peaceful community of Southeast Asian nations".

What are the prospects? In an interview with Reuters on 13 November, 1980, the Prime Minister of Singapore has stated that from his talks with Chinese leaders, he has a clearer definition of China's position. He said:

> I agree with the Chinese view that the Vietnamese occupation of Kampuchea will take several years to resolve. No solution can be expected in the immediate future. All three Chinese leaders I met reiterated that in opposing the Vietnamese occupation of Kampuchea, China is not seeking a re-establishment of China's influence in Kampuchea through the restoration of Pol Pot or the Khmer Rouge regime. They agreed to the ASEAN stand that when the Vietnamese forces have withdrawn from Kampuchea, the people of Kampuchea should be free to decide their own future in an UN-supervised election, without Vietnamese, or Khmer Rouge, or other armed resistance forces to intimidate the people from expressing their free choice.

Thus, the Chinese have indicated that they will accept a free and neutral Kampuchea and that it need not be pro-China. But Vietnamese withdrawal from Kampuchea is a must.

It now remains to be seen if Vietnam will match this with a public statement:

a) offering to pull out its troops and to allow an international force to keep law and order while the Kampuchean people exercise their free choice without coercion;
b) indicating that, in that context, Vietnam will accept a neutral Kampuchea that makes an international commitment that it will not be anti-Vietnam.

Such a move will signify a shift in Vietnam's position, just as there has now been one by China.

If Vietnam does so, we may have elements that portend a hopeful sign for the beginnings of a settlement through an international conference. And we may catch a glimmer of light at the end of a long tunnel, of an apparently "permanent conflict".

Notes:

1) Chan Heng Chee, in: "The Interests and Role of ASEAN in the Indochina Conflict", paper presented at the International Conference on Indochina and Problems of Security and Stability in Southeast Asia, Bangkok, June 19- 21, 1980;
2) The Military Balance 1980-1981, p.96;
3) Chantima Ongsuragz, "The Soviet Union and Indochinese Refugees", Contemporary Southeast Asia, Vol.2 No.1, June 1980, pp 56-57;
4) idem;
5) Boris Meissner, "Specific Changes in the East Pact System", Außenpolitik, 3rd Quarter 1979, Hamburg, p.291;

Möglichkeiten einer Lösung des Kambodscha-Konflikts

Oskar Weggel

A. Das Konfliktspektrum

China und Vietnam sind Gefangene ihrer Geschichte und ihrer Bedrohungsvorstellungen. 1000 Jahre direkter (111 v.Chr. - 939 n.Chr.) und weitere 900 Jahre indirekter ("Tribut"-) Herrschaft Chinas über seinen südlichen Nachbarn haben in Vietnam eine antichinesische Defensivhaltung aufkommen lassen, die sich in permanentem Mißtrauen niederschlägt - ob China nun bei den Genfer Verhandlungen von 1954 Kompromisse auf Kosten Vietnams vorschlug, ob es heute versucht, die Selbständigkeit von Laos und Kambodscha im Interesse einer Stärkung seines südlichen Glacis sicherzustellen oder ob es schließlich um Grenzstreitigkeiten geht. Stets glaubt Vietnam auf der Hut sein und Gegenmaßnahmen treffen zu müssen.

So erklärt es sich auch, daß Vietnam während der beiden Indochina-Kriege, vor allem aber seit 1965 willig die Hand Moskaus ergriffen hat und daß es gleichzeitig die Weigerung Chinas, mit der Sowjetunion eine antiamerikanische Aktionsfront während des zweiten Indochina-Kriegs zu bilden, als Ausdruck chinesischen Vormachtstrebens in Indochina deutete.

Nach Beendigung des zweiten Indochina-Kriegs, vor allem aber nach dem militärischen Sieg über Südvietnam stand Hanoi am Scheideweg: Es mußte sich entscheiden, ob es den Weg des Ausgleichs mit China gehen und auf eine Besetzung Kambodschas und Laos' sowie auf eine engere Zusammenarbeit mit der Sowjetunion verzichten oder aber, ob es der Besetzungsoption und damit der Moskau-Lösung Priorität einräumen - und damit einen langfristigen Konflikt mit China riskieren sollte.

Hanoi entschied sich für den letzteren Weg, indem es die "Vietnamisierung" Indochinas ("Freundschaftsverträge" mit Laos und Kambodscha, Kambodscha-Feldzug im Dezember 1978/Januar 1979), ferner den Exodus der Auslandschinesen (Hoa) seit März 1978 und schließlich verstärkt die Zusammenarbeit mit der Sowjetunion betrieb: Beitritt zum COMECON am 29.7.78, Freundschaftsvertrag mit Moskau am 3.11.78 und Zusammenarbeit im ideologischen sowie im militärischen Bereich.

Durch diese Globalpolitik Vietnams wurden auch die bilateralen Streitpunkte zwischen Vietnam und China (chinesisch-vietnamesische Landgrenze, chinesisch-vietnamesische Grenze im Golf von Tongking, Streit um die Inseln im Südchinesischen Meer, Auseinandersetzungen um zwei Eisenbahngrenzpunkte und um die Hoa-Frage) zusätzlich verschärft. Höhepunkt dieser Entwicklung war der chinesische 27-Tage- Feldzug vom Februar/März 1979 in Vietnam, an den sich zwei Verhandlungsrunden anschlossen, die aber im Dezember 1979 wegen Ergebnislosigkeit von chinesischer Seite abgebrochen wurden. Vietnam hatte in einem Drei-Punkte-Vorschlag dringende Friedenssicherungsmaßnahmen, Wiederherstellung normaler Beziehungen und Grenzregelungen in seinem Sinne verlangt, während China in seinem Acht-Punkte-Vorschlag eine Respektierung der "chinesischen" Grenzen, eine Repatriierung der Hoa, die Wiederherstellung der Eisenbahnverbindungen sowie vor allem ein Bekenntnis Vietnams zum "Antihegemonismus" und den Rückzug Vietnams aus Kambodscha forderte (1).

Die seitherige Politik Chinas hat deutlich gemacht, daß es die Zusammenarbeit Vietnams mit der Sowjetunion als Kardinalproblem sieht, dessen gefährlichste Auswirkungen sich in der vietnamesischen Laos- und Kambodscha-Politik sowie in der (angeblichen) Überlassung von Cam Ranh, des früheren US-Marinestützpunkts, an die Sowjetunion äußern. Eigentlicher Prüfstein ist Kambodscha.

B. Lösungsmöglichkeiten

Theoretisch sind vier Weiterentwicklungsmöglichkeiten denkbar, die nachfolgend in der Form von Szenarios diskutiert seien.

I. Szenario Nr.1: China und Vietnam bleiben bei dem seit 1978/79 eingeschlagenen Weg der Konfrontation um jeden Preis (Status-quo-Lösung)

Die Folgen wären nicht nur für China (noch stärkere Einschaltung der Sowjetunion in Südostasien), sondern vor allem für Vietnam verhängnisvoll, wie sich aus folgenden drei Punkten ergibt:

1. Gegnerschaft Chinas, die sich in mehreren Formen äußert

a) Ein zweiter "Erziehungsfeldzug"?
Nachdem China den Vietnamesen seit dem Feldzug von 1979 bereits erneut verschiedene Male in verhüllter Form Vergeltungsmaßnahmen angedroht hat (2), ist man versucht anzunehmen, daß militärische Maßnahmen gegenüber Hanoi heute an der Spitze des potentiellen chinesischen Antwortverhaltens stehen.

Eine solche Annahme wäre jedoch weit gefehlt. China ist sich zwar durchaus bewußt, daß es mit dem 27-Tage-Feldzug von 1979 einige Erfolge errungen hat: Es hat gezeigt, daß es kein "Papiertiger" ist, sondern notfalls auch handeln kann, und es hat den Vietnamesen vor allem, wie sich erst nachträglich herausstellte, erhebliche wirtschaftliche Verluste zugefügt. Wie Radio Hanoi (3) betont, haben die chinesischen Truppen von 68 Industrieanlagen in den sechs Nordprovinzen Vietnams 55 völlig zerstört und fast das gesamte Verkehrsnetzwerk, einschließlich der Brücken, Kanäle und Eisenbahnlinien, beschädigt. Völlig vernichtet wurden ferner angeblich 45.000 Häuser und 600.000 qm Wohnfläche, wodurch 350.000 Menschen obdachlos wurden.

Politisch und wirtschaftlich haben die Chinesen also zwar einen Teil ihrer Ziele erreicht, doch militärisch war das Unternehmen nicht gerade ein Ruhmesblatt, obwohl die Provinzhauptstädte Cao Bang und Lang Son erobert werden konnten.

Wie unzufrieden die chinesische Führung mit der militärischen Ausbeute war, zeigt nicht nur die Ablösung General Xu Shiyous von seinem Wehrbereichsposten in Guangzhou, sondern auch eine Wertung des stellvertretenden Vorsitzenden des ZK-Militärausschusses, Nie Rongzhen, sowie ein Lagebericht des stellvertretenden Logistikchefs, Chen Lei.

- Nie Rongzhen legte im Februar 1980 dem ZK- Militärausschuß, also dem höchsten militärischen Gremium der VR China, einen kritischen Bericht vor, in dem unter vier großen Themen auch die "Lektionen aus dem Krieg mit Vietnam" einen Abschnitt bildeten: Oberflächlich gesehen habe es zwar den Anschein gehabt, als sei das Unternehmen gegen Vietnam erfolgreich gewesen; in Wirklichkeit habe man den Feind unterschätzt und sei in die Falle des Grabenkriegs geraten, wobei die chinesische VBA einen Verlust von 30.000 Mann habe hinnehmen müssen. Nach dem Feldzug habe man den Teilnehmern zwei Wochen Urlaub und 20 Yuan gegeben, so daß sie in ihre Heimatdörfer reisen und dort den "Erfolg der Kampagne" hätten propagieren können. Doch habe man die wahre Sachlage damit nur bemäntelt. Sowohl 1950 in Korea als auch 1960 bei der Unterstützung Vietnams gegen die USA und schließlich im Kampf gegen Vietnam Ende der siebziger Jahre habe China jeweils schwere Verluste hinnehmen müssen.

Während die Sowjetunion ihre Kontrolle über Vietnam, Laos und Kambodscha ohne einen Tropfen Blut errungen habe, "haben wir erhebliche Ausfälle an Soldaten und finanziellen Mitteln erlitten". Es sei nach alledem wohl der schlechteste Kurs überhaupt, direkt mit Soldaten in Vietnam einzugreifen. Die beste Politik bestehe statt dessen darin, Vietnamesen gegen Vietnamesen kämpfen zu lassen. China müsse sich hierbei in Zukunft vor allem Hoang Van Hoans, des alten Mitkämpfers Ho Chi Minhs und Parteimitbegründers, bedienen, der 1979 nach China geflohen war (4).

- Ein anderer Zeuge ist General Chen Lei, stellvertretender Stabschef des Logistik- Hauptquartiers. Der Autor dieses Beitrags hatte Gelegenheit, sich mit Chen am 5.November 1980 persönlich über die logistische Situation des Vietnam-Kriegs zu unterhalten. Chen lieferte eine Beurteilung aus der Sicht des Nachschubs und zeigte damit Perspektiven auf, an die ein Außenstehender sonst zunächst gar nicht denkt.

Die chinesischen Truppen seien zwar nur bis zur maximalen Tiefe von 40 km nach Vietnam hineingestoßen, so daß es auf den ersten Blick scheinen müsse, als habe es keine logistischen Probleme gegeben. Und doch sei der Nachschub vor allem in zweifacher Hinsicht in größte Schwierigkeiten geraten: Einmal hätten sich die Geländebedingungen als unerhört schwierig erwiesen. Da der chinesische Angriff auf ganzer Frontbreite erfolgt sei, hätten die meisten Angreifer in einem gebirgigen, von Bergwald und Büschen überzogenen Gelände operieren müssen, in dem es keine Straßen und Wege gab. Das Wetter sei heiß gewesen, das Gelände schlüpfrig; auf den wenigen zur Verfügung stehenden Wegen hatte das Kühlwasser der Lkws zu kochen begonnen. Die Straßenbaupioniere seien langsamer vorangekommen, als man erwartet habe. Die Hauptlast des Nachschubs habe auf dem Rücken der Soldaten transportiert werden müssen. Auf diese Weise sei es mit dem Angriff nur langsam vorwärts gegangen.

Das zweite Problem sei mangelnde Kommunikation zwischen Kampf- und Nachschubeinheiten gewesen. Im offenen Gelände habe der Funkverkehr zwar hervorragend funktioniert, doch nicht im Dschungelwald. Man habe es hier mit anderen Wäldern (sic!) als auf der chinesischen Seite zu tun - mit richtigem Urwald! Dies sei eine Lektion für die Truppen gewesen, aus der man lernen müsse.

Dies sind Einzelaussagen, von denen sich auf die Stimmungslage insgesamt schließen läßt - und dies trotz der Jubelberichte, die von den in alle Teile Chinas ausgesandten "heldenhaften Teilnehmern" des Unternehmens verbreitet wurden.

Auch finanziell war das Vietnam-Unternehmen nicht gerade billig. Der Verteidigungshaushalt für 1979 war ursprünglich auf 20,23 Mrd.Yuan veranschlagt, dann allerdings nachträglich auf 22,27 Mrd. erhöht worden (5). Man kann mit hoher Wahrscheinlichkeit davon ausgehen, daß die Differenz von 2,04 Mrd.Yuan der Tribut für den Feldzug war. Der Autor des vorliegenden Beitrags hatte bereits 1979 versucht, die Kosten des Feldzugs zu errechnen und war damals auf einen Betrag von 2,4 Mrd. gekommen (6). Das Unternehmen hat also zumindest ein Zehntel des Militärhaushaltes aufgefressen - für ein Land wie China, das gerade mitten im Prozeß der "Vier Modernisierungen" steht, nicht gerade eine quantité négligeable!

Kein Wunder, daß ein maßgebendes Mitglied der Militärführung wie Nie fordert, daß künftig Vietnamesen gegen Vietnamesen - oder vielleicht noch weiter gedacht: Südostasiaten gegen Südostasiaten - statt chinesischer Truppen eingesetzt werden sollen!

Ein weiterer "Erziehungsfeldzug" wäre in absehbarer Zeit vermutlich auch deshalb zum Scheitern verurteilt, weil Vietnam inzwischen seine Verteidigungsstrategie wesentlich verbessert hat. Während des 27-Tage-Feldzuges hatten die Chinesen anfangs schnelle Erfolge erzielen können, weil sie im Bereich der rund 1.200 km langen chinesisch-vietnamesischen Grenze an nicht weniger als 25 Punkten zugleich angriffen (7) und überdies dort nur auf Regionaltruppen sowie Milizen, nicht aber auf Feldarmeen gestoßen waren.

Im Gefolge dieses Feldzugs rief Vietnam dann nicht nur die Generalmobilmachung aus, sondern begann auch mit der Einführung einer neuen Verteidigungsstrategie. In diesem Zusammenhang bemängelte Generalstabschef Van Tien Dong hauptsächlich die schlechte Koordination zwischen den Regionaleinheiten und dem Generalstab, die unzureichende Ausbildung und Ausrüstung der Regionaleinheiten, Schwächen beim Transport und unzureichende lokale Mannschaftsstärken.

In Zukunft müsse jede Provinz - gedacht ist hier vor allem an die sechs an China angrenzenden Provinzen - zu einer wirtschaftlich und militärisch autonomen Festung werden. Es gilt die Formel: eine Provinz = ein Wehrbereich = eine agroindustrielle Einheit. Jeder Distrikt, jede Stadt und jede Provinz hat ihren eigenen Verteidigungsplan auszuarbeiten, und zwar im Zusammenhang mit dem allgemeinen Verteidigungsplan der jeweiligen Militärregion. Außerdem sind Milizen, Selbstverteidigungskräfte und Regionaltruppen künftig zu straffen und in ein enges Verbindungsnetz mit den mobilen Kampfverbänden einzuknüpfen. Zwischen den einzelnen "strategischen Einheiten" ("Festungen") sollen mobile Armee-Einheiten agieren und schneller als bisher zu Hilfe eilen (8).

Was das "politische Bewußtsein" - oder besser: die Kampfmoral - anbelangt, die Van Tien Dong ebenfalls bemängelt, so scheint es daran zumindest während der heißen Kriegsphase nicht gemangelt zu haben. Ein Beweis dafür ist die geringe Zahl der Gefangenen. Im Mai gaben die Chinesen 1.638 vietnamesische und die Vietnamesen sogar nur 283 chinesische Gefangene zurück (9) - und dies bei einer Beteiligung von etwa 300.000 Soldaten auf chinesischer und von rund 150.000 Soldaten auf vietnamesischer Seite! Man kämpfte offensichtlich bis aufs Messer; Gefangene wurden kaum gemacht. In Zukunft dürfte diese beiderseitige Entschlossenheit eher noch größer sein.

Ein "zweiter Erziehungsfeldzug" erscheint nach alledem in absehbarer Zeit höchst unwahrscheinlich. Eine solche Annahme trägt übrigens auch typischen chinesischen Denkgewohnheiten Rechnung: Seit Hunderten von Jahren war der Einsatz von Militär in China immer nur das letzte - aber auch das wirklich letzte - Mittel zur Lösung von Problemen. Viel lieber benutzte man die Strategie, "Barbaren durch Barbaren bekämpfen zu lassen" oder aber sich "mit dem Fernen gegen das Nahe zu verbünden" (z.B. "antihegemonistisches" Bündnis Chinas mit Japan und den USA).

b) Einsatz wirtschaftlicher Mittel -
oder gar Wirtschaftskrieg gegen Vietnam?

Bereits im Juli 1978 hatte China seine Wirtschaftshilfe an Vietnam, die sich bis dahin - nach chinesischen Angaben - auf "über 10 Mrd.$" belaufen hatte (10), eingestellt und seine sämtlichen Helfer aus Vietnam abgezogen. Damit hatte es praktisch - was wirtschaftliche Sanktionsmacht anbelangt - sein Pulver verschossen.

Es fragt sich nun, wieweit es der Führung in Beijing gelingt, auch andere Länder davon abzuhalten, weiterhin Entwicklungs- oder gar Militärhilfe zu leisten. Im Falle der USA, von denen Vietnam Hilfe in Milliardenhöhe erwartete, brauchten die Chinesen erst gar nicht zu bremsen, da Washington sich ohnehin weigerte, auch nur einen Dollar zu zahlen. Auch andere westliche Länder, bis auf Schweden, das mit den Vietnamesen seit Beginn des zweiten Indochina-Kriegs eng verbunden war, und bis auf Frankreich weigerten sich, angesichts der vietnamesischen Laos- und Kambodscha-Politik Entwicklungshilfe zu leisten. Selbst Japan stellte - vermutlich auf chinesischen Druck - seine Hilfe ein (Näheres unter 2). Im japanisch-chinesischen Friedensvertrag von 1978 haben die Chinesen eine "Antihegemonie-Klausel" untergebracht, die sich auch gegen "kleine Hegemonisten" richtet. Japan wird seinen einträglichen Chinahandel vermutlich nicht durch ein wirtschaftliches Engagement in Vietnam gefährden wollen!

c) Eine weitere Waffe der Einwirkung auf Vietnam ist Propaganda, die von den Chinesen vor allem im Zusammenhang mit Laos, Kambodscha und Cam Ranh betrieben und in der Vietnam des "kleinen Hegemonismus" beschuldigt wird. Heute ist es bereits gelungen, weltweit eine "antivietnamesische Öffentlichkeit" zu schaffen.

d) Empfindliche Auswirkungen zeigt ferner die Vereinte-Fronten- oder besser Isolationspolitik, die China gegenüber Vietnam betreibt.

- Da ist zunächst die prinzipielle Denial- Politik, mit der Beijing den Vietnamesen Paroli bietet: Es verweist auf die "Acht Punkte" (dazu oben A) und verweigert die Annahme sämtlicher Verhandlungsangebote, die Vietnam seit dem Scheitern der beiderseitigen Gespräche im Dezember 1979 Monat für Monat regelmäßig an Beijing heranträgt. Gleichzeitig bedient sich die chinesische Führung einer Politik der Drohungen gegenüber Vietnam, vor allem, soweit dessen Kambodscha- und Thailand- Politik angesprochen ist.

- Außerdem schmiedet Beijing an einer "antihegemonistischen Einheitsfront", zu der nicht nur die Staaten der Region, vor allem die ASEAN-Länder, sondern darüber hinaus auch möglichst alle westlichen Staaten, allen voran Japan und die USA, gehören sollen. Die Führung in Beijing geht sogar so weit, den im "goldenen Dreieck" Birma-Thailand-Laos verbliebenen früheren Guomindang-Streitkräften Avancen zu machen (11).

Auch vor der UNO war es vor allem China, das - hier immer Seite an Seite mit den ASEAN- Staaten operierend - der Sowjetunion und Vietnam bereits mehrere Schlappen beigebracht hat, so z.B. im Zusammenhang mit dem Rückzugsbeschluß von 1979 sowie dem Verbleib der Regierung des Demokratischen Kampuchea in der UNO (Beschlüsse von 1979 und 1980).

- Schließlich unterstützt Beijing inzwischen systematisch sämtliche gegen Vietnam operierenden Guerillabewegungen, nämlich den Pol-Pot-Widerstand, ferner die im September 1980 gegründete "Laotische Befreiungsfront" (12), welche angeblich ihrerseits mit den Pol-Pot-Kräften zusammenarbeitet, und die sog. "FULRO" (Forces Unifiées pour la Libération des Races Opprimées), die zumindest nach der chinesischen und Demokratisch-kampucheanischen Propaganda im Bergland von Südvietnam gegen Regierungstruppen operiert (13). Für Vietnam sind diese Widerstandsbewegungen zwar kein Herzleiden, wohl aber eine höchst unangenehme Hautkrankheit, mit der sich auf die Dauer schlecht leben läßt.

Schwierigkeiten hat auf der anderen Seite auch China mit den früher so Beijing-treuen kommunistischen Bewegungen in Thailand und Birma:

- Die KPTh hat sich gespalten, nachdem Beijing im Zeichen seiner Feindschaft mit Vietnam immer substantieller mit der Regierung in Bangkok zusammenarbeitet, die bisher ja das Kernstück im Feindbild der KPTh gewesen war. Aus demselben Grunde auch hat der von China unterstützte Partisanensender "Stimme der thailändischen Revolution" bereits Mitte 1979 seine bisher gegen die Regierung gerichtete Sendetätigkeit eingestellt.

- Die "Weiße Flagge" in Birma befindet sich offensichtlich ebenfalls im Spaltungszustand, nachdem der birmanische Staatspräsident U Ne Win zum Partner der Chinesen geworden ist (er besuchte z.B. im Oktober 1980 bereits zum elftenmal die Volksrepublik). Beijing befindet sich heute in einer ambivalenten Lage: Auf der einen Seite möchte es im Interesse der Annäherung an Rangoon seine langjährige Unterstützungspolitik zugunsten der Weißen Flagge aufgeben, andererseits muß es befürchten, daß das von ihm im Falle des Rückzugs hinterlassene Vakuum von Vietnam aufgefüllt würde. Entschlösse sich die Weiße Flagge künftig zum Bündnis mit Vietnam, so müßte sie einen erneuten Langen Marsch antreten: 1975 hatte sie sich vom zentral gelegenen Pegu Yoma nach Nordosten - also an die chinesische Grenze - zurückgezogen. Künftig müßte sie sich wieder nach Südosten dislozieren - zu Vietnam hin.

Wie die Entwicklungen hier auch immer ausfallen mögen: Beeindruckend jedenfalls ist die Konsequenz, mit der Beijing jeden - aber auch jeden - möglichen Partner in seine Isolierungsfront gegenüber Vietnam hineinzuziehen versucht. Vietnam wird diesmal in der Kambodscha-Frage nicht warten können, bis Gras über die Ereignisse gewachsen ist. Beijing hat ein langes Gedächtnis: Es stehen sich hier nicht mehr, wie noch im Falle der USA, westliche Ungeduld und asiatische Langmut gegenüber. Vietnam hat es mit einem Gegner zu tun, der Weltrekorde in puncto Langfristigkeit hält.

2. Verschlechterung der wirtschaftlichen Verhältnisse

Der Vier-Fronten-Krieg zehrt an der wirtschaftlichen Substanz des ohnehin durch drei Jahrzehnte Krieg ausgemergelten Vietnam. Unter Waffen stehen z.T. 1,2 Millionen Mann, die, auch wenn sie z.T. im Produktionseinsatz stehen und daher einen gewissen Beitrag zur Selbsterhaltung leisten, doch letztlich im eigenen Dorf nötiger gebraucht würden. Verschärft wurde die Wirtschaftslage noch zusätzlich dadurch, daß es in den vergangenen Jahren zu ungewöhnlich vielen Überschwemmungen und Dürrekatastrophen kam. So auch ist es zu erklären, daß die Ziele des gerade ausgelaufenen Fünf-Jahres-Plans (1976-1980) nicht annähernd erreicht wurden. Für 1980 waren z.B. 21 Mio.t Nahrungsgetreide geplant, erreicht aber wurden nur 14 Mio.t (14). Während die VR China pro Kopf ihrer Bevölkerung i.J. 1980 rund 330 kg erwirtschaftet hat, brachte es Vietnam nur auf 280 kg.

Wie der Vorsitzende der Staatlichen Planungskommission, Nguyen Lam, am 20.Dezember 1980 betonte, gab es obendrein Engpässe in der Verteilung, so daß die städtische Bevölkerung z.T. nicht beliefert werden konnte. Statt der 23 kg Monatsration, die sich für den "statistischen Vietnamesen" eigentlich ergeben müßten, soll die Pro-Kopf-Monatsration an Getreide für Stadtbewohner auf 10 kg i.J. 1980 abgefallen sein, wohingegen es während der Kriegsjahre noch durchschnittlich 15 kg waren (15). Tendenziell verschlechtert sich diese Situation, da die Bevölkerung jährlich (so z.B. i.J. 1979) um +2,5% zunimmt, während das BSP (ebenfalls 1979) gleichzeitig nur um +2,3% kletterte. Diesen allzu rapiden Anstieg der Bevölkerung beklagt im übrigen auch Nguyen Lam bei seiner bereits erwähnten Rede am 20.Dezember 1980 (16). Aus Lams Rede wurde auch deutlich, daß die Engpässe im industriellen Bereich als offensichtlich noch drückender empfunden werden. Die Achillesferse der vietnamesischen Industrie scheint, Lams Ausführungen zufolge, vor allem im Energie-, Stahl-, Baumaterial- und Transportsektor zu liegen.

Schon 1978 war in einem UNO-Bericht (17) betont worden, daß Vietnam, wenn es auch nur einigermaßen auf einen gesunden Entwicklungspfad zurückfinden sollte, 1978 mindestens 800 Mio.US$, 1979 900 Mio. und 1980 1,1 Mrd.US$ an Auslandshilfe benötige. Dabei war in der damaligen Projektion noch nicht berücksichtigt worden, daß die Vietnamesen i.J. 1980 1,2 Millionen Mann (=2,2% der Gesamtbevölkerung und 17% der Bevölkerung im Rekrutenalter) unter Waffen stehen haben würden und daß sie 1979 nicht weniger als 39% ihres BSP für den Militärsektor aufwenden würden.

Hilfeleistungen in dem obengenannten Ausmaße werden vom Ausland auch nicht annähernd gestellt. Die wichtigsten Geberländer sind - nachdem China 1978 seine Hilfe eingestellt hat - heute die Sowjetunion und die Staaten des Ostblocks, Schweden und einige private Hilfsorganisationen.

Aus der Sowjetunion und Osteuropa kommen täglich - dies ist zumindest die Faustregel, die man den dortigen Leistungen heute allgemein zugrunde legen darf - Güter im Werte von rund 3 Mio.US$. Diese Hilfeleistungen, die sich grob gerechnet jährlich auf etwa 1 Mrd.US$ belaufen, dürften jedoch zum größten Teil militärisch relevante Güter umfassen. Die Sowjetunion bildet daneben Wissenschaftler aus (seit 1967 insgesamt 14.806 Techniker, Berufsschullehrer, Fabrikmanager und Fachleute) (18), hilft bei den Erdölbohrungen im Meeresbereich, errichtet zahlreiche Staatsfarmen und Bewässerungseinrichtungen und hat auch beim Wiederaufbau der von den "chinesischen Expansionisten" zerstörten Nordprovinzen mitgeholfen (19). So "nobel ist der Internationalismus" (20) der Sowjetunion nun freilich auch nicht, daß sie alles gratis lieferte. Wie im übrigen der beklagenswerte Lebensstandard des Durchschnittsvietnamesen in den Städten zeigt, deckt die Hilfe der Sowjetunion auch keineswegs die Versorgungslücken im Alltagsbedarf; sie ist eher ein Tropfen auf den heißen Stein.

Was die schwedische Entwicklungshilfe anbelangt, so stand Vietnam jahrelang einsam an erster Stelle der Empfängerländer. Seit dem Einmarsch vietnamesischer Truppen in Kambodscha wurde die Hilfe aber gekürzt und wird in den nächsten Jahren vermutlich zu einem bloßen Rinnsal werden. 1980 waren es noch 90 Mio.US$ (21).

Am 9.März 1980 beschloß Japan, wie oben bereits erwähnt, die 1979 vorgesehenen 14 Mrd.Yen Wirtschaftshilfe für Vietnam zu streichen. Dieser Einstellungsbeschluß wurde mit den Militäraktionen Vietnams in Kambodscha begründet.

Aus dieser Situation lassen sich handfeste Schlüsse ziehen: Die Gründe für die gegenwärtigen Wirtschaftsprobleme sind zwar auch, wie Planungschef Lam betonte (22), niedrige Produktivität, fortbestehende Kleinproduktion, zu kleine Ackerfläche pro Kopf, 30 Jahre Krieg, Ungleichmäßigkeit der Entwicklung in Nord und Süd, Aggressivität der "Beijinger Expansionisten" und wiederholte Naturkatastrophen.

Darüber hinaus steht aber fest, daß es vor allem die vietnamesische Kambodscha- und Laos- Politik ist, die nicht nur den chinesischen Feldzug vom Frühjahr 1979 ausgelöst hat, sondern in deren Gefolge auch die Verteidigungsanstrengungen verstärkt werden mußten, während gleichzeitig auswärtige Entwicklungshilfeleistungen zum Stillstand kamen, mit denen Vietnam realistischerweise hätte rechnen können, hätte es nicht das Kambodscha-Abenteuer auf sich genommen.

3. Zunehmende Abhängigkeit von der Sowjetunion

Nach Nhan Dan (23) hat Vietnam im Fiskaljahr 1979/80 von der Sowjetunion 90% seiner Gesamteinfuhren an Eisen und Stahl, 90% des Treibstoffs, 89% der Düngemittel, 77% des Getreides und 94% der importierten Baumwolle erhalten. Daneben fällt noch substantielle Militärhilfe an - nicht zu reden von der oben bereits erwähnten umfangreichen Ausbildungshilfe und der Tatsache, daß über 50% der vietnamesischen Exporte in die Sowjetunion gehen.

Wird Moskau diese Hilfe aus reiner Großzügigkeit auch in den nächsten Jahren aufrechterhalten? Geschieht alle Hilfe aus bloßem "proletarischen Internationalismus"? Will Moskau keine Stützpunkte? Wird es Vietnam nicht in eine Vorpostensituation in Asien drängen wollen?

Vietnam wird m.a.W. in dem Maße erpreßbarer, in dem seine materielle Abhängigkeit von der Sowjetunion wächst.

Hat Vietnam dreißig Jahre gegen den französischen "Kolonialismus" und den "US- Imperialismus" gekämpft, um sich nun den Zielen der Sowjetunion unterzuordnen?

4. Schlußfolgerung

Verschärfte Gegnerschaft Chinas, die auch andere Staaten, wie die USA, die ASEAN-Staaten und Japan, nicht unberührt läßt, ferner eine zunehmende Verschlechterung der Wirtschaftsverhältnisse zu Hause und eine Einengung des außenpolitischen Spielraums durch zunehmende Hinorientierung auf die Sowjetunion haben Vietnam bereits heute in eine Lage gebracht, die sich, wenn die vietnamesische Führung bei der gegenwärtigen Kambodscha- und Pro-Moskau-Politik bleibt, in den nächsten Jahren noch verschärfen wird. Die Fortsetzung des gegenwärtigen Kurses wäre die schlechteste aller Möglichkeiten. Eine Änderung ist im eigenen Interesse Hanois dringend nötig.

II. Szenario Nr.2: China gibt sein Engagement in Kambodscha einseitig auf und überläßt Vietnam das Gelände

Diese "Lösung" ist angesichts der Entschlossenheit Beijings so unpraktisch und unrealistisch, daß sie hier überhaupt nur der Vollständigkeit halber aufzuzählen ist.

China würde hier den Vietnamesen Tür und Tor öffnen, die ihren Angriff auf Kambodscha ja offensichtlich in der Absicht geführt haben, dort ein für alle Mal Fuß zu fassen.

Zur Eroberung und Besetzung Kambodschas durch rund 200.000 vietnamesische Soldaten gibt es zwei verschiedene Interpretationen:

Vietnam behauptet, daß es sich hier nur um eine vorübergehende Maßnahme handle. Vietnam, das ebenso wie Laos und Kambodscha selbst jahrzehntelang Opfer ausländischer Aggression war, sei den "brüderlichen" Nachbarvölkern schon zum drittenmal zu Hilfe gekommen, nämlich zuerst gegen die Franzosen, dann gegen die Amerikaner und zuletzt 1979 gegen die chinesischen Expansionisten. Die ersten beiden Male hätten sich seine Truppen wieder zurückgezogen, sobald ihre Präsenz nicht mehr nötig gewesen sei. Auch diesmal werde der Rückzug stattfinden, sobald die Gefahr für Kambodscha und Laos vorüber sei. Vietnamesische Truppen befänden sich überdies in Laos und Kambodscha aufgrund der mit beiden Völkern abgeschlossenen Freundschaftsverträge und weil sie von den dortigen Regierungen angesichts der chinesischen Bedrohung zu Hilfe gerufen worden seien (24).

Abgesehen davon bestehe zwischen Vietnam und den beiden Nachbarstaaten ein Gefüge "besonderer Beziehungen", das geschichtlich durch die Existenz gemeinsamer Feinde und gemeinsamer Abwehrkämpfe bedingt sei.

China hält die Besetzung von Kambodscha und Laos demgegenüber für das Ergebnis einer "unheiligen Allianz" der "Supermacht-Hegemonisten" mit den "Regionalhegemonisten". Es handle sich hier nicht nur um eine vorübergehende, sondern um langfristig angelegte Politik. Von China selbst gehe i.ü. keine Gefahr für Südostasien aus: Habe Beijing nicht jahrelang die Vietnamesen gegen "Kolonialismus"" und "US-Imperialismus" unterstützt?!

Zahlreiche Argumente sprechen in der Tat dafür, daß Vietnam in Laos und Kambodscha nicht nur für kurze Zeit bleiben will: Vietnam sieht in den beiden Ländern nicht nur Pufferzonen militärstrategischer Art (Thailand als Ausgangspunkt amerikanischer und "Demokratisch-kampucheanischer" Operationen gegen Vietnam!), sondern auch (unterbevölkerte) Reis-, Süßwasserfisch- und Rohstoff-Vorratskammern, in deren Bereich es überdies in den vergangenen Jahrzehnten bereits eine nicht unerhebliche vietnamesische Bevölkerung gegeben hatte. Auf der Landkarte sieht Kambodscha wie eine natürliche Verlängerung des südvietnamesischen Reisgürtels aus! Überdies blickt Vietnam auf ein zweihundertjähriges Ringen um die Oberherrschaft über Kambodscha zurück, das nur durch die französische Kolonialherrschaft unterbrochen wurde.

Nicht ganz ohne Grund sieht China also die Besetzung Kambodschas und Laos' durch Vietnam als definitiv an.

Etwas überspitzt setzt es andererseits Afghanistan und Kambodscha zueinander in eine enge Parallele und bezeichnet die "Vietnamisierung" Kambodschas als einen Teil des sowjetischen Welteroberungsplans.

Ohne es ausdrücklich so zu formulieren, geht man in Beijing offensichtlich vom Wiederauferstehen der Domino-Theorie in neuem Gewande aus: Die Dominosteine fallen nun aber nicht mehr - wie noch in der früheren Außenpolitik der USA unterstellt-

zugunsten, sondern zuungunsten Beijings - angestoßen von der Sowjetunion, die sich nicht nur in Afghanistan, in Indien und (mit rund 800 Einheiten) im Pazifik, sondern neuerdings auch in Vietnam, Laos und Kambodscha festsetzt und die auf eine "Indochinesierung" Nordostthailands hinarbeitet.

Gäbe China seine Unterstützung für das Demokratische Kampuchea auf, so bliebe Thailand als einzige Stütze des kambodschanischen Widerstands übrig. Thailand ist seit der "Vietnamisierung" von Laos (1977) und Kambodscha (1979) Frontstaat gegenüber der militärischen Großmacht Vietnam geworden. Sämtliche Überlegungen Bangkoks kreisen unter diesen Umständen um die eine Frage, wie die Pufferstaatfunktion zumindest Kambodschas wiederhergestellt werden kann. Hierbei tritt Thailand doppelgesichtig auf: Einerseits gibt es sich strikt neutral, verhält sich aber hinter den Kulissen doch recht parteiisch, insofern es die Roten und die Blauen Khmer logistisch unterstützt und ihnen Unterschlupf gewährt und indem es auf der diplomatischen Bühne für die Legitimität des "Demokratischen Kampuchea" eintritt.

Kurzfristige Übergriffe gehören schon heute zum vietnamesisch-thailändischen Alltag. Größere Aufmerksamkeit allerdings hat der vietnamesische "hot pursuit"-Vorstoß auf thailändisches Gebiet im Bereich des Malay- Gebirges im Juni 1980 erregt: Das Malay- Gebirge, das die Grenzbereiche von Kambodscha und Thailand überspannt, ist einer der Hauptschlupfwinkel der Pol-Pot-Truppen.

Ein Großangriff auf Thailand scheint vorerst aus mehreren Gründen unwahrscheinlich: Im Gegensatz zu Laos und Kambodscha gibt es in Thailand, dessen kommunistische Partei jahrzehntelang nach China hin ausgerichtet war, kaum eine "innere Front"; ferner dürfte die Sowjetunion hier nicht mitziehen, und schließlich könnten die USA sowie andere ASEAN- Staaten in einen Thailand-Konflikt verwickelt werden. Schließlich gäbe es für vietnamesische Truppenvorstöße Geländeschwierigkeiten (der Idealkorridor für einen Angriff liefe in der Senke zwischen dem Dangrek- und dem Kardamom-Gebirge und entlang der Eisenbahnlinie Phnom Penh - Bangkok). Angesichts des operativen Flaschenhalses, der hier entsteht, ergäben sich auch Nachschubschwierigkeiten, da die Khmer-Rouge - Einheiten vom Kardamom-Gebirge aus in die Enge hinein operieren könnten. Vorbedingung für einen Angriff auf Thailand wäre nach alledem eine Lösung der Partisanenfrage in Nordostkambodscha. Das mit einem Angriff auf Thailand verknüpfte Operationsziel müßte also ironischerweise bereits vor einem solchen Angriff erreicht sein!

Last not least aber ist die Gefahr eines zweiten chinesischen "Erziehungsfeldzugs" als Antwort auf einen vietnamesischen Angriff nicht völlig auszuschließen und deshalb von den Vietnamesen stets miteinzukalkulieren.

Dies ist eine Lagebeurteilung der Status-quo- Situation. Änderten sich die Voraussetzungen allerdings im Sinne der Prämissen des zweiten Szenarios, so fielen die meisten Hindernisse Vietnams auf Ost- und Nordostthailand weg. China würde dann nicht nur Einfluß in Laos und Kambodscha, sondern auch in Thailand verlieren - ein ganz unvorstellbares Ergebnis.

Beijing wird also nicht nur kurz-, sondern höchstwahrscheinlich langfristig darauf hinarbeiten, daß der kambodschanische Widerstand gegen die vietnamesische Besatzung fortdauert. Hierbei wird es die Zusammenarbeit Thailands suchen, das gleichfalls an einem selbständigen neutralen Kambodscha - und Laos - interessiert ist. Allerdings ist die chinesische Führung keineswegs mit der Pol-Pot- Bewegung "verheiratet". Sollte sich eine glaubhafte Alternative herausbilden, wäre man chinesischerseits wahrscheinlich schnell bereit, sich von Pol Pot und seinen Mitkämpfern zu lösen. Ohnehin dürfte das Personenkarussell, das Ende 1979 zu einer Auswechselung der "Gesichter" in Kambodscha führte, von den Chinesen angestoßen worden sein. Mit Pol Pot als Premierminister wäre die Auferstehung eines "neuen" Kambodscha von vornherein völlig unglaubhaft erschienen.

III. Szenario Nr.3: Vietnam zieht sich einseitig aus Kambodscha zurück

Die Folge eines solchen Manövers wäre der schnelle Zusammenbruch der Heng-Samrin- "Herrschaft" und die erneute Etablierung jenes Genozid-Regimes, das zwischen 1975 und 1978 den Tod von mindestens einer Million Kambodschanern auf dem Gewissen hat. Auch die Blauen Khmer, allen voran die Sereika, hätten gegen die wohlorganisierten Pol-Pot-Truppen wohl kaum eine Chance.

Wenn man den Verlautbarungen des Demokratischen Kampuchea Glauben schenken will, so hat das neue DK mit dem alten höchstens noch den Namen gemeinsam. Es ist von bürgerlichen Grundrechten die Rede: Eine freie Marktwirtschaft und ein Rechtssystem sollen aufgebaut, der Buddhismus als Staatsreligion garantiert, das Privateigentum gewahrt und die nationale Bourgeoisie geschützt werden.

Neu ist in Wirklichkeit an solchen Erklärungen nicht viel. Das neue Programm der "Patriotischen und Demokratischen Front der Großen Nationalen Einheit Kampucheas" erinnert in fast allen Einzelheiten an das FUNK- Programm von 1970, das schon mit der Evakuierung Phnom Penhs im April 1975 ad absurdum geführt worden war. Auch an den Spitzenpolitikern des Demokratischen Kampuchea hat sich trotz der Regierungsumbildung vom Dezember 1979 nichts Wesentliches geändert. Pol Pot ist zwar vom Posten des Ministerpräsidenten zurückgetreten, hat aber nach wie vor das Oberkommando der Streitkräfte inne. Son Sen bleibt Verteidigungsminister, Ta Mok Generalstabschef und Ieng Sary Außenminister. Die Frau Son Sens, Yun Yat, ist Erziehungsministerin und die Ehefrau Ieng Sarys, Frau Ieng Thirith, ist Sozialministerin. Der "Familienklub" ist erhalten geblieben!

Auf die Frage, wie sich ein Kambodschaner darauf verlassen könne, daß sich die Greuel der Jahre 1975 ff. nach einem erneuten Sieg der Khmers Rouges nicht wiederholen, antwortete Khieu Samphan, daß die fortdauernde Bedrohung Kambodschas durch Vietnam zur Einheit des kambodschanischen Volkes geradezu zwinge und daß jedes neue "sozialistische Experiment" für Kambodscha tödlich wäre (25).

Ist dies wirklich eine Garantie?

Was hätte Vietnam von einem neuerstandenen Demokratischen Kampuchea zu erwarten? Ist es nicht 1978 zu ständigen Übergriffen und Massakern der Pol-Pot-Truppen gegen vietnamesische Grenzdörfer gekommen?

Zeigt ferner nicht die enge Anlehnung des DK- Regimes an Beijing, daß hier Abhängigkeiten bestehen, die für Vietnam durchaus unakzeptabel sind und die bei der vietnamesischen Führung den Verdacht bestärken müssen, daß ein neuerstandenes Demokratisches Kampuchea alles andere als neutral wäre?

Das Szenario 3 ist nach alledem für Vietnam ebenso unannehmbar wie das Szenario 2 für China. Das chinesische Verlangen eines einseitigen Rückzugs der vietnamesischen Truppen aus Kambodscha als Voraussetzung für weitere konstruktive Schritte ist m.a.W. unrealistisch!

IV. Szenario Nr.4: "Ausgewogener Rückzug"

China fordert heute den vollständigen Rückzug Vietnams (und kann sich hierbei sogar auf den UNO-Beschluß von 1979 berufen), während Vietnam umgekehrt von China verlangt, daß es seine als "expansionistisch" bezeichnete Kambodscha-Politik aufgibt, vor allem aber auf eine Unterstützung des Pol-Pot-Regimes verzichtet.

Beide Forderungen sind Extremhaltungen, die sich, wie unter Szenario 2 und 3 gezeigt, zumindest mittelfristig nicht verwirklichen lassen. Leidtragender ist inzwischen das kambodschanische Volk.

Einem Außenstehenden erschiene es sine ira et studio am vernünftigsten, wenn Vietnam und China als die beiden determinierenden Kräfte im Tauziehen um Kambodscha und Laos eine Lösung fänden, die nicht auf ein Alles oder Nichts hinausliefe, sondern auf einen Mittelweg, der durch ein differenzierendes Vorgehen sowohl in den Modalitäten als auch in der örtlichen und zeitlichen Abwicklung gekennzeichnet sein müßte:

1) Abgestuftes Vorgehen in den Modalitäten:
Kalte und heiße Kriegsphasen haben seit 1975 dafür gesorgt, daß zwischen Chinesen und Vietnamesen abgrundtiefes Mißtrauen aufgekommen ist, das im Augenblick keine Do-ut- des-Lösung zuläßt. Aus diesem Grunde käme es darauf an - analog der Entspannungspolitik in Europa - "vertrauensbildende Maßnahmen" zu treffen, die überhaupt erst wieder eine Gesprächsatmosphäre schüfen. Formell wären hier vier Wege denkbar, nämlich bilaterale Verhandlungen, wie sie ja bereits 1979 in zwei Runden (und zwar in Hanoi und Beijing) geführt wurden, ferner multilaterale Verhandlungen mit internationaler Beteiligung, wie sie beispielsweise auf Antrag der ASEAN-Staaten im Herbst 1980 von der UNO in Form einer 1981 anzuberaumenden Indochina-Konferenz be-

schlossen wurden, des weiteren regionale Verhandlungen zwischen den drei Indochina- und den fünf ASEAN-Staaten (wobei die Heng-Samrin-Regierung incidenter anerkannt würde) oder aber schließlich Verhandlungen über einen Dritten, zweckmäßigerweise über ein Gremium der ASEAN-Staaten.

Gegenwärtig wünscht Vietnam allerdings nur regionale Gespräche. Ohne China freilich wäre kaum eine realistische Lösung zu erreichen. Die obenerwähnten "vertrauensbildenden Maßnahmen" hätten folglich den Weg der von der UNO beschlossenen internationalen Indochina- Konferenz zu ebnen, an der auch China teilnimmt. Bei einer solchen Konferenz käme es darauf an, jene Fehler, wie sie bei den bisherigen zwei sino-vietnamesischen Verhandlungsrunden gemacht wurden, zu vermeiden. China müßte also auf ein "Erziehungsgespräch", Vietnam dagegen auf ein "Anklagegespräch" verzichten. Beide dürften ferner keine Paketlösungen vorschlagen, bei denen die Indochina-, die Grenz-, die Hoa- und die Eisenbahnfrage zusammen behandelt werden (so beispielsweise China in seinem Acht-Punkte- Vorschlag vom 26.April 1979), und sie hätten die Strategie des gegenseitigen Gesichtsverlustes zu vermeiden. Eine emotionsfreie Arbeitskonferenz, konzentriert auf die Laos- und Kambodscha-Frage - und das ganze womöglich außerhalb des grellen Lichts der Öffentlichkeit - wäre ein erster Meilenstein auf dem Weg zur Versachlichung der Gespräche.

Nicht nur im Procedere, sondern auch inhaltlich wäre eine Lösung anzustreben, die ohne Gesichtsverlust, aber auch ohne substantielle Interesseneinbuße der Beteiligten zustande käme. Wenn es der vietnamesischen Führung wirklich nur darum zu tun sein sollte, daß sich in Laos und Kambodscha kein chinesischer Einfluß breit macht, und wenn andererseits die Chinesen mit ihrem Rückzugsverlangen nicht ihrerseits nur danach trachten wollen, die beiden vietnamesischen Nachbarstaaten unter Kontrolle zu bringen, so wäre die Neutralisierung von Laos und Kambodscha - oder besser: ein "friedliches, neutrales, demokratisches und blockfreies" Kambodscha und Laos - die mit Abstand beste Lösung.

Hierüber müßten sich beide Kontrahenten zunächst einmal grundsätzlich verständigen. Da es nun einmal vietnamesische Truppen sind, die in Kambodscha und Laos stehen, so hätte Vietnam zunächst ein paar Vorgaben zu machen, dies liegt in der Natur der Sache. Gleichzeitig aber müßte China seinen vietnamesischen

Vertragspartnern glaubhaft zu verstehen geben, daß es im Zuge der Entspannung schrittweise von Pol Pot abläßt. Solange Vietnam mit rund 200.000 Soldaten in Kambodscha präsent ist, will China verständlicherweise nicht von den "Streitkräften des Demokratischen Kampuchea" lassen, die "heute die einzige effektive Widerstandskraft gegen Vietnam in Kambodscha sind. Sie nicht zu unterstützen, würde allein von Vorteil für die vietnamesische Aggression und Besetzung Kampucheas sein und eine Lösung der Kampuchea-Frage nur erschweren" (26).

Die bevorstehende multilaterale Kambodscha- Konferenz könnte hier einen Grundstock an Vertrauen schaffen. Es wäre aber auch empfehlenswert, daß die Chinesen die Monat für Monat vorgebrachten Angebote Hanois zur Wiederaufnahme bilateraler Verhandlungen künftig nicht einfach mit dem Argument hinwegwischen, daß Vietnam seine Truppen immer noch nicht abgezogen habe.

China befürwortet heute die Schaffung einer Koalitionsregierung in Kambodscha, die sämtliche Widerstandskräfte umfaßt. Diese vereinte Front sollte unbedingt auch die Pol- Pot-Kräfte einschließen: "Pol Pot hat zwar schwere Fehler begangen, und China hat seine frühere Politik nicht gebilligt. Heute aber führt das Demokratische Kampuchea das Programm der Patriotischen und Demokratischen Front der Großen Nationalen Einheit durch und korrigiert die früheren Fehler. Daher beginnt auch das kambodschanische Volk, seine Meinung über dieses Regime zu ändern" (27).

Diese Fixierung Chinas auf das Pol-Pot-Regime birgt ein Gefahrenmoment. Beijing sollte den Vietnamesen besser zu verstehen geben, daß es auf Pol Pot nur so lange nicht verzichten könne, als Vietnam seine Großoffensiven fortsetzt, daß es aber in der Pol-Pot-Frage durchaus mit sich reden lasse, sobald auch Vietnam Konzessionsbereitschaft zeigt. Die Führung in China sollte auch nicht vergessen, daß kein geringerer als Sihanouk erst von dem Augenblick an wieder zur Verfügung stehen wird, da die Pol-Pot-Option verschwunden ist. Die Erwartung, daß aus dem Völkermord-Regime von gestern ein friedlich-buddhistisches Regime von morgen werde, ist mehr als unglaubhaft und trägt nicht gerade zur Vertrauensbildung bei.

Umgekehrt sollte auch Vietnam erkennen lassen, daß es die Heng-Samrin-Lösung in Phnom Penh nicht als einzige "kambodschanische" Lösung gelten und die Zeit für sie arbeiten lassen will.

Gleichzeitig muß sich in Hanoi die Überzeugung durchsetzen können, daß ein Nachgeben in der Kambodscha- und Laos-Frage die Chance eröffnet, von der einseitigen Anlehnung an die Sowjetunion und von dem daraus entstehenden Mangel an außenpolitischen Alternativen loskommen zu können.

2) Abgestuftes Vorgehen nach Ort und Zeit:
In den vietnamesisch-chinesischen Besprechungen müßten Stufenlösungen angestrebt werden, die etwa folgendermaßen aussehen könnten:

Stufe 1: Die vietnamesischen Truppen werden bis zum soundsovielten (genauer Zeitpunkt) aus den beiden ostkambodschanischen Provinzen Battambang und Pursat zurückgezogen. Damit würde nicht nur der gute Wille Vietnams bekundet, sondern zugleich der gefährlichste Grenzabschnitt zwischen vietnamesischen und thailändischen Truppen entschärft. Gerade in der Gegend von Aranya Prateth (Provinz Battambang) und im Malay-Gebirge (Provinz Pursat) ist es in den vergangenen Monaten zu offenen Konfrontationen gekommen. Ohnehin müßte sich die vietnamesische Führung sagen, daß sie den Krieg in diesen Gegenden - der hier wirklich zu einem Volkskrieg geworden ist - nicht gewinnen kann.

Als chinesische - und thailändische - Gegenleistung müßte der DK-Einfluß zurückgeschraubt werden. Dies kann auf verschiedenen Wegen geschehen: außenpolitisch durch Aberkennung der DK-Regierung, die allerdings noch auf einen späteren Zeitpunkt verschoben werden sollte, militärisch durch Reduktion der Waffenlieferungen und koalitionspolitisch durch Aufwertung anderer kambodschanischer Widerstandskräfte, z.B. der Sereika unter der Führung Son Sanns.

Stufe 2: Sobald Vietnam überzeugt ist, daß sich das Nachgeben in zwei Provinzen bezahlt gemacht hat, zieht es seine Truppen auf die Linie östliches Tonle-Seeufer - östliches Tonle-Flußufer - östliches Mekongufer zurück - und dies stets unter internationaler (womöglich: UNO-) Kontrolle . Damit wären Phnom Penh und der südliche Teil von "Herz- Kambodscha" unter Kontrolle der Widerstands- /"Befreiungs"-Kräfte. Vietnam würde hier wahrscheinlich vorher sicherstellen wollen, daß die Mitglieder der Heng-Samrin-Regierung nicht einfach liquidiert werden, sondern sich an den später anzuberaumenden Wahlen beteiligen. Die Einräumung eines Sonderstatus für Phnom Penh in Form eines gemeinsamen Kontrollrates, an dem auch Vietnamesen beteiligt sein könnten, böte hier einen Ausweg. Über das Schicksal der Heng-Samrin- Regierung würde dann am Ende das kambodschanische Volk entscheiden.

In diesem zweiten Stadium wäre auch die Zeit für die Bildung einer Konsultativkonferenz des kambodschanischen Volkes gekommen, der die einzelnen Widerstands- und Vertretergruppen zugehören müßten. Selbst DK-Kandidaten könnten hier beteiligt sein: Ob sie wohl Sympathien beim Wähler fänden?

Stufe 3: Die dritte Etappe, die nach der Bildung der Konsultativkonferenz und der Ausarbeitung eines Aufbauprogramms zu beginnen hätte, würde dann den endgültigen Rückzug der vietnamesischen Truppen aus Kambodscha bringen.

Nunmehr könnten ein Parlament und eine Regierung gewählt werden. Auch jetzt wäre durch ein internationales Kontrollorgan sicherzustellen, daß das kambodschanische Volk frei wählen kann. Gleichgültige Wähler gäbe es diesmal gewiß nicht!

Schließlich wäre noch durch die wichtigsten am Kambodscha Streit beteiligten Staaten, also vor allem durch die Großmächte Sowjetunion, USA, China und die ASEAN-Staaten, eine Garantieerklärung für die Neutralität Kambodschas abzugeben und ein Sicherungsinstrumentarium dafür bereitzustellen.

Dieser Drei-Stufen-Plan enthält eine Reihe von Punkten, die zwischen Bangkok und Hanoi (bzw. Phnom Penh) bereits diskutiert worden sind, nämlich eine Verpflichtung zum Verzicht auf gegenseitige Gewaltanwendung, ferner die Errichtung eines Kontrollinstruments mit internationaler Beteiligung und schließlich eine Änderung der thailändischen "Flüchtlingspolitik", die bisher z.T. auch auf eine Logistik zugunsten der DK-Truppen hinausgelaufen ist (28).

Die beiden anderen Vorschläge des Vier-Punkte-Plans Phnom Penhs, nämlich die Schaffung "entmilitarisierter Zonen" und einer "Gemeinsamen Kommission", bedürfen allerdings der Modifizierung: "Entmilitarisierte Zonen" könnte es schon deshalb nicht geben, weil die von vietnamesischen Truppen freizugebenden Areale durch nachrückende kambodschanische Verbände besetzt würden - und dies nicht nur im Grenzbereich, wie die chinesische Regierung fordert, sondern schließlich im ganzen Lande!

Auch die Schaffung einer "Gemeinsamen Kommission" ist unakzeptabel, weil damit die Heng-Samrin-Regierung völkerrechtlich aufgewertet würde. Auch Vietnam würde ja kein Abkommen unterzeichnen, an dem die DK- Regierung beteiligt ist, obwohl diese DK-Regierung nach wie vor als offizielle kambodschanische Vertretung bei der UNO anerkannt ist!

Es bleibt noch die Frage, welche Länder an einem Vertrag über den Drei-Stufen-Plan beteiligt werden müßten:

- Die Gruppierungen des kambodschanischen Widerstandes selbst kämen als Vertragspartner wohl kaum in Frage, und zwar aus zwei Gründen: Zum einen haben sie selbst kein Interesse, sich gegenseitig aufzuwerten, zum anderen hängen sie beide an der Leine ausländischer Partner: Dies ist bei der Heng-Samrin- Regierung besonders deutlich, trifft seit dem Kambodscha-Feldzug Vietnams, der um ein Haar auch die letzten Truppen Pol Pots zermalmt hätte, aber auch für die DK-Kräfte zu, die ohne chinesische und thailändische Hilfe nicht überlebensfähig wären. Es ist müßig, zu fragen, wer in Kambodscha Sieger bliebe, wenn die ausländische Unterstützung an allen Fronten plötzlich ausbliebe.

- Kernpartner des Vertrages wären zumindest drei Länder, die z.Z. am Kambodschakonflikt besonders intensiv beteiligt sind, nämlich Thailand und China auf der einen sowie Vietnam auf der anderen Seite.

Ein heißes Eisen ist die Frage, ob auch die Sowjetunion bereits am Drei-Stufen-Plan oder erst am späteren Neutralisierungsabkommen beteiligt werden soll. Einerseits ist die Sowjetunion in Form von Hilfslieferungen und von Beratern nicht nur in Laos, sondern auch in Kambodscha präsent. Andererseits wäre die Einschaltung der Sowjetunion eine Herausforderung für China. Die gesamte chinesische Außenpolitik ist heute antihegemonistisch, d.h. letztlich gegen die Sowjetunion ausgerichtet. Oberster Grundsatz der Südostasien-Politik Chinas ist es, die Sowjetunion von dort fernzuhalten. Zumindest aus chinesischer

Sicht wäre eine Beteiligung Moskaus am Drei-Stufen-Plan ein Contradictio in adjecto: Einer Supermacht, der es ja gerade um Ausdehnung ihres Einflusses geht, kann unmöglich daran gelegen sein, konstruktiv an einem Rückzugsplan mitzuarbeiten! Im übrigen: Wenn schon Sowjetunion, warum dann nicht auch die USA!?

Das Korrelat zu Chinas Antihegemonie-Politik ist das Bestreben, internationale Probleme so weit wie möglich zu regionalisieren. Nur asiatische Partner sollen deshalb letztlich an einer Rückzugsregelung in Südostasien beteiligt sein. Würden freilich neben Thailand noch die anderen ASEAN-Partner mit herangezogen, so geriete Vietnam schnell in die Gefahr der Majorisierung.

So gesehen verwandelt sich das Kambodscha- und letztlich auch das Laos-Problem in ein vietnamesisch-chinesisch/thailändisches, ja sogar in ein chinesisch-vietnamesisches Problem.

C. Schlußfolgerung

Szenario 2 und 3 brächte Lösungen, die weder für China (und Thailand) noch für Vietnam akzeptabel sind. Beide wären jedoch gut beraten, sich die unter Szenario 4 vorgeschlagene Lösung eines beiderseits ausgewogenen und schrittweisen militärischen bzw. politischen Rückzugs zu überlegen:

- China hätte dann die Chance, seinen Hauptfeind, die Sowjetunion, wenigstens vorerst von Südostasien fernzuhalten.

- Vietnam schließlich müßte zwar auf Kambodscha und Laos verzichten, erhielte dafür aber außenpolitisch wieder mehr Bewegungsfreiheit, könnte in großem Stil mit den Ländern der Region zusammenarbeiten und könnte als angesehenes Mitglied der internationalen Gemeinschaft auch zum Adressaten einer systematischen Entwicklungshilfepolitik werden. Gleichzeitig könnte sich Vietnam eine Abrüstung großen Stils leisten und dadurch Kräfte für die Rekonsolidierung seiner Wirtschaft freisetzen.

Im Augenblick scheint es zwar noch, als zeige Hanoi keinerlei Interesse, sich aus Laos und Kambodscha zurückzuziehen, zumal auch China wenig zu Kompromissen neigt. Es ist aber zur Umkehr nie zu spät.

Als Alternative bieten sich nur die in Szenario Nr.1 aufgezeigten Folgen, die langfristig selbstzerstörerisch sind und die eigentlich jeden vernünftigen Akteur schrecken müßten.

Anmerkungen:

1) Radio Hanoi in: SWB, 9.4.79 und CHINA aktuell, Mai 1979, S.573 f.
2) RMRB, 26.6.80: Beijing droht hier den Vietnamesen für den Fall eines militärischen Übergriffs auf Thailand; XNA, 26.6.80.
3) SWB, 22.2.80.
4) Abgedruckt in: Inside China Mainland, Taibei, Juli 1980.
5) Neben anderen Zahlen abgedruckt in: CHINA aktuell, September 1980, S.757 ff.
6) Näheres hierzu O.Weggel, "Chinas Erziehungsfeldzug gegen Vietnam" in: CHINA aktuell, Februar 1979, S.98 – 127 (123).
7) Angaben in La Faillité de l'Agression Chinoise, Hanoi 1979, S.14.
8) Radio Hanoi in: SWB, 23.4.79.
9) XNA, 26.5.79 und CHINA aktuell, Mai 1979, S.580 f.
10) So wenigstens Peking Rundschau 1978, Nr.30, S.28 ff.
11) Rede Geng Biaos vom 16.1.79, im Faksimile abgedruckt in: Zhonggong Yanjiu, 1980, Nr.10, S.141-162 (157).
12) AFP in: SWB, 2.10.80 und CHINA aktuell, November 1980, S.970 f.
13) SWB, 8.10. und 10.11.80 sowie XNA, 1.10.80; CHINA aktuell, November 1980, S.962 f.
14) VNA in: SWB, 24.12.80 und Indochina-Thema in: CHINA aktuell, Dezember 1980, S.1075- 1081.
15) Radio Beijing in: SWB, 29.4.80.
16) VNA in: SWB, 24.12.80.
17) Angefertigt von Victor Umbricht im Auftrag des UNO-Generalsekretärs Waldheim, NZZ, 24.3.78.
18) Radio Hanoi in: SWB, 17.7.80.
19) VNA in: SWB, 18.7.80.
20) VNA in: SWB, 19.7.80; Zusammenfassung in CHINA aktuell, Juli 1980, S.586 f., und August 1980, S.684.
21) Bangkok Post, 20.9.80.
22) VNA in: SWB, 24.12.80.
23) SWB, 24.9.80.

24) VNA in: SWB, 28.8.80 und CHINA aktuell, August 1980, S.681 f.
25) So Khieu Samphan, Interview in: Asia Week, 10.10.80, S.25 und CHINA aktuell, November 1980, S.965.
26) Beijing Rundschau, 1981, Nr.2, S.3.
27) Ebenda.
28) Zum Vier-Punkte-Vorschlag Phnom Penhs, der in einem Memorandum des vietnamesischen Außenministers vorgetragen wird, vgl. VNA in: SWB, 28.8.80 und CHINA aktuell, August 1980, S.683; dort findet sich auch die thailändische Reaktion auf diesen Vorschlag.

Indochina im 20.Jahrhundert - Ein chronologischer Überblick

Peter Schier

1620 - 1802 Teilung Vietnams zwischen den Fürstenhäusern Trinh (Tongking) und Nguyen (Annam).

1698 - 1780 Eroberung von Kampuchea Krom (Cochinchina) durch Vietnam bzw.Annam.

1711 Zerfall von Laos in drei rivalisierende Staaten: Luang Prabang, Vientiane und Champassak.

1802 Wiedervereinigung Vietnams durch die Nguyen.

19.Jh.1.Hälfte Aufteilung Kambodschas unter Siam und Vietnam.

1859 Französische Truppen besetzen Saigon.

1862 Vietnam tritt die Ostprovinzen Cochinchinas (Kampuchea Krom) an Frankreich ab.

1862 - 1945 Cochinchina französische Kolonie.

1863 - 1945 Kambodscha französisches Protektorat.

1883 Eroberung Hanois durch französische Truppen.

1884 - 1945 Annam und Tongking französische Protektorate.

1887 - 1945 Union Indochinoise. Das französische Kolonialgebilde umfaßt die Kolonie Cochinchina und die Protektorate Kambodscha, Annam, Tongking und Laos (ab 1893).

1893 Französisch-thailändischer Vertrag bestätigt französisches Protektorat über Laos.

1930 6.Januar - 3.Februar Gründungskongreß der Kommunistischen Partei Vietnams (KPV).

1930 Oktober Umbenennung der KPV in Kommunistische Partei Indochinas (KPIC).

1940 - 1945 Einbeziehung Indochinas in den Machtbereich Japans durch militärische Besetzung großer Teile der indochinesischen Halbinsel, jedoch Fortbestand der französischen Kolonialverwaltung in Indochina.

1941 23.April Prinz Norodom Sihanouk wird König von Kambodscha.

1941 10.-19.Mai Gründung der Liga für die Unabhängigkeit Vietnams (Vietminh) durch die KPIC.

1945 März Japan kündigt die Zusammenarbeit mit dem Vichy-Regime auf. Entwaffnung der französischen Indochina-Armee durch japanische Streitkräfte und Auflösung der französischen Kolonialverwaltung.

1945 März Bao Dai ruft in Hue ein unabhängiges Vietnam aus.

1945 12.März Prinz Sihanouk proklamiert die Unabhängigkeit Kambodschas von Frankreich.

1945 5.April Einmarsch japanischer Truppen in Laos.

1945 8.April Proklamation der Unabhängigkeit Laos' von Frankreich durch König Sisavang Vong. Japan löst Frankreich als Kolonialmacht ab.

1945 14.August Annahme der Potsdamer Erklärung durch Japan, d.h. bedingungslose Kapitulation Japans.

1945 16.August Das Nationale Komitee zur Befreiung Vietnams, ein Vietminh-Organ, konstituiert sich unter Ho Chi Minh als Provisorische Regierung Vietnams.

1945 August Gründung der Front für ein freies Kambodscha (Nekhum Issarak Khmer) und der Bewegung für ein freies Laos (Lao Itsala).

1945 24.August Bao Dai dankt ab.

1945 1.September Prinz Phetsarath proklamiert die Unabhängigkeit von Laos und bildet am 12.Oktober eine Regierung, die aus der Lao-Itsala-Bewegung hervorgeht.

1945 2.September Ho Chi Minh proklamiert die Unabhängigkeit ganz Vietnams und ruft die Demokratische Republik Vietnam (DRV) aus.

1945 Oktober Beginn des Einmarsches französischer und britischer Truppen in Indochina. Die indochinesische Halbinsel gerät wieder unter französische Herrschaft.

1945 11.November Formelle Auflösung der KPIC, die jedoch in Wirklichkeit als Lenkungsinstrument des Vietminh und der kommunistischen Kräfte innerhalb der Lao Itsala und der Nekhum Issarak Khmer weiterbesteht.

1946 7.Januar Aufnahme Kambodschas in die Union Francaise. Frankreich erkennt die innere Autonomie Kambodschas an.

1946 6.März Abkommen zwischen Frankreich und der DRV über die Anerkennung von Vietnam als "freier Staat" innerhalb der Union Francaise.

1946 9.März Französische Truppen landen in Tongking.

1946 April Französische Truppen kehren nach Laos zurück. Die Regierung Phetsarath flieht ins thailändische Exil, von wo aus sie - u.a. mit Hilfe des Vietminh - die Lao-Itsala-Bewegung leitet.

1946 1.Juni Der französische Admiral d'Argenlieu proklamiert die Republik Cochinchina.

1946 14.September Abkommen zwischen der DRV und Frankreich bestätigt die Vereinbarungen vom März. Die Frage der nationalstaatlichen Einheit Vietnams bleibt einem Referendum vorbehalten. Die französischen Streitkräfte sind für die äußere, die vietnamesischen für die innere Sicherheit zuständig.

1946 23.November Haiphong-Zwischenfall: Französische Kriegsschiffe eröffnen das Feuer auf den Hafen von Haiphong.

1946 Dezember Scheitern der französisch- vietnamesischen Verhandlungen über eine Beilegung des ausgebrochenen Konflikts. Ho Chi Minh ruft zum Widerstand gegen Frankreich auf. Vietminh-Einheiten überfallen französische Garnisonen. Beginn des 1.Indochina-Kriegs zwischen Frankreich und den kommunistischen Kräften der DRV (1946-1954).

1948 5.Juni Frankreich betraut Ex-Kaiser Bao Dai mit der Führung eines nationalvietnamesischen Staates, der in die Union Francaise aufgenommen wird.

1949 20.Januar Gründung der kommunistischen Streitkräfte von Laos mit Hilfe von Kadern und Soldaten des Vietminh. Sie heißen zunächst Lao-Itsala-Streitkräfte, dann Pathet-Lao-Streitkräfte (ab August 1950) und schließlich Laotische Volksbefreiungsarmee (ab Oktober 1965).

1949 19.Juli Abkommen zwischen Frankreich und der Königlichen Regierung von Laos über die begrenzte Unabhängigkeit von Laos im Rahmen der Union Francaise.

1949 Oktober Auflösung der Lao-Itsala- Bewegung und ihrer Exilregierung unter Phetsarath. Die gemäßigten Kräfte unter Prinz Souvanna Phouma schließen sich der Königlichen Regierung an, während die kommunistischen Kräfte unter Prinz Souphanouvong den Widerstand in Laos fortsetzen.

1949 8.November Frankreich erkennt Kambodscha begrenzte Unabhängigkeit im Rahmen der Union Francaise zu.

1949 Dezember Nachdem die Chinesische Volksbefreiungsarmee die südchinesische Provinz Yunnan erobert und die Nordgrenze von Vietnam erreicht hat, erhält der Vietminh volle Unterstützung durch die chinesischen Kommunisten.

1950 Mai Beginn der amerikanischen Hilfe für die Franzosen in Vietnam.

1950 13.-15.August Gründung der Front für ein freies Laos (Neo Lao Itsala) und Etablierung einer Widerstandsregierung unter Prinz Souphanouvong.

1951 11.-19.Februar Der II.Parteitag der KPIC beschließt die Auflösung der Kommunistischen Partei Indochinas und die Gründung von drei nationalen kommunistischen Parteien in

Indochina:
- Partei der Werktätigen Vietnams (PWV)
- Revolutionäre Volkspartei Laos' (RVPL)
- Revolutionäre Volkspartei Kambodschas (RVPK)

1951 11.März Bildung der "Allianz der vietnamesischen, kambodschanischen und laotischen Völker" durch die drei kommunistischen nationalen Einheitsfrontorganisationen Vietminh, Nekhum Issarak Khmer und Neo Lao Itsala gegen den französischen Neo- Kolonialismus in Indochina.

1951 19.Juni Gründung der "Revolutionären Streitkräfte des Volkes von Kambodscha".

1951 7.September Wirtschaftshilfe-Abkommen zwischen den USA und Vietnam (Bao Dai).

1952 5.Juni Norodom Sihanouk beginnt seinen "Königlichen Kreuzzug für die Unabhängigkeit".

1953 - 1954 Einmarsch von Vietminh-Verbänden nach Laos und Kambodscha zur Unterstützung der dortigen zahlenmäßig schwachen Kommunisten.

1953 9.November Proklamation der vollen nationalen Unabhängigkeit Kambodschas durch Norodom Sihanouk.

1954 - 1961 Wechselnde Regierungen in Laos und Kämpfe zwischen den Kräften der Königlichen Regierung und dem Pathet Lao.

1954 - 1975 Grenzzwischenfälle zwischen Kambodscha und Südvietnam.

1954 - 7.Mai Niederlage der französischen Truppen in der Schlacht um Dien Bien Phu.

1954 8.Mai-21.Juli Genfer Indochina- Konferenz.

1954 16.Juni Ngo Dinh Diem bildet eine vietnamesische Regierung in Saigon.

1954 21.Juli Waffenstillstandsabkommen und Schlußerklärung

der Genfer Indochina- Konferenz. Zusicherung von Souveränität, Unabhängigkeit und Einheit für Kambodscha, Laos und Vietnam. Abzug der Vietminh-Truppen aus Laos und Kambodscha und Abzug der französischen Truppen aus Nordvietnam. Im Gegensatz zu ihren kambodschanischen Genossen erhalten die laotischen Kommunisten zwei Provinzen als Einflußgebiet zugesprochen, mit der Auflage, danach mit den Royalisten eine Koalitionsregierung zu bilden. Provisorische Teilung Vietnams am 17.Breitengrad. Unterzeichner verpflichten sich zur Abhaltung gesamtvietnamesischer Wahlen innerhalb von zwei Jahren, d.h. spätestens im Juli 1956. Bildung einer Internationalen Kontrollkommission. USA und Südvietnam unterzeichnen nicht. Die USA verpflichten sich in einer Zusatzerklärung zum Verzicht auf jede gewaltsame Intervention in Vietnam.

1954 8.September Gründung der SEATO in Manila. Der Südostasien-Pakt, der am 9.2.1955 in Kraft tritt, enthält eine besondere Klausel zur Verteidigung von Südvietnam, Laos und Kambodscha. Norodom Sihanouk lehnt den SEATO-Schutzschirm aus Gründen "strikter Neutralität" ab.

1954 24.Oktober US-Präsident Eisenhower bietet Ngo Dinh Diem militärische Hilfe an.

1954 26.November Sturz der Regierung Souvanna Phouma in Laos.

1955 Januar Beginn der US-Militärhilfe für Südvietnam.

1955 12.Februar US-Armeeangehörige übernehmen die Ausbildung von südvietnamesischen Truppen.

1955 3.März Prinz Norodom Sihanouk dankt zugunsten seines Vaters, Norodom Suramarit, als König Kambodschas ab und gründet die Sozialistische Volksgemeinschaft (Sangkum), die in den Wahlen von 1955, 1958, 1962 und 1968 überwältigende Erfolge erzielt.

1955 22.März Umbenennung und Neuorganisierung der laotischen Kommunistischen Partei: aus der Revolutionären Volkspartei Laos' wird die Laotische Volkspartei (LVP).

1955 April Die letzten französischen Truppen verlassen Südvietnam und werden durch US- Militärberater ersetzt.

1955 16.Mai Militärhilfeabkommen zwischen Kambodscha und den USA.

1955 20.Juli Ngo Dinh Diem lehnt den nordvietnamesischen Vorschlag zur Bildung einer Konsultativkonferenz für die Vorbereitung gesamtvietnamesischer Wahlen u.a. mit dem Hinweis ab, daß freie Wahlen im kommunistischen Norden nicht möglich seien.

1955 22.September Austritt Kambodschas aus der Union Francaise.

1955 26.Oktober Nach einem Referendum ruft Ngo Dinh Diem die Republik Vietnam aus. Ngo Dinh Diem wird Präsident der Republik. Bao Dai wird abgesetzt. Damit erneute Teilung Vietnams.

1956 6.Januar Umorganisierung und Umbenennung der Neo Lao Itsala in die Patriotische Front Laos' (Neo Lao Haksat).

1956 Juli Ngo Dinh Diem lehnt erneut die im Genfer Indochina-Abkommen vorgesehenen allgemeinen Wahlen in ganz Vietnam ab. Aufnahme des Kampfes gegen die Vietminh in Südvietnam. Die USA übernehmen zunehmend die frühere Rolle Frankreichs in Vietnam.

1956 31.Oktober Waffenstillstand in Laos zwischen der im März wieder an die Macht gekommenen Regierung unter Souvanna Phouma und dem Pathet Lao.

1957 3.Januar Die Internationale Kontrollkommission berichtet, daß zwischen Dezember 1955 und August 1956 weder Nordvietnam noch Südvietnam ihren Verpflichtungen aus dem Genfer Waffenstillstandsvertrag nachgekommen sind.

1957 12.Januar Proklamation der Neutralität Kambodschas.

1957 2.November Koalitionsregierung zwischen den Kräften des Prinzen Souvanna Phouma und dem Pathet Lao bzw. der Neo Lao Haksat unter Prinz Souphanouvong.

Ab Januar 1958 Zunehmende kommunistische Guerillatätigkeit in Südvietnam.

1958 2.Mai In Nachwahlen zur laotischen Nationalversammlung gewinnt die Neo Lao Haksat 9 von 21 Sitzen, 4 gehen an die linksgerichtete Friedenspartei.

1958 22.Juli Sturz der Regierung Souvanna Phouma durch Amerika-freundliche Rechtskräfte. Wiederaufnahme der Kämpfe zwischen der Königlichen Regierung und den laotischen Kommunisten. Dabei werden die Kommunisten von regulären nordvietnamesischen Truppen unterstützt.

1960 14.Juni Nach dem Tod von König Norodom Suramarit im April wird Prinz Norodom Sihanouk zum Staatsoberhaupt Kambodschas gewählt.

1960 30.September Umbenennung und Neuorganisierung der kambodschanischen Kommunistischen Partei: aus der Revolutionären Volkspartei Kambodschas (RVPK) wird die Kommunistische Partei Kampucheas (KPK).

1960 11.November Putschversuch von Teilen der südvietnamesischen Armee gegen Präsident Ngo Dinh Diem.

1960 20.Dezember Gründung der Nationalen Befreiungsfront Südvietnams (FNL).

1961 4.Mai Waffenstillstand in Laos zwischen der Königlichen Regierung und dem Pathet Lao.

1961 16.Mai - 23.Juli 1962 Genfer Laos- Konferenz endet mit der Anerkennung der Unabhängigkeit und Neutralisierung des Landes und Koalitionsregierung unter Souvanna Phouma.

1961 22.Juni Züricher Abkommen über die Bildung einer Drei-Parteien-Regierung in Laos.

1961 November Die Regierung Kennedy erhöht die US-Militärhilfe für Südvietnam.

1961 1.Januar Formelle Gründung einer Revolutionären Volkspartei von Vietnam (RVPV) durch die PWV. Real nicht existierender Ableger der PWV zur Führung der FNL. In Wirklichkeit unterstand die FNL direkt der PWV vermittels des Central Office of South Vietnam (COSVN).

1962 7.Februar 4.000 US-Berater in Südvietnam.

1962 23.Juni Gründung einer Drei-Parteien- Regierung in Laos mit Souvanna Phouma als Ministerpräsident und Souphanouvong und Phoumi Nosavan als stellvertretende Ministerpräsidenten.

Ende 1962 8.000 US-Militärberater in Südvietnam.

1963 Auf dem II.Parteitag der KPK wird Pol Pot alias Saloth Sar zum Generalsekretär der KPK gewählt.

1963 1.November Sturz des Diem-Regimes in Südvietnam mit Billigung der USA.

1963 - 1965 Militärische Ausbildung von Pol und Ablehnung jeder weiteren US- Entwicklungshilfe.

1964 - 1973 2.Indochinakrieg

1964 Januar Nach Angaben der südvietnamesischen Regierung kontrolliert die FNL über 50% der ländlichen Bevölkerung Südvietnams.

1964 19.April Staatsstreich pro-amerikanischer Kräfte in Laos. Ende der Drei-Parteien-Koalitionsregierung. Souvanna Phouma wird Premierminister.

1964 - 1973 Fortsetzung der Kämpfe zwischen den laotischen Kommunisten auf der einen Seite und den Kräften um Souvanna Phouma und den extremen Rechten auf der anderen Seite. Dabei werden die laotischen Kommunisten wie schon zuvor von nordvietnamesischen Soldaten unterstützt, während die USA den antikommunistischen Kräften militärische Hilfe leisten.

1964 17.Mai Beginn der amerikanischen Bombenangriffe auf vom Pathet Lao gehaltene Gebiete in Laos.

1964 Juli 25.000 US-Soldaten in Südvietnam.

1964 4.August Tongking-Zwischenfall: Nordvietnamesische Patrouillenboote greifen US-Zerstörer an. Daraufhin Bombardierung nordvietnamesischen Territoriums durch die US-Luftwaffe und stärkeres Engagement der USA in Vietnam.

1965 Februar Die UdSSR kündigt größere Unterstützung für Nordvietnam an. FNL- Angriff auf US-Stützpunkt Pleiku. Intervention der US-Landstreitkräfte. Intensivierung der US-Bombenangriffe auf Nordvietnam.

1965 3.Mai Kambodscha bricht die diplomatischen Beziehungen zu den USA ab.

1965 Juni Generalleutnant Nguyen Van Thieu wird Staatschef Südvietnams (bis 1975; ab 1967 Staatspräsident).

1965 9.Juni 54.000 US-Soldaten in Südvietnam.

Ab August 1965 Größere reguläre nordvietnamesische Truppeneinheiten greifen in die Kämpfe in Südvietnam ein.

1965 12.September 128.500 US-Soldaten in Südvietnam.

1966 - 1970 Zunehmende innenpolitische und außenpolitische Schwierigkeiten in Kambodscha durch politische Polarisierung, Wirtschaftskrise und teilweise Einbeziehung in den Vietnam- Krieg. Im Vergleich zu Laos und vor allem zu Vietnam ist Kambodscha jedoch eine "Oase des Friedens".

Ende 1966 382.800 US-Soldaten in Südvietnam.

1967 Mai/Juni Die DRV und die FNL erkennen die "gegenwärtigen Grenzen" Kambodschas ausdrücklich an.

1967 Juni Aufnahme diplomatischer Beziehungen zwischen der DRV und Kambodscha.

1967 August 485.000 US-Soldaten in Südvietnam. Die VRCh und die UdSSR vereinbaren mit der DRV größere Wirtschafts- und Militärhilfe.

1968 Ca. 40.000 nordvietnamesische Soldaten in Laos.

1968 Januar 12.000 US-Berater in Laos.

1968 17.Januar Gründung der "Revolutionsarmee von Kampuchea" durch die KPK.

1968 Ende Januar FNL und nordvietnamesische Truppen starten Tet-Offensive.

1968 März Über 500.000 US-Soldaten in Südvietnam.

1968 31.März US-Präsident Johnson ordnet Bombenstopp nördlich des 20.Breitengrades an.

1968 13.Mai Beginn von Friedensgesprächen zwischen den USA und der DRV in Paris. Ab Dezember nehmen auch Vertreter Südvietnams und der FNL an den Pariser Gesprächen teil.

1968 1.November Einstellung der Bombardierung Nordvietnams durch die USA.

1969 14.Mai US-Präsident Nixon kündigt Friedensprogramm für Vietnam an. Das amerikanische Disengagement im Vietnam-Konflikt beginnt.

1969 10.Juni Bildung der Provisorischen Revolutionsregierung von Südvietnam durch die FNL, nachdem die Saigoner Regierung eine Koalitionsregierung mit der FNL abgelehnt hat.

1969 11.Juni Wiederherstellung der diplomatischen Beziehungen zwischen Kambodscha und den USA.

1969 13.Juni Anerkennung der Provisorischen Revolutionsregierung von Südvietnam durch Kambodscha.

1969 Juli Die Regierung Thieu bietet der FNL "freie Wahlen" unter Saigoner Kontrolle an, doch die FNL lehnt ab.

1969 Juli Nixon-Doktrin: "Vietnamisierung" des Vietnam-Krieges und Rückzug der USA vom asiatischen Festland.

1969 Juli - 1971 November Bis auf 139.000 Mann ziehen die USA ihre Truppen aus Südvietnam zurück.

1969 3.September Tod Ho Chi Minhs.

1970 Ca. 50.000 nordvietnamesische Soldaten in Kambodscha, die bereits seit Mitte der 60er Jahre kambodschanische Territorien als Nachschubwege und Rückzugsgebiete für ihren Kampf in Südvietnam benutzen.

1970 18.März Sturz von Norodom Sihanouk durch General Lon Nol.

1970 20.März Die USA erkennen das Lon-Nol- Regime an.

1970 23.März Gründung der Nationalen Einheitsfront Kampucheas (FUNK) zwischen Norodom Sihanouk und den Roten Khmer bzw. der KPK.

1970 24.-25.April Indochinesische Gipfelkonferenz in Guangzhou, VRCh. FUNK, Pathet Lao und die vietnamesischen Kommunisten koordinieren ihren Kampf für die "Befreiung" der drei Länder Indochinas.

1970 30.April Einmarsch amerikanischer und südvietnamesischer Truppen nach Kambodscha, um die dortige nordvietnamesische Logistik zu zerstören.

1970 5.Mai I.Kongreß der FUNK in Peking: Verabschiedung eines gemäßigten Einheitsfront-Programms. Bildung der Königlichen Regierung der Nationalen Einheit Kambodschas (GRUNC) unter Norodom Sihanouk. Gründung der Volksstreitkräfte zur nationalen Befreiung Kampucheas (FAPLNK).

1970 6.Mai Die DRV, die Provisorische Revolutionsregierung von Südvietnam und die VRCh brechen die diplomatischen Beziehungen zu Kambodscha (Lon Nol) ab und anerkennen die GRUNC.

1970 9.Oktober Ausrufung der Khmer-Republik durch Lon Nol.

Ende 1970 Ca. 50.000 nordvietnamesische Soldaten in Laos.

1972 Februar II. Kongreß der Laotischen Volkspartei (LVP): u.a. erneute Umbenennung der laotischen kommunistischen Partei in Revolutionäre Volkspartei Laos' (RVPL).

1972 März 95.000 US-Soldaten in Südvietnam.

1972 März Großoffensive der FNL und nordvietnamesischer Truppen in Südvietnam. Abbruch der Pariser Friedensverhandlungen und Wiederaufnahme der Bombardierung Nordvietnams durch die US-Luftwaffe.

1972 4.Juni Wahl Lon Nols zum Präsidenten der Khmer-Republik.

1972 Juli Wiederaufnahme der Pariser Friedensverhandlungen.

1972 Dezember Massive amerikanische Luftangriffe auf Nordvietnam, insbesondere auf Hanoi und Haiphong. Nach Einstellung der Bombardierung erklärt sich die DRV zur Fortsetzung der Friedensverhandlungen bereit.

Ende 1972 Ca. 63.000 nordvietnamesische Soldaten in Laos.

1973 Ca. 150.000 nordvietnamesische Soldaten in Südvietnam.

1973 27.Januar Unterzeichnung des "Abkommens über die Beendigung des Krieges und die Wiederherstellung des Friedens in Vietnam" durch die USA, die Republik Südvietnam, die DRV und die Provisorische Revolutionsregierung von Südvietnam. Das Abkommen sieht u.a. den völligen Rückzug der US-Streitkräfte aus Vietnam vor, jedoch nicht den Rückzug der nordvietnamesischen Truppen aus Südvietnam. Über Kambodscha konnte kein Waffenstillstand vereinbart werden, weil sich die Roten Khmer trotz vietnamesischer Bemühungen geweigert hatten, an den Pariser Friedensverhandlungen teilzunehmen.

1973 28.Januar Inkrafttreten des Waffenstillstands in Vietnam. Amerikanische Bombenangriffe auf von den Roten Khmer "befreite Gebiete" Kambodschas.

1973 21.Februar Waffenstillstandsabkommen zwischen dem Pathet Lao und der Königlichen Regierung unter Souvanna Phouma.

1973 29.April Abzug der letzten US-Soldaten aus Vietnam.

1973 Juli US-Kongreß macht jedes weitere militärische Eingreifen der USA in Indochina unmöglich.

1973 15.August Einstellung der amerikanischen Bombenangriffe auf Kambodscha.

1974 Januar Besetzung der unter südvietnamesischer Kontrolle stehenden Paracel-Inseln (Xisha Dao) durch die VRCh. Daraufhin spürbare Verschlechterung der Beziehungen zwischen der DRV und der VRCh.

1974 30.März Koalitionsregierung zwischen dem Pathet Lao und den Kräften um Souvanna Phouma.

1974 April/Mai Abzug der US-Streikräfte aus Laos. Bis auf den Ho-Chi-Minh-Pfad ziehen sich auch die nordvietnamesischen Truppen weitgehend aus Laos zurück.

1974 Juli Offensive der Roten Khmer gegen das Lon-Nol-Regime.

1974 22.August US-Senat kürzt Militärhilfe für Südvietnam.

1975 1.Januar Beginn der Endoffensive der FAPLNK bzw. der Roten Khmer in Kambodscha.

1975 7.Januar Beginn der letzten Großoffensive der FNL und nordvietnamesischer Truppen in Südvietnam.

1975 17.April Eroberung Phnom Penhs durch die FAPLNK bzw. die Truppen der Roten Khmer. Beginn radikaler gesellschaftlicher Veränderungen durch Ausschaltung und weitgehende Liquidierung der früheren Oberschichten sowie religiöser und rassischer Minderheiten (ca. 1 Mio.Tote über die normale Todesrate hinaus in den Jahren 1975 bis 1978) und totale Kollektivierung der kambodschanischen Gesellschaft.

1975 29.April Eroberung Saigons durch kommunistische vietnamesische Truppen.

1975 April - August Der Pathet Lao setzt sich militärisch und politisch gegen den nicht-kommunistischen Koalitionspartner durch.

1975 Mai Grenzzwischenfälle zwischen Kambodscha und Vietnam. Einstellung der chinesischen Militärhilfe für Vietnam.

1975 22.Juli Die kommunistischen kambodschanischen Streitkräfte werden einheitlich dem Kommando des Zentralkomitees der KPK unterstellt. Systematische Säuberung provietnamesischer Armeeteile beginnt.

1975 23.August "Vollständige Befreiung" der laotischen Hauptstadt Vientiane durch den Pathet Lao.

1975 November Wiedervereinigungskonferenz in Ho-Chi-Minh-Stadt (Saigon) beschließt Vereinigung der beiden Teile Vietnams nach Wahlen zu einer gesamtvietnamesischen Nationalversammlung.

1975 2.Dezember Demission der Koalitionsregierung unter Souvanna Phouma und Ende der Monarchie. Gründung der Demokratischen Volksrepublik Laos (DVRL). Bildung einer von der kommunistischen RVPL beherrschten provietnamesischen Regierung.

1975 Dezember - April 1976 Grenzzwischenfälle zwischen Kambodscha und Vietnam.

1976 5.Januar Ausrufung des Demokratischen Kampuchea (DK) und Inkrafttreten einer neuen Verfassung.

1976 April Rücktritt von Prinz Norodom Sihanouk von seinen Ämtern als Staatschef und als Vorsitzender der FUNK sowie Rücktritt der GRUNC. Auflösung von FUNK und GRUNC.

1976 25.April Einheitslistenwahlen zu einer gesamtvietnamesischen Nationalversammlung.

1976 Juli Die gesamtvietnamesische Nationalversammlung beschließt die Wiedervereinigung Vietnams und proklamiert die Sozialistische Republik Vietnam (SRV) mit Hanoi als Hauptstadt.

1976 14.-20.Dezember IV.Parteitag der PWV beschließt die Umbenennung der Partei in Kommunistische Partei Vietnams (KPV) und erklärt u.a. als Ziel, "die besonderen Beziehungen zwischen dem vietnamesischen Volk und den Völkern von Laos und Kambodscha zu wahren und weiterzuentwickeln".

1977 Januar - Dezember Zunehmend eskalierende Grenzzwischenfälle zwischen Kambodscha und Vietnam, Putschversuche gegen das Pol-Pot-Regime und breitangelegte Säuberungswelle innerhalb der KPK.

1977 18.Juli "Vertrag über Freundschaft und Zusammenarbeit" zwischen der SRV und der DVRL.

1977 27.September Offizielle Bekanntgabe der Existenz der KPK durch Pol Pot, der ein Jahr lang untergetaucht war.

1977 Dezember Erster Großangriff Vietnams gegen das DK.

1977 31.Dezember Abbruch der diplomatischen Beziehungen zur SRV durch das Demokratische Kampuchea.

1978 Fortsetzung des Grenzkonflikts zwischen dem DK und SRV, der Putschversuche gegen das Pol-Pot-Regime und der Säuberungen innerhalb der KPK.

1978 Ca. 40.000 vietnamesische Soldaten in Laos.

Ab 1978 Verfolgung der chinesischen Minderheit in Vietnam und Sozialisierungsmaßnahmen führen zu einer großen Flüchtlingswelle aus Vietnam.

1978 Juni Einstellung der chinesischen Wirtschaftshilfe an Vietnam und Rückzug der chinesischen Techniker.

1978 29.Juni Beitritt der SRV zum COMECON.

1978 September Rückzug der chinesischen Techniker aus Laos. Zunehmende Verschlechterung auch der laotisch- chinesischen Beziehungen.

1978 3.November Abschluß eines "Vertrags über Freundschaft und Zusammenarbeit" zwischen der SRV und der UdSSR.

1978 2.Dezember Gründung der provietnamesischen Nationalen Einheitsfront Kampucheas zur Rettung der Nation (FUNKSN) in den von vietnamesischen Truppen "befreiten" Gebieten Kambodschas.

1978 25.Dezember Beginn der zweiten Großoffensive der SRV gegen das Demokratische Kampuchea.

1979 7.Januar Eroberung Phnom Penhs durch vietnamesische Truppen und Sturz des Pol- Pot-Regimes. Seitdem ca. 200.000 vietnamesische Soldaten in Kambodscha.

1979 8.Januar Etablierung des "Volksrevolutionsrats von Kampuchea" (Regierung) unter Heng Samrin durch die FUNKSN. Ausrufung der Volksrepublik Kampuchea (VRK).

1979 Katastrophale Hungersnot in Kambodscha durch vietnamesische Besetzung und Politik der verbrannten Erde des gestürzten Pol-Pot-Regimes. Flüchtlingswelle aus Kambodscha nach Thailand.

1979 17.Februar - 19.März Chinesischer "Straffeldzug" gegen die SRV. Die folgenden chinesisch-vietnamesischen Verhandlungen werden schließlich am 15.Dezember ergebnislos abgebrochen.

1979 18.Februar Friedens-, Freundschafts- und Kooperationsvertrag zwischen der SRV und der Volksrepublik Kampuchea.

1979 20.Februar Auflösung bzw. Umbenennung der Patriotischen Front Laos' (Neo Lao Haksat) in die "Nationale Aufbaufront Laos'" als Organisation der nationalen Einheitsfront unter Führung der kommunistischen Partei (RVPL).

1979 März/Oktober Gründung der antikommunistischen Nationalen Front zur Befreiung des Khmer-Volkes (FNLPK) und der Nationalen Streitkräfte zur Befreiung des Khmer-Volkes (FANLPK) durch den früheren kambodschanischen Ministerpräsidenten Son Sann.

1979 21. August Gründung der Patriotischen und Demokratischen Front der Großen Nationalen Einheit Kampucheas (FGUNPDK) durch die Roten Khmer.

1979 September Die UNO-Vollversammlung bestätigt mit 71 gegen 35 Stimmen bei 34 Enthaltungen den Sitz des DK bei den Vereinten Nationen.

1979 15.Dezember Die chinesisch- vietnamesischen Verhandlungen werden ergebnislos abgebrochen.

1979 15.-17. Dezember. Eine gemeinsame Sitzung des Ständigen Ausschusses des Volkskongresses, der Regierung und der Vertreter der Armee und anderer Abteilungen des Demokratischen Kampuchea beschließt kosmetische Veränderungen an der Spitze des DK: Der bisherige Staatspräsident Khieu Samphan ersetzt Pol Pot als Ministerpräsident des Demokratischen Kampuchea. Pol Pot bleibt jedoch Oberkommandierender der DK-Streitkräfte und Vorsitzender der KPK.

1980 Oktober Die UNO-Vollversammlung stimmt mit 74 gegen 35 Stimmen bei 32 Enthaltungen für das DK als legitime Vertretung Kambodschas bei den Vereinten Nationen. Darüber hinaus wird gegen die Stimmen Vietnams und der Ostblockstaaten und deren Verbündeten die Abhaltung einer Internationalen Kambodscha- Konferenz beschlossen. Vietnam und die meisten Staaten des Warschauer Pakts lehnen eine Beteiligung an der Internationalen Kambodscha-Konferenz ab und bezeichnen sie als eine Einmischung in ihre inneren Angelegenheiten.

Abkürzungsverzeichnis und Glossar

Angka
"Organisation".
Kurzform für Angka Pakdevoath (Revolutionäre Organisation).
Bis September 1977 Tarnbezeichnung für die Kommunistische Partei Kampucheas (KPK).

ASEAN
Association of South East Asian Nations.
1967 von Indonesien, Malaysia, Philippinen, Singapur und Thailand gegründet.

COMECON
Rat für gegenseitige Wirtschaftshilfe.
Am 27.Januar 1949 in Moskau geschaffenes zentrales Organ der Ostblockstaaten für wirtschaftliche Zusammenarbeit und fortschreitende Wirtschaftsintegration.

COSVN
Central Office of South Vietnam.
Eigentlich: "Südliche Sektion des Zentral(komitees der PWV)" (Trung Uong Cuc Mien Nam).
PWV-Organ zur Leitung des Kampfes in Südvietnam, 1951-1954 und 1961-1975(?).

DK
Demokratisches Kampuchea.
Am 5.Januar 1976 vom im April 1975 an die Macht gekommenen Pol-Pot-Regime ausgerufen. Am 7.Januar 1979 durch vietnamesische Truppen gestürzt. Noch 1980 UNO-Vollmitglied.

DVRL
Demokratische Volksrepublik Laos.
Am 2.Dezember 1975 ausgerufen.

DRV
Demokratische Republik Vietnam.
Am 2.September 1945 von Ho Chi Minh ausgerufen. Nach der Wie-

dervereinigung Vietnams im Juli 1976 in die Sozialistische Republik Vietnam (SRV) aufgegangen.

FANLPK
Forces Armées Nationales de Libération du Peuple Khmer (Nationale Streitkräfte zur Befreiung des Khmer-Volkes).
Am 5.März 1979 vom früheren kambodschanischen Ministerpräsidenten Son Sann gegründet (siehe auch FNLPK).

FAPLNK
Forces Armées Populaires de Libération Nationale du Kampuchea (Volksstreitkräfte zur Nationalen Befreiung Kampucheas).
Am 5.Mai 1970 offiziell gegründete Armee der FUNK bzw. der GRUNC.

FGUNPDK
Front Grand Uni National Patriotique et Démocratique du Kampuchea (Patriotische und Demokratische Front der Großen Nationalen Einheit Kampucheas).
Im August 1979 von den Roten Khmer gegründete nationale Einheitsfrontorganisation zum Kampf gegen die vietnamesische Okkupation Kambodschas.

FNL
Nationale Befreiungsfront Südvietnams (Mat Tran Dan Toc Giai Phong Mien Nam Viet Nam).
Im Dezember 1960 gegründete nationale Einheitsfrontorganisation unter Führung der PWV.

FNLPK
Front National de Libération du Peuple Khmer (Nationale Front zur Befreiung des Khmer- Volkes).
Am 9.Oktober 1979 vom früheren kambodschanischen Ministerpräsidenten Son Sann gegründete antikommunistische politische Organisation gegen die vietnamesische Besetzung Kambodschas. Politisches Führungsinstrument der FANLPK.

FULRO
Forces Unifiées pour la Libération des Races Opprimées (Vereinigte Kräfte für die Befreiung der unterdrückten Rassen).
In den 60er Jahren entstandene antikommunistische Befreiungsfront der nationalen bzw. rassischen Minderheiten in Südviet-

nam. Bis 1975 Unterstützung durch die USA, ab 1979 durch die VRCh über die Roten Khmer.

FUNK
Front Uni National du Kampuchea (Nationale Einheitsfront Kampucheas).
Am 23.März 1970 zwischen Prinz Sihanouk und den Roten Khmer geschlossene Einheitsfront gegen die Regierung Lon Nol.

FUNKSN
Front d'Union Nationale du Kampuchea pour le Salut National (Nationale Einheitsfront Kampucheas zur Rettung der Nation).
Am 2.Dezember 1978 gegründete provietnamesische Einheitsfront zum Sturz des Pol-Pot-Regimes.

GRUNC
Gouvernement Royal d'Union Nationale du Cambodge (Königliche Regierung der Nationalen Einheit Kambodschas).
Am 5.Mai 1970 gebildete kambodschanische Exilregierung unter Prinz Norodom Sihanouk.

Indochinesische Föderation
In den 30er und 40er Jahren von der KPIC namentlich genanntes Ziel der von Vietnamesen dominierten kommunistischen Bewegung in Indochina, bestehend aus den Staaten Vietnam, Laos und Kambodscha.

Khmer Bleu
"Blaue Khmer".
Von Norodom Sihanouk verwendete Bezeichnung für die Khmer Serei (Freie Khmer).

Khmer Issarak
"Freie Khmer".
Kurzform für Nekhum Issarak Khmer (Front für ein freies Kambodscha).
Im August 1945 gegründet.

Khmer Krom
"Die Khmer dort unten" (d.h. im Süden).
In Kampuchea Krom, dem heutigen Süden Vietnams (Cochinchina), lebende Kambodschaner.

Khmer Loeu
"Die Khmer dort oben".
Bergbevölkerung Kambodschas

Khmer Rouge
siehe Rote Khmer.

Khmer Serei
"Freie Khmer".
Oberbegriff für antikommunistische Widerstandsgruppen in Kambodscha.
In den 40er Jahren antimonarchistische, projapanische Widerstandsbewegung. In den 50er und 60er Jahren von Thailand und den USA unterstützte antisihanoukistische Widerstandsgruppierung.

Khmer Vietminh
Von Norodom Sihanouk geprägte Bezeichnung für die provietnamesische Fraktion in der kommunistischen Bewegung Kambodschas.

KNUFNS
siehe FUNKSN.

KPIC
Kommunistische Partei Indochinas.
Im Oktober 1930 gegründet und im Februar 1951 in die PWV, RVPK und RVPL aufgelöst.

KPK
Kommunistische Partei Kampucheas (Khanak Pak Kommuni Kampuchea).
Im September 1960 aus der RVPK hervorgegangen. Vorsitzender bzw. Generalsekretär seit 1963: Pol Pot alias Saloth Sar.

KPTh
Kommunistische Partei Thailands

KPV
Kommunstische Partei Vietnams (Viet Nam Cong San Dang).
- Januar/Februar 1930 gegründet.
- Oktober 1930 in KPIC umbenannt.
- Februar 1951 in PWV umbenannt.
- Dezember 1976 in KPV zurückbenannt.

KSA
Kollektives Sicherheitssystem in Asien.
1969 von Breshnew verkündeter Rahmen eines politischen Ordnungskonzepts in Asien mit antichinesischer Stoßrichtung.

Lao Itsala
"Freie Lao" bzw. Bewegung für ein freies Laos (auch Lao Issara geschrieben).
Im August 1945 gegründete antikoloniale Bewegung von Nationalisten und Kommunisten. Geht im August 1950 teilweise in die Neo Lao Itsala auf.

LVP
Laotische Volkspartei (Phak Pasason Lao).
Im März 1955 aus der RVPL hervorgegangene kommunistische Partei. Im Februar 1972 zurückbenannt in RVPL.

Nekhum Issarak Khmer
"Front für ein freies Kambodscha".
Im August 1945 gegründet.

Neo Lao Haksat
"Patriotische Front Laos'".
Im Januar 1956 aus der Neo Lao Itsala hervorgegangen.

Neo Lao Itsala
"Front für ein freies Laos".
Im August 1950 als von Kommunisten geführte Organisation der nationalen Einheitsfront gegründet. Teilweise hervorgegangen aus der Lao-Itsala-Bewegung. Im Januar 1956 in Neo Lao Haksat umbenannt.

Nhan Dan
"Das Volk".
Organ der PWV bzw. der KPV.

NLF
siehe FNL.

Pathet Lao
"Land der Lao".

- Oberbegriff für die laotischen Kommunisten bzw. die kommunistische Bewegung von Laos. Prinz Souphanouvong 1958: "... nationale Befreiungsbewegung, die im Ausland Pathet Lao genannt wird."
- Gleichzeitig aber auch Bezeichnung der kommunistischen Guerilla-Armee in Laos von 1950 bis 1965.

Als Oberbegriff für die kommunistische Bewegung von Laos sind unter Pathet Lao drei Organisationen zu verstehen:
1. Die kommunistische Parteiorganisation:
- Revolutionäre Volkspartei Laos' (RVPL), Februar 1951 - März 1955.
- Laotische Volkspartei (LVP), März 1955 - Februar 1972.
- Revolutionäre Volkspartei Laos' (RVPL), seit Februar 1972.

2.Die Organisation der nationalen Einheitsfront unter Führung der kommunistischen Partei:
- Front für ein freies Laos (Neo Lao Itsala), August 1950 - Januar 1956.
- Patriotische Front Laos' (Neo Lao Haksat), Januar 1956 - Februar 1979.
- Nationale Aufbaufront Laos', seit Februar 1979.

3. Die kommunistischen Streitkräfte:
- Pathet-Lao-Streitkräfte, August 1950 - Oktober 1965.
- Laotische Volksbefreiungsarmee, seit Oktober 1965.

Pracheachon
"Volk".
Kurzform für Khanak Pak Pracheachon Pakdevoath Khmer (Revolutionäre Volkspartei Kambodschas, RVPK).
Im Februar 1951 gegründet. Im September 1960 in Kommunistische Partei Kampucheas (KPK) umbenannt.

PWV
Partei der Werktätigen Vietnams (Dang Lao Dong Viet Nam).
Im Februar 1951 aus der KPIC hervorgegangen. Im Dezember 1976 in KPV umbenannt.

Rote Khmer
Von Norodom Sihanouk geprägte Bezeichnung für die prochinesische bzw. promaoistische Fraktion der KPK unter Pol Pot.

RVPK
Revolutionäre Volkspartei Kambodschas (Khanak Pak Pracheachon Pakdevoath Khmer).
Im Februar 1951 gegründet. Im September 1960 in Kommunistische Partei Kampucheas (KPK) umbenannt.

RVPL
Revolutionäre Volkspartei Laos' (Phak Pasason Pativat Lao).
Im Februar 1951 gegründet. Im März 1955 in Laotische Volkspartei (LVP) umbenannt. Im Februar 1972 in RVPL zurückbenannt.

RVPV
Revolutionäre Volkspartei Vietnams (Dang Nhan Dan Cach Mang Viet Nam).
Im Januar 1962 formell gegründeter, real nicht existierender PWV-Ableger in Südvietnam.

Sangkum
Kurzform für: Sangkum Reastr Niyum (Sozialistische Volksgemeinschaft).
Im März 1955 von Prinz Norodom Sihanouk gegründete Partei.

SEATO
South East Asian Treaty Organisation.
Der am 8.September 1954 zwischen den USA, Großbritannien, Frankreich, Australien, Neuseeland, den Philippinen, Thailand und Pakistan in Manila geschlossene Südostasien- Pakt trat am 9.Februar 1955 in Kraft. Er stellte einen der NATO ähnlichen Verteidigungspakt dar. Sein Zweck lag in der gegenseitigen Verteidigungshilfe sowie in der wirtschaftlichen und technischen Zusammenarbeit der ihm angeschlossenen Staaten. Die SEATO wurde am 30.Juni 1977 aufgelöst.

SRV
Sozialistische Republik Vietnam.
Am 6.Juli 1976 proklamiert.

Union Francaise
Französische Union.
Durch die Verfassung vom 27.Oktober 1946 festgelegte neue Form des ehemaligen französischen Kolonialreiches, die für die frü-

heren Kolonien und Protektorate eine begrenzte Unabhängigkeit und demokratische Selbstverwaltung vorsah. 1958 in die Französische Gemeinschaft (Communauté Francaise) aufgegangen.

Union Indochinoise
Indochinesische Union.
Französisches Kolonialgebilde von 1887 bis 1945 bestehend aus der Kolonie Cochinchina und den Protektoraten Kambodscha, Annam, Tongking und Laos.

Vietcong
Kurzform für Viet Nam Cong San (vietnamesische Kommunisten; auch Viet Cong geschrieben).
Oberbegriff für die vietnamesischen Kommunisten bzw. die kommunistische Bewegung in Vietnam. Zumeist gebraucht als Bezeichnung für die südvietnamesischen Kommunisten in den Jahren 1960 bis 1975.

Vietminh
Kurzform für Vietnam Doc Lap Dong Minh Hoi (Liga für die Unabhängigkeit Vietnams; auch Viet Minh geschrieben).
Im Mai 1941 von der KPIC als Organisation der nationalen Einheitsfront gegen die französische Kolonialherrschaft gegründet.

VRK
Volksrepublik Kampuchea.
Am 8.Januar 1979 vom provietnamesischen Heng- Samrin-Regime ausgerufen.

ZOGIPAN
Zone of Genuine Independence, Peace and Neutrality.
Im Juni 1978 von Vietnam vorgeschlagenes politisches Ordnungskonzept für Südostasien mit antichinesischer Stoßrichtung. Gegenkonzept zur ZOPFAN der ASEAN-Staaten. Das Konzept der "Genuine Independence" geht zurück auf einen laotischen Vorstoß auf der Konferenz der Blockfreien in Colombo im Jahre 1976.

ZOPFAN
Zone of Peace, Freedom and Neutrality.
Im November 1971 von den ASEAN-Staaten in der Deklaration von Kuala Lumpur vorgeschlagenes politisches Ordnungskonzept für Südostasien.

Die Autoren

Chiang Hai Ding,

geb. 1938; Studium der Geschichte an der University of Singapore und an der Australian National University, Ph.D. Professor für Geschichte an der University of Singapore von 1963 bis 1971. Seit 1970 Mitglied des Parlaments der Republik Singapur. Seit 1978 Botschafter der Republik Singapur in der Bundesrepublik Deutschland. Veröffentlichungen u.a. A History of Straits Settlements Foreign Trade 1870-1915, Singapur 1978.

Bernhard Dahm,

geb. 1932; Studium der Geschichte, Germanistik und Anglistik, Dr.phil. Seit 1960 Spezialisierung in südostasiatischer Geschichte und zahlreiche Forschungsreisen in der Region. Professor für Geschichte Asiens am Historischen Seminar der Universität Kiel. Veröffentlichungen u.a. Sukarnos Kampf um Indonesiens Unabhängigkeit, Frankfurt 1966; History of Indonesia in the Twentieth Century, London 1971; Emanzipatiosversuche von kolonialer Herrschaft in Südostasien. Die Philippinen und Indonesien: Ein Vergleich, Wiesbaden 1974; Indonesien. Geschichte eines Entwicklungslandes, 1945-1971, Leiden/Köln 1978.

Werner Draguhn,

geb. 1939; Studium der Volkswirtschaftslehre, Wirtschaftsgeographie und Wirtschaftsgeschichte in Hamburg und London, Dr.rer.pol. Seit 1965 wiss. Mitarbeiter am Institut für Asienkunde in Hamburg; seit 1972 Direktor des Instituts für Asienkunde. Veröffentlichungen u.a. Entwicklungsbewußtsein und wirtschaftliche Entwicklung in Indien, Wiesbaden 1970; Hrsg.: Politik und Wirtschaft in Südostasien nach dem Ende des Vietnamkrieges, Hamburg 1977; Mithrsg.: Politisches Lexikon Asien und Südpazifik, München 1980.

Dieter Heinzig,

geb. 1932; Studium der Sinologie, Japanologie, der osteuropäischen und chinesischen Geschichte, der Volkswirtschaft und der Rechtswissenschaften in Ost-Berlin, Hamburg, Kiel, Köln und Bochum. Seit 1974 wiss. Referent am Bundesinstitut für Ostwissenschaftliche und Internationale Studien in Köln. Leiter der Arbeitsgruppe Sinokommunismus im Kölner Bundesinstitut. Zahlreiche Veröffentlichungen u.a. zum sino- sowjetischen Konflikt und zur Geschichte der KP Chinas, darunter: Die Krise der Kommunistischen Partei Chinas in der Kulturrevolution, Hamburg 1969; Disputed Islands in the South China Sea, Wiesbaden 1976; Sowjetische Militärberater bei der Kuomintang 1923-1927, Baden-Baden 1978.

Rüdiger Machetzki,

geb. 1941; Studium der Sinologie, der Politikwissenschaft und der Japanologie in Hamburg und Taibei, Dr.phil. Seit 1973 wiss. Mitarbeiter am Institut für Asienkunde in Hamburg mit den Arbeitsschwerpunkten Wirtschaft Chinas und Entwicklung der ASEAN-Staaten. Zahlreiche Veröffentlichungen zu Gegenwartsfragen Ost- und Südostasiens und zur Wirtschaftsentwicklung der VR China, darunter: Chronologie des innerparteilichen Linienkampfes in der Kommunistischen Partei Chinas, 1949-1965, Hamburg 1973; Die Entwicklungshilfepolitik der VR China: Hilfe aus der Dritten Welt für die Dritte Welt?, Hamburg 1975; Entwicklungsmacht China. Stand, Potential und Grenzen der binnenwirtschaftlichen Leistung, Hamburg 1980.

Nguyen Thanh Hung,

geb. 1940; Studium der Politikwissenschaft, Philosophie und ostasiatischer Philologie in Bonn und Frankfurt, Dr.phil. Wiss. Mitarbeiter am Ostasiatischen Seminar der Universität Frankfurt von 1973 bis 1977. Wiss. Mitarbeiter am Fachbereich Gesellschaftswissenschaften der Universität Frankfurt bis Februar 1980. Veröffentlichung mehrerer Abhandlungen zur ideologischen und politischen Entwicklung in Vietnam.

Peter Schier,

geb. 1950; Studium der Sinologie, Soziologie, Publizistik und Philosophie in Münster, Berlin und Peking, M.A. Seit 1979 wiss. Mitarbeiter am Institut für Asienkunde in Hamburg mit dem Arbeitsschwerpunkt Innenpolitik der VR China. Veröffentlichungen über die Geschichte der chinesischen Arbeiterbewegung, Opposition in China, die innenpolitische Entwicklung Chinas sowie über die Zeitgeschichte Kambodschas, darunter: Prince Sihanouk on Cambodia, Hamburg 1980.

The-Quyen Vu,

Studium der Volkswirtschaftslehre und Sozialwissenschaften in Köln, Dr.phil. Seit 1978 wiss. Mitarbeiterin des Forschungsinstituts der Friedrich-Ebert- Stiftung in Bonn. Veröffentlichungen u.a.: Die vietnamesische Gesellschaft im Wandel. Kolonialismus und gesellschaftliche Entwicklung in Vietnam, Wiesbaden 1978.

Oskar Weggel,

geb. 1935; Studium der Rechtswissenschaften und Sinologie in München, Bonn und Taibei, Dr.jur. Seit 1968 wiss. Mitarbeiter am Institut für Asienkunde in Hamburg mit den Arbeitsschwerpunkten Außenpolitik der VR China und Zeitgeschichte Indochinas. Zahlreiche Veröffentlichungen u.a. über Außenpolitik, Rechts- und Militärfragen der VR China. Verfasser der regelmäßig in CHINA aktuell erscheinenden Indochina-Berichterstattung. Publikationen u.a.: China und die Staaten Südostasiens, Hamburg 1973; Kambodscha 1975/76, Hamburg 1977, China und die Drei Welten, München 1979; Chinesische Rechtsgeschichte, Leiden 1980.

PUBLIKATIONEN ZU SÜDOSTASIEN DES INSTITUTS FÜR ASIENKUNDE

INSTITUT FÜR ASIENKUNDE HAMBURG
Rothenbaumchaussee 32
2000 Hamburg 13

***

Kühne, Dietrich
Bevölkerungs- und Beschäftigungsentwicklung in den ASEAN-Ländern seit 1960.
Hamburg; 1975;
148 S.; 9.00 DM

Luther, Hans U.
Peasants and State in Contemporary Thailand.
Hamburg; 1978;
106 S.; 15.00 DM

Dahm, Bernhard
Sukarnos Kampf um Indonesiens Unabhängigkeit.
Frankfurt/Berlin; 1966;
295 S.; 44.00 DM

Donner, Wolf
The Five Faces of Thailand.
London: C. Hurst & Co.; 1978;
930 S.; 66.00 DM

Kreis, Karl Markus
Großbritannien und Vietnam.
Hamburg; 1973;
268 S.; 13.00 DM

Dahm, Bernhard
Draguhn, Werner (Eds.)
Politics, Society and Economy in the ASEAN States.
Wiesbaden: Harrassowitz; 1975;
325 S.; 42.00 DM

Grossmann, Bernhard (Hrsg.)
Southeast Asia in the Modern World.
Wiesbaden; 1972;
422 S.; 88.00 DM

Schier, Peter
Schier Oum, Manola
Prince Sihanouk on Cambodia
Hamburg; 1980;
105 S.; 15.00 DM

Wildgruber, Thomas
Der Traditionsbezug in der vietnamesischen Revolution.
Hamburg; 1979;
128 S.; 15.00 DM

Dahm, Bernhard
Emanzipationsversuche von kolonialer Herrschaft in Südostasien.
Wiesbaden; 1974;
171 S.; 58.00 DM

Fleischmann, Klaus
Die neue Verfassung der Union von Birma.
Hamburg; 1976;
538 S.; 29.00 DM

Bechert, Heinz
Buddhismus, Staat und Gesellschaft in den Ländern des Theravada Buddhismus.
Wiesbaden; 1973;
662 S.; 148.00 DM